Nuevas vistas

Advanced Placement Literature Preparation Book

HOLT, RINEHART AND WINSTON

A Harcourt Education Company

Austin · New York · Orlando · Atlanta · San Francisco · Boston · Dallas · Toronto · London

Contributing Writers:
Vivian Bosque
Amalia Hethcoat
Elba Montonati

Native Speaker and Content Reviewers:
Carmela Ferradáns
Todd Phillips
Marta Waisman

Requests for permission to make copies of any part of the work should be mailed to the following address: Permissions Department, Holt, Rinehart and Winston, 10801 N. MoPac Expressway, Building 3, Austin, Texas 78759.

Cover Illustration Credit: SuperStock

Cover Photo Credit: Christine Galida/HRW

Photo credits: vi (l) © Planet Art; (r) CORBIS Images/HRW; vii National Archives (NARA)

Printed in the United States of America

ISBN 0-03-065066-6

12 13 14 1409 11 10 09

To the Teacher

The **Nuevas vistas** *Advanced Placement Literature Preparation Book* is designed to help prepare students for the Advanced Placement Exam in Spanish and Spanish American Literature. It encompasses many of the required works from the revised AP* reading list for 2003, and provides teachers and students with multiple-choice, comprehension, and analysis questions that will help them prepare for the multiple-choice and essay format of the exam.

The 2003 Advanced Placement Exam requires students to analyze individual poetry or prose selections to compare and contrast the thematic content of works by various authors, and to analyze the required readings in light of specific literary criticism. This analysis comes in the form of multiple-choice questions and essays. The exam is comprised of two sections and lasts 190 minutes. The first section is worth 40% of the overall score, and gives students 80 minutes to answer 65 multiple-choice questions about various passages they will be asked to read. In the second section students are asked to write three essays: poetry analysis, a thematic analysis of a single work or a comparison of works by two of the required authors, and an analysis of critical commentary or a text excerpt. This section is 60% of the overall score and students will have 30 minutes to write the first essay, and 40 minutes for the second and third.

The *Advanced Placement Literature Preparation Book* provides students multiple opportunities to familiarize themselves with the required works and to practice the analytical skills they will need to do well on the Advanced Placement Exam. Each section begins with an opening essay that introduces students to various historical and literary periods. Within each period, students read biographies about featured authors and general descriptions of selected works. Each literary selection is followed by a series of comprehension and analysis questions, as well as a composition topic. There is also a **Más allá del texto** section that will help students make connections between the works they will have just read and others that they may have already read or studied in other classes. Several of the lengthier readings are also accompanied by multiple-choice questions that test students' overall understanding of the works, in addition to their ability to analyze specific excerpts from the various texts. For some readings that are too long to be included in this book, students can refer to specified Web pages on the HRW Web site. They can use those Web pages to complete the activity sheets included within. As students complete the exercises, they will familiarize themselves with the format of the exam, and gain proficiency in their ability to analyze and write about Spanish and Spanish American literature.

---

internet
go.hrw.com   **GO TO:** go.hrw.com   **KEYWORD:**   ADV PL READINGS

*Advanced Placement Program and AP are registered trademarks of the College Entrance Examination Board, which was not involved in the production of, and does not endorse this product.

CONTENTS

MARCO HISTÓRICO

La Edad Media, el Siglo de Oro y la Ilustración

La Edad Media en España

▶ Invasión de varias tribus germánicas y llegada de los visigodos a España, 412 hasta 500
▶ Establecimiento del feudalismo, a partir del 500
▶ Invasión de los musulmanes, 711
▶ La España musulmana y la Reconquista, 711–1492
▶ Unificación de los reinos de Castilla y Aragón bajo los Reyes Católicos, 1469

El Siglo de Oro

▶ Viaje inicial de Colón a las Américas, expulsión de los moros y judíos de España, 1492
▶ Comienzo y apogeo del Imperio Español bajo Carlos V y Felipe II
▶ La Reforma Protestante en Europa, 1517
▶ La Contrarreforma en España, 1545–1563
▶ Decadencia política y económica, 1598–1700

La Ilustración

▶ La Guerra de Sucesión, 1701–1714
▶ Centralización del poder político, bajo los Borbones, 1714–1758
▶ Reinado de Carlos III, 1759–1788
▶ Descontento en las colonias españolas a causa de la expulsión de los jesuitas, 1767
▶ Declaración de la Independencia de las colonias de Norte América, 1776
▶ La Revolución francesa, 1789

412–1492	1492–1681	1700–1807

MARCO LITERARIO

La Edad Media en España

El mester de clerecía, poesía de métrica regular
• Gonzalo de Berceo, *Milagros de Nuestra Señora*
En la prosa, cuentos morales
• Don Juan Manuel, *El conde Lucanor*
El mester de juglaría, poesía de métrica irregular
• Anónimo, «Romance de la pérdida de Alhama»
• Anónimo, «Romance del conde Arnaldos»
• Anónimo, «Poema de Mío Cid»
Jorge Manrique, «Coplas por la muerte de su padre»
Juan Ruiz, Arcipreste de Hita, *Libro de buen amor*

Otros escritores
• Anónimo, *Beowulf* (Inglaterra)
• Dante Alighieri (Italia)
• Geoffrey Chaucer (Inglaterra)

El Siglo de Oro

El Renacimiento: los 1500
• Fernando de Rojas, *La Celestina*
• Garcilaso de la Vega, «En tanto que de rosa y de azucena»
• Anónimo, *Lazarillo de Tormes*
• Álvar Núñez Cabeza de Vaca, *Naufragios*

El Barroco: los 1600
• Félix Lope de Vega y Carpio, *Fuenteovejuna*
• Luis de Góngora, «Mientras por competir con tu cabello»
• Francisco de Quevedo, «Miré los muros de la patria mía»
• Sor Juana Inés de la Cruz (México), «Hombres necios que acusáis», «En perseguirme, Mundo, ¿qué interesas?»
• Tirso de Molina, *El burlador de Sevilla*
• Miguel de Cervantes, *El ingenioso hidalgo don Quijote de la Mancha*
• Pedro Calderón de la Barca, *La vida es sueño*

Otros escritores
• Francesco Petrarca (Italia)
• Giovanni Boccaccio (Italia)
• William Shakespeare (Inglaterra)

La Ilustración

• Benito Jerónimo Feijoo (España), *Teatro crítico universal*
• José Cadalso (España), *Cartas marruecas*
• Tomás de Iriarte (España), *Fábulas literarias*
• Leandro Fernández de Moratín (España), *El sí de las niñas*
• Rafael García Goyana (Guatemala), *Fábulas y poesías varias*
• Francisco Javier Eugenio de Santa Cruz y Espejo (Ecuador), *El nuevo Luciano o Despertador de ingenios*
• Concolorcorvo (Perú), *El lazarillo de ciegos caminantes*

Otros escritores
• Molière (Francia)
• Voltaire (Francia)
• Jonathan Swift (Inglaterra)
• Thomas Jefferson (Estados Unidos)

El Siglo XIX

- ► Los franceses invaden España, 1808–1813
- ► Casi todas las colonias españolas de América se independizan, 1808–1824
- ► España pierde sus últimas colonias, 1898
- ► Guerras carlistas

El Siglo XX

- ► El desarrollo máximo de la ciencia, la tecnología, los medios de comunicación, la industria, etc.
- ► Revolución de 1910 en México
- ► Primera Guerra Mundial, 1914–1918
- ► Revolución marxista en Rusia, 1917
- ► Guerra Civil en España, 1936–1939
- ► Segunda Guerra Mundial, 1939–1945
- ► Guerra Fría, los años 1950 a los 1990
- ► La Revolución cubana, 1959

1808–1898

El Romanticismo
(primera mitad del siglo XIX)

- José María Heredia (Cuba), «En una tempestad»
- Gustavo Adolfo Bécquer (España), «No digáis que agotado su tesoro», «Yo soy ardiente, yo soy morena», «Volverán las oscuras golondrinas»
- José de Espronceda (España), «Canción del pirata»
- Mariano José de Larra (España), «Vuelva usted mañana»

El Realismo
(segunda mitad del siglo XIX)

- Ricardo Palma (Perú), «El alacrán de fray Gómez»
- Leopoldo Alas, «Clarín», (España), «Adiós Cordera»
- Benito Pérez Galdós (España), *Doña Perfecta*

El Naturalismo
(después de 1870)

- Emilia Pardo Bazán (España), «Las medias rojas»

El Modernismo (fines del siglo XIX, principios del XX)

- José Martí (Cuba), «Dos patrias», «Yo soy un hombre sincero»
- Rubén Darío (Nicaragua), «Canción de otoño en primavera», «Lo fatal», «A Roosevelt»

Otros escritores

- Johann Wolfgang von Goethe (Alemania)
- Charles Dickens (Inglaterra)
- Émile Zola (Francia)

1898–2000

En España

Generación del 98
(principios del siglo XX)

- Miguel de Unamuno, *San Manuel Bueno, mártir*
- Antonio Machado, «Caminante, son tus huellas», «He andado muchos caminos», «La primavera besaba»
- Azorín, *Castilla*
- Ramón del Valle Inclán, *Sonatas, Divinas palabras*

Generación del 27
(1927–1939)

- Federico García Lorca, *Romancero gitano*, *La casa de Bernarda Alba*
- Jorge Guillén, *Cántico*
- Vicente Aleixandre, *La destrucción o el amor*

Posguerra
(después de 1939)

- Carmen Martín Gaite, «Las ataduras»
- Camilo José Cela, *La colmena*
- Miguel Delibes, *El camino*
- Carmen Laforet, *Nada*

Otros escritores

- James Joyce (Inglaterra)
- T.S. Eliot (Inglaterra)
- Albert Camus (Argelia-Francia)
- Franz Kafka (Austria-Checoslovaquia)
- William Faulkner (Estados Unidos)

En América

La primera mitad del siglo XX

- Horacio Quiroga (Uruguay), «El hijo»
- Pablo Neruda (Chile), «Me gustas cuando callas», «Oda a la alcachofa», «Walking around»
- Jorge Luis Borges (Argentina), «El sur», «La muerte y la brújula»
- Nicolás Guillén (Cuba), «Sensemayá», «Balada de los dos abuelos»

El Boom y el Posboom
(mediados del siglo XX)

- Julio Cortázar (Argentina), «Continuidad de los parques», «La noche boca arriba»
- Juan Rulfo (México), «No oyes ladrar los perros»
- Gabriel García Márquez (Colombia), «Un día de éstos», «Un señor muy viejo con unas alas enormes»
- Carlos Fuentes (México), «Chac Mool»
- Sabine Ulibarrí (Estados Unidos), «El caballo mago»
- Sergio Vodanovic (Chile), *El delantal blanco*

Literatura femenina y feminista
(a lo largo del siglo XX)

- Alfonsina Storni (Argentina), «Tú me quieres blanca», «Peso ancestral»
- Julia de Burgos (Puerto Rico), «A Julia de Burgos»
- Rosario Castellanos (México), «Autorretrato»
- Isabel Allende (Chile), «Dos palabras»

Otros escritores

- Virginia Woolf (Inglaterra)
- Ernest Hemingway (Estados Unidos)

Literatura Medieval y del Siglo de Oro

Marco histórico

La Edad Media comenzó en el siglo V con la caída del Imperio Romano. La Iglesia católica gozaba de un gran poder y conservaba, gracias al trabajo laborioso de los monjes, una compilación de las tradiciones culturales y el conocimiento que se había adquirido hasta el momento. En el campo secular, la nobleza administraba los trabajos agrícolas bajo un sistema feudal. Dado el aislamiento causado por su geografía, las experiencias de España fueron diferentes de las del resto de la Europa occidental. En el año 711, la Península Ibérica fue invadida por los moros, musulmanes que vinieron por el norte de África y ocuparon la región por unos siete siglos. Así que la Reconquista, la lucha por recobrar su territorio, caracterizó política y socialmente la Edad Media en España.

Suele usarse como línea divisoria entre la Edad Media y el próximo período histórico, la Edad Moderna, la fecha de 1492, que marca tanto el primer viaje de Cristóbal Colón a América como la unificación política, religiosa y lingüística de la península bajo los Reyes Católicos. Por toda Europa las ciencias y las artes brillaron en un período que ahora se llama el Renacimiento. Por medio de la expansión territorial, el Imperio Español llegó a su apogeo, mientras la Iglesia católica se vio obligada a reafirmar su ideología ante la Reforma Protestante. Por otro lado, el comercio se simplificó al generalizarse el uso del dinero.

Marco literario

En la poesía medieval, se observan dos corrientes estilísticas comunes: la culta y la popular. Por un lado está el *mester de clerecía* con su métrica rígida y lenguaje erudito, que ofrecía por medio de relatos de la antigüedad una perspectiva didáctica-moral. Los temas religiosos abundaban en la poesía, que empleaba frecuentemente la *cuaderna vía*—estrofas de cuatro versos de catorce sílabas. El *mester de clerecía* está representado por los *Milagros de Nuestra Señora* de Gonzalo de Berceo, el *Libro de Alexandre* y el *Libro de Apolonio.* Más tarde el *Libro de buen amor,* del Arcipreste de Hita, combinaría los elementos cultos con los temas populares, seculares y hasta rústicos, al emplear varias formas métricas del llamado *mester de juglaría,* o arte menor. Esta tendencia anti-culta tiene representación en los *cantares de gesta,* poemas épicos con métrica y gramática flexibles, que eran cantados por un trovador y que evocaban las hazañas de los nobles feudales. Esta corriente se inicia de forma oral, pero encuentra en el *Poema de Mío Cid,* fechado hacia 1140, su mejor ejemplar en forma escrita. Se cree que los romances del siglo XV surgieron de estos cantares de gesta, aunque la forma cambió un poco. Entre otros romances populares, de escritor anónimo, se pueden mencionar el «Romance de la pérdida de Alhama», de carácter fronterizo y «El conde Arnaldos», romance de carácter histórico. En cuanto a la prosa, los trabajos de Alfonso X el Sabio dieron origen a la llamada prosa didáctica, que encontró su mejor exponente en los cuentos de *El conde Lucanor* escrito por don Juan Manuel.

El Siglo de Oro es un brillante período literario que duró en realidad casi dos siglos, aproximadamente desde 1500 a 1681. El Siglo de Oro se puede dividir en dos períodos: el Renacimiento y el Barroco. El primero se inspiró en los temas grecolatinos, y en una curiosidad intelectual que permitía gozar de la vida aquí y ahora. También celebraba la condición humana y su capacidad creativa. Las formas italianas de la poesía se hicieron bastante populares, alcanzando una verdadera expresión artística en los sonetos de Juan Boscán y Garcilaso de la Vega.

Literatura Medieval y del Siglo de Oro

En las obras en prosa y en el teatro se vio por primera vez un tratamiento psicológico de los personajes. En *La Celestina,* Fernando de Rojas demuestra dicho desarrollo de los personajes y un afán por hallar nuevas formas novelescas. Con esa obra, y con las aportaciones de Juan del Encina y Bartolomé de Torres Naharro, el género teatral comenzó su marcha por el Renacimiento peninsular, sacando a la luz los representantes cumbre de la época, Lope de Vega, Juan Ruiz de Alarcón y Tirso de Molina. De ellos, fue Lope de Vega quien logró definir la estructura y la temática de las comedias. Su tratado *Arte nuevo de hacer comedias en este tiempo* tuvo gran influencia en generaciones posteriores de dramaturgos.

En el Barroco se trató de reconciliar las ideas renacentistas humanistas con las tradiciones estrictas de la religión católica, a veces sin éxito, creando así cierto sentido de ironía, de sarcasmo y hasta de sátira al tratar los temas sociales. Dado que la Iglesia censuraba toda obra artística no conforme con la doctrina católica, se requería un estilo capaz de ocultar dicha ironía y sátira. Dos corrientes estilísticas representativas de este período fueron el *culteranismo* y el *conceptismo,* siendo sus máximos representantes Luis de Góngora y Francisco de Quevedo. El culteranismo, o el gongorismo, se caracteriza por el uso adornado del lenguaje, el empleo de imágenes sensoriales, de alusiones de difícil comprensión y del hiperbatón, recurso literario en que se altera el orden gramatical de un verso para darle énfasis a una idea o para facilitar el ritmo y la rima de un poema. Por otro lado, el conceptismo se enfoca más en lo intelectual. Abundan los juegos de palabras, el doble sentido, las paradojas y los conceptos complicados. El conceptismo intenta abarcar muchas ideas en un espacio limitado, por la cual la metáfora se convirtió en su recurso literario predilecto. Aunque los conceptistas, Quevedo en particular, se burlaron del estilo culteranista, la verdad es que la mayoría de los escritores barrocos (incluso Quevedo) empleaban los dos estilos.

En el teatro las comedias siguieron la estructura típica del Renacimiento, pero profundizaron en la temática y la caracterización. Se trataban temas históricos, filosóficos y morales y prevalecía la idea de que el honor se debía mantener a toda costa. Este tema y un examen psicológico de los personajes, el cual supera el modelo propuesto por Lope de Vega, se puede observar en *La vida es sueño* de Pedro Calderón de la Barca.

Mientras las novelas pastoriles y las aventuras caballerescas definieron hasta cierto punto la prosa renacentista, las novelas picarescas dieron origen a una prosa de alcance mundial. Imitaban la prosa del momento, los libros de caballería, pero los satirizaban. En vez de haber un héroe de noble linaje con virtudes caballerescas en un mundo ideal, el protagonista era un antihéroe que vivía rodeado de un mundo hostil de gente depravada y desconfiada. Por medio de sus descripciones realistas de la vida se brindaba una sátira bastante mordaz de la sociedad de aquellos tiempos. *La vida de Lazarillo de Tormes y de sus fortunas y adversidades,* más conocida como *Lazarillo de Tormes,* fue el prototipo del género picaresco de donde se derivaron obras como *Guzmán de Alfarache* de Mateo Alemán y *La vida del Buscón don* Pablos de Quevedo.

Por último, la obra de más renombre que se publicó en la época barroca fue *El ingenioso caballero don Quijote de la Mancha* de Miguel de Cervantes. *Don Quijote* llegó a ser la primera novela moderna, debido a que no sólo era una parodia de todos los estilos literarios de aquel entonces, sino que también ofrecía un comentario agudo sobre la sociedad y la psicología de sus protagonistas. Aunque Cervantes no pudo disfrutar en vida de la fama y reconocimiento merecidos por su novela, *Don Quijote* ha sido considerada, sin duda alguna, como una de las mejores novelas escritas en todos los tiempos.

«Romance de la pérdida de Alhama»
Anónimo

Paseábase el rey moro
por la ciudad de Granada,
desde la puerta de Elvira
Línea hasta la de Vivarrambla;
(5) cartas le fueron venidas
como Alhama[1] era ganada;
las cartas echó en el fuego
y al mensajero matara.

Descabalga de una mula
(10) y en un caballo cabalga,
por el Zacatín[2] arriba
subido se había al Alhambra;[3]
mandó tocar sus trompetas,
sus añafiles[4] de plata,
(15) y que las cajas de guerra[5]
apriesa toquen al arma
porque lo oigan los moros,
los de la Vega y Granada.

Cuatro a cuatro, cinco a cinco,
(20) juntádose ha gran compaña.

Allí habló un viejo alfaquí,[6]
la barba bellida[7] y cana:

—¿Para qué nos llamas, rey,
para qué fué nuestra llamada?

(25) —Para que sepáis, amigos,
la gran pérdida de Alhama.

—Bien se te emplea,[8] buen rey;
buen rey, bien se te empleara;

mataste los bencerrajes,[9]
(30) que eran la flor de Granada;
cogiste los tornadizos,[10]
de Córdoba la nombrada;
por eso mereces, rey,
una pena muy doblada:
(35) que te pierdas tú y el reino
y que se acabe Granada.

---

1 **Alhama:** ciudad de España, provincia de Granada
2 **Zacatín:** en algunos pueblos, plaza o calle donde se vendía ropa
3 **Alhambra:** famosa fortaleza árabe en Granada
4 **añafil:** trompeta recta morisca que se usó también en Castilla
5 **cajas de guerra:** tambores

6 **alfaquí:** entre los musulmanes, sabio y doctor de la ley
7 **bellida:** bella, agraciada
8 **bien se te emplea:** lo tienes bien merecido
9 **(a)bencerrajes:** grupo musulmán de Granada
10 **tornadizos:** cristianos convertidos al Islamismo

«El conde Arnaldos»
Anónimo

¡Quién hubiera tal ventura[1]
  sobre las aguas del mar
como hubo el infante Arnaldos
  la mañana de San Juan!

Línea

(5)   Andando a buscar la caza
  para su falcón cebar,[2]
vió venir una galeta[3]
  que a tierra quiere llegar;
las velas trae de seda,

(10)   la ejarcia[4] de oro torzal;[5]
áncoras[6] tiene de plata,
  tablas de fino coral.

Marinero que la guía
  diciendo viene un cantar

(15)   que la mar ponía en calma,
  los vientos hace amainar,[7]
los peces que andan al hondo
  arriba los hace andar,
las aves que van volando

(20)   al mástil vienen posar.

Allí habló el infante[8] Arnaldos,
  bien oiréis lo que dirá:

—Por tu vida, el marinero,
  dígasme[9] ora[10] ese cantar.

(25)   Respondióle el marinero,
  tal respuesta le fué a dar:

—Yo no digo mi canción
  sino a quien conmigo va.

---

1 **ventura:** aventura, episodio, incidente
2 **cebar:** engordar a un animal para aprovechar su carne
3 **galeta:** galera, embarcación de vela y remo
4 **ejarcia:** jarcia, cuerda que sujeta el mástil. Conjunto de instrumentos y redes para pescar
5 **oro torzal:** cordón retorcido con hebras de oro
6 **áncora:** ancla. Instrumento de hierro colgado de una cadena que se lanza al agua para fijar una embarcación e impedir que ésta se vaya a la deriva
7 **amainar:** calmar

8 **infante:** hijo legítimo del rey de España que no es heredero al trono. Título que se concede a parientes del rey
9 **dígasme:** dígame
10 **ora:** ahora

Literatura Medieval y del Siglo de Oro

Actividades «Romance de la pérdida de Alhama» y «El conde Arnaldos»

Comprensión del texto

1. ¿Por dónde paseaba el rey moro?

2. ¿Qué hizo el rey con las cartas y con el mensajero que las trajo?

3. ¿Adónde se subió el rey? ¿Para qué?

4. ¿Qué hora de qué día era cuando el infante vio venir la galeta sobre el mar?

5. ¿Cómo estaba adornada la galeta?

6. ¿Qué cantaba el marinero que guiaba la galeta?

7. ¿Qué le pidió el infante al marinero? ¿Cómo respondió éste?

Análisis del texto

1. ¿Por qué descabalgó el rey moro de la mula y cabalgó en el caballo?

2. ¿Por qué dijo el alfaquí que el rey merecía lo que le había pasado?

3. ¿Qué simboliza la barba del alfaquí?

4. ¿Con qué tono supones que dijo el alfaquí «Bien se te emplea, buen rey; /buen rey, bien se te empleara»? ¿Qué efecto tiene el paralelismo en estos dos versos?

5. Compara la manera de «cazar» del conde con la del marinero.

6. Aunque el romance se titula «El conde Arnaldos», el texto se refiere al protagonista como «el infante». ¿A qué se debe esta inconsistencia entre el título y el texto?

7. Escoge una estrofa del «Romance de la pérdida de Alhama» o de «El conde Arnaldos» y determina sus elementos métricos: tipo de verso y clase de rima. ¿Son característicos estos elementos del romance tradicional?

Más allá del texto

1. ¿Por qué había un rey moro en Granada en los tiempos de «La pérdida de Alhama»? Describe brevemente la importancia histórica del lugar.

2. ¿Quiénes eran los bencerrajes y los tornadizos? ¿Qué papel desempeñaron en «La pérdida de Alhama»?

3. ¿Qué significado tenía el día de San Juan en «El conde Arnaldos»? Busca información sobre este día festivo y explica su importancia.

4. ¿Te recuerdan el marinero y el infante a otro personaje literario o histórico de gran poder natural o sobrenatural? ¿Qué tienen en común todos estos personajes?

Composición

¿En qué se parecen «La pérdida de Alhama» y «El conde Arnaldos»? ¿En qué se diferencian? Teniendo en cuenta las preguntas anteriores, escribe un ensayo organizado en el que analices los dos poemas desde el punto de vista de su fondo y de su forma.

Lazarillo de Tormes

Anónimo

La vida de Lazarillo de Tormes y de sus fortunas y adversidades

Tratado Primero

«Cuenta Lázaro su vida y cuyo hijo fue»

Pues sepa Vuestra Merced ante todas cosas que a mí llaman Lázaro de Tormes, hijo de Tomé González y de Antona Pérez, *Línea* naturales[1] de Tejares, aldea de Salamanca.

(5) Mi nacimiento fue dentro del río Tormes, por la cual causa tomé el sobrenombre, y fue de esta manera: mi padre, que Dios perdone, tenía cargo de proveer una molienda de una aceña[2] que está ribera de aquel río,

(10) en la cual fue molinero más de quince años; y estando mi madre una noche en la aceña, preñada de mí, le tomó el parto y me parió allí; de manera que con verdad me puedo decir nacido en el río.

(15) Pues siendo yo niño de ocho años, achacaron a mi padre ciertas sangrías[3] mal hechas en los costales de los que allí a moler venían, por lo cual fue preso, y confesó, y no negó, y padeció persecución

(20) por justicia. Espero en Dios que está en la Gloria, pues el Evangelio los llama bienaventurados. En este tiempo se hizo cierta armada contra moros, entre los cuales fue mi padre, que a la sazón[4] estaba desterra-

(25) do por el desastre ya dicho, con cargo de acemilero[5] de un caballero que allá fue; y con su señor, como leal criado, feneció su vida.

Mi viuda madre, como sin marido y sin (30) abrigo se viese, determinó arrimarse a los buenos por ser uno de ellos, y se vino a vivir a la ciudad, y alquiló una casilla, y se metió a guisar de comer a ciertos estudiantes, y lavaba la ropa a ciertos mozos de (35) caballos del Comendador[6] de la Magdalena; de manera que fue frecuentando las caballerizas. Ella y un hombre moreno, de aquellos que las bestias curaban,[7] vinieron en conocimiento. Este algunas veces se (40) venía a nuestra casa, y se iba a la mañana; otras veces de día llegaba a la puerta, en achaque de comprar huevos, y entraba en casa. Yo, al principio de su entrada, pesábame con él y le había miedo viendo el (45) color y mal gesto que tenía; mas de que vi que con su venida mejoraba el comer, le fui queriendo bien, porque siempre traía pan, pedazos de carne, y en el invierno leños, a que nos calentábamos.

(50) De manera que, continuando la posada y conversación, mi madre vino a darme un negrito muy bonito, el cual yo brincaba y ayudaba a calentar. Y me acuerdo que estando el negro de mi padrastro trebejan-(55) do[8] con el mozuelo, como el niño veía a mi madre y a mí blancos, y a él no, huía de él con miedo para mi madre, y señalando con el dedo decía: «Madre, coco!»[9] Respondió él riendo «¡Hideputa!»

(60) Yo, aunque bien muchacho, noté aquella palabra de mi hermanico, y dije entre mí: «Cuántos debe de haber en el mundo que huyen de otros porque no se ven a sí mismos!»

---

1 **naturales:** oriundos, originarios
2 **aceña:** molino harinero situado dentro del cauce de un río
3 **sangrías:** sangre extraída de algo o de alguien. Fig. robo disimulado que se hace poco a poco
4 **a la sazón:** en aquel momento
5 **acemilero:** el que cuida de las bestias de carga

6 **Comendador:** noble o caballero de una orden militar que recibía rentas por proteger una población
7 **curaban:** cuidaban
8 **trebejando:** jugando
9 **coco:** duende o fantasma que supuestamente asusta a los niños

(65)   Quiso nuestra fortuna que la conversación del Zaide, que así se llamaba, llegó a oídos del mayordomo, y hecha pesquisa,[10] se halló que la mitad por medio de la cebada que para las bestias le daban hurtaba; y

(70) salvados,[11] leña, almohazas, mandiles[12] y las mantas y sábanas de los caballos hacía perdidas; y cuando otra cosa no tenía, las bestias desherraba, y con todo esto acudía a mi madre para criar a mi hermanico. No

(75) nos maravillemos de un clérigo ni fraile porque el uno hurta de los pobres, y el otro de casa para sus devotas y para ayuda de otro tanto, cuando a un pobre esclavo el amor le animaba a esto.

(80)   Y se le probó cuanto digo y aun más, porque a mí, con amenazas, me preguntaban, y como niño respondía y descubría cuanto sabía con miedo, hasta ciertas herraduras que por mandado de mi madre a

(85) un herrero vendí.

     Al triste de mi padrastro azotaron y pringaron,[13] a mi madre pusieron pena por justicia; sobre el acostumbrado centenario, que en casa del sobredicho

(90) Comendador no entrase ni al lastimado Zaide en la suya acogiese.

     Por no echar la soga tras el caldero, la triste se esforzó y cumplió la sentencia; y por evitar peligro y quitarse de malas

(95) lenguas, se fue a servir a los que al presente vivían en el mesón de la Solana; y allí, padeciendo mil importunidades, se acabó de criar mi hermanico hasta que supo andar, y a mí hasta ser buen mozuelo, que iba a los

(100) huéspedes por vino y candelas y por lo demás que me mandaban.

     En este tiempo vino a posar[14] al mesón un ciego, el cual, pareciéndole que yo sería para adestralle,[15] me pidió a mi madre, y

(105) ella me encomendó a él diciéndole cómo era hijo de un buen hombre, el cual, por ensalzar la fe, había muerto en la de los Gelves y que ella confiaba en Dios no saldría peor hombre que mi padre, y que le

(110) rogaba me tratase bien y mirase por mí, pues era huérfano. El respondió que así lo haría y que me recibía no por mozo, sino por hijo. Y así le comencé a servir y adestrar a mi nuevo y viejo amo.

(115)   Como estuvimos en Salamanca algunos días, pareciéndole a mi amo que no era la ganancia a su contento, determinó irse de allí, y cuando nos hubimos de partir yo fui a ver a mi madre, y ambos llorando, me dio

(120) su bendición y dijo:

     —Hijo, ya sé que no te veré más; procura de ser bueno, y Dios te guíe; te he criado y con buen amo te he puesto, válete por ti.

     Y así, me fui para mi amo, que esperándome estaba. Salimos de Salamanca, y

(125) llegando a la puente, está a la entrada de ella un animal de piedra que casi tiene forma de toro, y el ciego mandó que llegase cerca del animal, y allí puesto, me dijo:

(130)   —Lázaro, llega el oído a este toro y oirás gran ruido dentro de él.

     Yo simplemente llegué, creyendo ser así; y como sintió que tenía la cabeza par de[16] la piedra, afirmó recio la mano y me

(135) dio una gran calabazada en el diablo del toro, que más de tres días me duró el dolor de la cornada y me dijo:

     —Necio, aprende, que el mozo del ciego un punto ha de saber más que el diablo.

(140)   Y rio mucho la burla.

---

10 **pesquisa:** investigación, averiguación
11 **salvados:** cáscaras que quedan del grano molido
12 **mandiles:** trozos de tela que se usan para limpiar los caballos
13 **pringaron:** le echaron grasa hirviendo

14 **posar:** detenerse, hospedarse
15 **adestralle:** adiestrarle, guiarle
16 **par de:** junto a, al lado de

Me pareció que en aquel instante desperté de la simpleza en que, como niño, dormido estaba. Dije entre mí: «Verdad dice éste, que me cumple avivar el ojo[17] y
(145) avisar, pues solo soy, y pensar cómo me sepa valer.»

Comenzamos nuestro camino, y en muy pocos días me mostró jerigonza;[18] y como me viese de buen ingenio, si holgába
(150) mucho y decía: «Yo oro ni plata no te lo puedo dar; mas avisos para vivir muchos te mostraré,» Y fue así que, después de Dios, éste me dio la vida, y siendo ciego me alumbró y adestró en la carrera de vivir.

(155) Huelgo de contar a Vuestra Merced estas niñerías para mostrar cuánta virtud sea saber los hombres subir siendo bajos, y dejarse bajar siendo altos cuánto vicio.

Pues tornando al bueno de mi ciego y
(160) contando sus cosas, Vuestra Merced sepa que desde que Dios creó el mundo, ninguno formó más astuto ni sagaz.[19] En su oficio era un águila: ciento y tantas oraciones sabía de coro; un tono bajo,
(165) reposado y muy sonable, que hacía resonar la iglesia donde rezaba; un rostro humilde y devoto, que con muy buen continente[20] ponía cuando rezaba, sin hacer gestos ni visajes[21] con boca ni ojos como otros sue-
(170) len hacer. Allende[22] de esto, tenía otras mil formas y maneras para sacar el dinero. Decía saber oraciones para muchos y diversos efectos: para mujeres que no parían, para las que estaban de parto, para las que
(175) eran malcasadas, que sus maridos las quisiesen bien. Echaba pronósticos a las preñadas, si traían hijo o hija. Pues en caso de medicina, decía que Galeno lo supo la

(180) mitad que él para muela, desmayos, males de madre. Finalmente, nadie le decía padecer alguna pasión que luego no le decía: «Haced esto, haréis esto otro, cosed tal hierba, tomad tal raíz.» Con esto se andaba todo
(185) el mundo tras él, especialmente mujeres, que cuanto les decía, creían. De éstas sacaba él grandes provechos con las artes que digo, y ganaba más en un mes que cien ciegos en un año.

(190) Mas también quiero que sepa Vuestra Merced que con todo lo que adquiría y tenía, jamás tan avariento ni mezquino hombre no vi, tanto que me mataba a mí de hambre, y así no me desmediaba de lo
(195) necesario. Digo verdad; si con mi sutileza y buenas mañas no me supiera remediar, muchas veces me finara[23] de hambre; mas con todo su saber y aviso le contaminaba de tal suerte, que siempre, o las más veces,
(200) me cabía lo más y mejor. Para esto le hacía burlas endiabladas, de las cuales contaré algunas, aunque no todas a mi salvo.[24]

El traía el pan y todas las otras cosas en un fardel[25] de lienzo que por la boca se
(205) cerraba con una argolla de hierro y su candado y su llave, y al meter de todas las cosas y sacarlas, era con tan gran vigilancia y tanto por contadero, que no bastara hombre en todo el mundo hacerle menos una
(210) migaja. Mas yo tomaba aquella laceria[26] que él me daba, la cual en menos de dos bocados era despachada. Después que cerraba el candado y se descuidaba, pensando que yo estaba entendiendo en otras cosas, por
(215) un poco de costura, que muchas veces del un lado del fardel descosía y tornaba a coser, sangraba el avariento fardel, sacando no por tasa pan, mas buenos pedazos torreznos[27] y longaniza. Y así buscaba
(220) conveniente tiempo para rehacer, no la

---

17 **avivar el ojo:** avisparse, volverse más listo
18 **jerigonza:** lenguaje especial de un grupo de personas de la misma profesión u oficio
19 **sagaz:** listo, perspicaz
20 **continente:** semblante, compostura
21 **visajes:** gestos faciales que reflejan diversos sentimientos
22 **allende:** aparte, además

23 **finara:** muriera
24 **a mi salvo:** a mi favor
25 **fardel:** saco o talega que llevan los caminantes
26 **laceria:** miseria, sobra
27 **torreznos:** trozos de tocino frito o para freír

chaza, sino la endiablada falta que el mal ciego me faltaba.

Todo lo que podía sisar[28] y hurtar traía en medias blancas; y cuando le mandaban
(225) rezar y le daban blancas[29], como él carecía de vista, no había el que se la daba amargado con ella, cuando yo la tenía lanzada en la boca y la media aparejada, que por presto que él echaba la mano, ya iba de mi cambio
(230) aniquilada en la mitad del justo precio. Se me quejaba el mal ciego, porque al tiento luego conocía y sentía que no era la blanca entera, y decía:

—¿Qué diablo es esto, que después que
(235) conmigo estás no me dan sino medias blancas, y de antes una blanca y un maravedí[30] hartas veces me pagaban? ¡En ti debe estar esta desdicha!

También él abreviaba el rezar y la mitad
(240) de la oración no acababa, porque me tenía mandado que, en yéndose el que la mandaba rezar, le tirase por cabo del capuz[31]. Yo así lo hacía. Luego él tornaba a dar voces diciendo: «¿Mandan rezar tal y tal oración?»,
(245) como suelen decir.

Usaba poner cabe sí un jarrillo de vino cuando comíamos, y yo, muy de presto, le asía y daba un par de besos callados y le tornaba a su lugar. Mas me duró poco, que
(250) en los tragos conocía la falta, y por reservar su vino a salvo, nunca después desamparaba el jarro, antes lo tenía por el asa asido. Mas no había piedra imán que así trajese a sí como yo con una paja larga de centeno,
(255) que para aquel menester tenía hecha, la cual metiéndola en la boca del jarro, chupando el vino lo dejaba a buenas noches. Mas como fuese el traidor tan astuto, pienso que me sintió, y dende en adelante
(260) mudó propósito, y asentaba su jarro entre las piernas, y le atapaba con la mano, y así bebía seguro.

Yo, como estaba hecho al vino, moría por él; y viendo que aquel remedio de la paja no me aprovechaba ni valía, acordé en
(265) el suelo del jarro hacerle una fuentecilla[32] y agujero sutil, y delicadamente con una muy delgada tortilla de cera taparlo, y al tiempo de comer, fingiendo haber frío, entraba entre las piernas del triste ciego a calen-
(270) tarme en la pobrecilla lumbre que teníamos, y al calor de ella luego derretida la cera (por ser muy poca), comenzaba la fuentecilla a destilarme en la boca, la cual yo de tal manera ponía, que maldita la gota
(275) se perdía. Cuando el pobreto iba a beber, no hallaba nada. Se espantaba, me maldecía, daba al diablo el jarro y el vino, no sabiendo qué podía ser.

—No diréis, tío, que os lo bebo yo
(280) —decía—, pues no le quitáis de la mano

Tantas vueltas y tientos dio al jarro, que halló la fuente, y cayó en la burla; mas así lo disimuló como si no lo hubiera sentido. Y luego otro día, teniendo yo rezumando[33] mi
(285) jarro como solía, no pensando en el daño que me estaba aparejado[34] ni que el mal ciego me sentía, me senté como solía. Estando recibiendo aquellos dulces tragos, mi cara puesta hacia el cielo, un poco ce-
(290) rrados los ojos por mejor gustar el sabroso licor, sintió el desesperado ciego que ahora tenía tiempo de tomar de mí venganza, y con toda su fuerza, alzando con dos manos aquel dulce y amargo jarro, le dejó caer
(295) sobre mi boca, ayudándose, como digo, de todo su poder, de manera que el pobre Lázaro, que de nada de esto se guardaba antes, como otras veces, estaba descuidado y gozoso, verdaderamente me pareció que
(300) el cielo, con todo lo que en él hay, me había caído encima.

---

28 sisar: robar
29 blancas: monedas de poco valor
30 maravedí: moneda
31 capuz: prenda de vestir larga y con capucha que se usaba sobre la ropa

32 fuentecilla: pequeño hueco u orificio
33 rezumando: tomando gotitas
34 aparejado: preparado

Fue tal el golpecillo, que me desatinó[35] y sacó de sentido, y el jarrazo tan
grande, que los pedazos de él se me
(305) metieron por la cara, rompiéndomela por
muchas partes, y me quebró los dientes,
sin los cuales hasta hoy día me quedé.
Desde aquella hora quise mal al mal ciego;
y aunque me quería y regalaba y me cura-
(310) ba, bien vi que se había holgado del cruel
castigo. Me lavó con vino las roturas que
con los pedazos del jarro me había hecho,
y sonriéndose decía:

—¿Qué te parece, Lázaro? Lo que te
(315) enfermó te sana y da salud.

Y otros donaires[36] que a mi gusto no
lo eran.

Ya que estuve en medio bueno de mi
negra trepa[37] y cardenales, considerando
(320) que a pocos golpes tales el cruel ciego
ahorraría de mí, quise yo ahorrar de él; mas
no lo hice tan presto por hacello más a mi
salvo y provecho. Y aunque yo quisiera
asentar mi corazón y perdonarle el jarrazo,
(325) no daba lugar el maltratamiento que el mal
ciego dende allí adelante me hacía, que sin
causa ni razón me hería, dándome cox-
corrones y repelándome.[38] Y si alguno le
decía por qué me trataba tan mal, luego
(330) contaba el cuento del jarro, diciendo;

—¿Pensaréis que este mi mozo es algún
inocente? Pues oíd si el demonio ensayara
otra tal hazaña.

Santiguándose los que lo oían, decían:
(335) —¡Mirad quién pensara de un muchacho tan pequeño tal ruindad!

Y reían mucho el artificio, y decían:
—Castigadlo, castigadlo, que de Dios
lo habréis. Y él, con aquello, nunca otra
(340) cosa hacía.

Y en esto, yo siempre le llevaba por
los peores caminos, y adrede, por hacerle
(345) mal y daño; si había piedras, por ellas; si
lodo, por lo más alto, que aunque yo no
iba por lo más enjuto,[39] me holgaba a mí
de quebrar un ojo por quebrar dos al que
ninguno tenía. Con esto siempre con el
(350) cabo alto del tiento[40] me atentaba el colodrillo,[41] el cual siempre traía lleno de
tolondrones y pelado de sus manos; y
aunque yo juraba no hacerlo con malicia,
sino por no hallar mejor camino, no me
(355) aprovechaba ni me creía, mas tal era el
sentido y el grandísimo entendimiento
del traidor.

Y porque vea Vuestra Merced a cuánto
se extendía el ingenio de este astuto ciego,
(360) contaré un caso de muchos que con él me
acaecieron, en el cual me parece dio bien a
entender su gran astucia. Cuando salimos
de Salamanca, su motivo fue venir a tierra
de Toledo, porque decía ser la gente más
(365) rica, aunque no muy limosnera; se arrimaba
a este refrán: «Más da el duro que el
desnudo.» Y venimos a este camino por los
mejores lugares. Donde hallaba buena
acogida y ganancia, nos deteníamos; donde
(370) no, a tercer día hacíamos San Juan.

Acaeció que, llegando a un lugar que
llaman Almorox al tiempo que cogían las
uvas, un vendimiador[42] le dio un racimo de
ellas en limosna. Y como suelen ir los ces-
(375) tos maltratados, y también porque la uva en
aquel tiempo está muy madura, se le des-
granaba el racimo de la mano; para echarlo
en el fardel, se tornaba mosto[43] y lo que a
él se llegaba. Acordó de hacer un banquete,
(380) así por no lo poder llevar como por con-
tentarme que aquel día me había dado
muchos rodillazos y golpes. Nos sentamos
en un valladar,[44] y dijo:

---

35 **desatinó:** desorientó, aturdió
36 **donaires:** chistes o dichos divertidos y agudos
37 **trepa:** castigo corporal
38 **repelándome:** tirándome el pelo

39 **enjuto:** seco
40 **tiento:** palo que usan los ciegos para guiarse
41 **colodrillo:** parte posterior e inferior de la cabeza
42 **vendimiador:** el que recoge el fruto de las viñas
43 **mosto:** zumo o jugo exprimido de la uva
44 **valladar:** valla, cerca de estacas o tablas

—Ahora quiero yo usar contigo de (385) una liberalidad, y es que ambos comamos este racimo de uvas, y que hayas de él tanta parte como yo. Partirlo hemos de esta manera: tú picarás una vez, y yo otra; con tal que me prometas no tomar cada vez (390) más de una uva. Yo haré lo mismo hasta que lo acabemos, y de esta suerte no habrá engaño.

Hecho así el concierto, comenzamos; mas luego al segundo lance, el traidor (395) mudó propósito, y comenzó a tomar de dos en dos, considerando que yo debía hacer lo mismo. Como vi que él quebraba la postura, no me contenté ir a la par con él, mas aún pasaba adelante: dos a dos, y tres a tres, (400) y como podía, las comía. Acabado el racimo, estuvo un poco con el escobajo[45] en la mano, y meneando la cabeza dijo:

—Lázaro, me has engañado; juraré yo a Dios que has comido las uvas tres a tres.

(405) —No comí —dije yo—, mas ¿por qué sospecháis eso? Respondió el sagacísimo ciego:

—¿Sabes en qué veo que las comiste tres a tres? En que comía yo dos a dos (410) y callabas.

Me reí entre mí, y aunque muchacho, noté mucho la discreta consideración del ciego.

Mas por no ser prolijo[46] dejo de contar (415) muchas cosas, así graciosas como de notar, que con este mi primer amo me acaecieron, y quiero decir el despidiente[47] y, con él, acabar. Estábamos en Escalona, villa del duque de ella, en un mesón, y me (420) dio un pedazo de longaniza que le asase. Ya que la longaniza había pringado y se habían comido las pringadas, sacó un maravedí de la bolsa y mandó que fuese por él de vino a

la taberna. Me puso el demonio el aparejo[48] (425) delante de los ojos, el cual, como suelen decir, hace al ladrón, y fue que había cabe el fuego un nabo[49] pequeño, larguillo y ruinoso y tal, que por no ser para la olla, debió ser echado allí.

(430) Y como al presente nadie estuviese sino él y yo solos, como me vi con apetito goloso, habiéndome puesto dentro el sabroso olor de la longaniza (del cual solamente sabía que había de gozar), no (435) mirando qué me podría suceder, pospuesto todo el temor por cumplir con el deseo, en tanto que el ciego sacaba de la bolsa el dinero, saqué la longaniza, y muy presto, metí el sobredicho nabo en el asador, el (440) cual, mi amo dándome el dinero para el vino, tomó y comenzó a dar vueltas al fuego, queriendo asar al que de ser cocido, por sus deméritos, había escapado.

Yo fui por el vino, con el cual no tardé (445) en despachar la longaniza; y cuando vine, hallé al pecador del ciego que tenía entre dos rebanadas apretado el nabo, al cual aún no había conocido por no lo haber tentado[50] con la mano. Como tomase las (450) rebanadas y mordiese en ellas, pensando también llevar parte de la longaniza, se halló en frío con el frío nabo; se alteró y dijo:

—¿Qué es esto, Lazarillo?

¡Lacerado[51] de mí! —dije yo—. ¿Si (455) queréis a mí echar algo? ¿Yo no vengo de traer el vino? Alguno estaba ahí, y por burlar haría esto.

—No, no —dijo él—, que yo no he dejado el asador de la mano. No es posible.

(460) Yo torné a jurar y perjurar que estaba libre de aquel trueco y cambio; mas poco me aprovechó, pues a las astucias del maldito ciego nada se le escondía. Se levantó y me asió por la cabeza y se llegó a

---

45 **escobajo:** lo que queda del racimo después de quitarle las uvas
46 **prolijo:** excesivamente extenso y detallado
47 **despidiente:** el último suceso

48 **aparejo:** disposición para alguna cosa, oportunidad
49 **nabo:** planta herbácea de hojas alargadas y raíz gruesa
50 **tentado:** tocado, palpado
51 **Lacerado:** infeliz, desdichado

(465) olerme. Y como debió sentir el huelgo,[52] a uso de buen podenco,[53] por mejor satisfacerse de la verdad y con la gran agonía que llevaba, asiéndome con las manos, me abría la boca más de su derecho y desatentada-
(470) mente metía la nariz, la cual él tenía luenga[54] y afilada, y a aquella sazón, con el enojo, se había augmentado un palmo, con el pico de la cual me llegó a la gulilla.

Y con esto, y con el gran miedo que
(475) tenía, y con la brevedad del tiempo, la negra longaniza aún no había hecho asiento en el estómago, y lo más principal, con el destiento[55] de la cumplidísima nariz medio cuasi ahogándome, todas estas cosas se jun-
(480) taron, y fueron causa que el hecho y golosina se manifestase y lo suyo fuese vuelto a su dueño; de manera que antes que el mal ciego sacase de mi boca su trompa, tal alteración sintió mi estómago, que le dio
(485) con el hurto en ella, de suerte que su nariz y la negra mal maxcada longaniza a un tiempo salieron de mi boca.

¡Oh gran Dios, quién estuviera aquella hora sepultado, que muerto ya lo estaba!
(490) Fue tal el coraje del perverso ciego, que, si al ruido no acudieran, pienso no me dejara con la vida. Me sacaron de entre sus manos, dejándoselas llenas de aquellos pocos cabellos que tenía, arañada la cara y res-
(495) cuñado[56] el pescuezo y la garganta. Y esto bien lo merecía, pues por su maldad me venían tantas persecuciones.

Contaba el mal ciego a todos cuantos allí se allegaban mis desastres, y les daba la
(500) cuenta una y otra vez, así de la del jarro como de la del racimo, y ahora de lo presente. Era la risa de todas tan grande, que toda la gente que por la calle pasaba entraba a ver la fiesta; mas con tanta gracia y

(505) donaire recontaba el ciego mis hazañas, que aunque yo estaba tan maltratado y llorando, me parecía que hacía sinjusticia en no reírselas.

Y en cuanto esto pasaba, a la memoria
(510) me vino una cobardía y flojedad que hice por que me maldecía, y fue no dejarle sin narices, pues tan buen tiempo tuve para ello, que la meitad del camino estaba andado: que, con sólo apretar los dientes, se me
(515) quedaran en casa, y con ser de aquel malvado, por ventura lo retuviera mejor mi estómago que retuvo la longaniza, y no pareciendo ellas pudiera negar la demanda. Pluguiera[57] a Dios que lo hubiera hecho,
(520) que eso fuera así que así.

Nos hicieron amigos la mesonera y los que allí estaban, y con el vino que para beber le había traído me lavaron la cara y la garganta. Sobre lo cual discantaba[58] el mal
(525) ciego donaires, diciendo:

—Por verdad, más vino me gasta este mozo en lavatorios al cabo del año que yo bebo en dos. A lo menos, Lázaro, eres en más cargo[59] al vino que a tu padre, porque
(530) él una vez te engendró, mas el vino mil te ha dado la vida.

Y luego contaba cuántas veces me había descalabrado y arpado la cara, y con vino luego sanaba.

(535) —Yo te digo —dijo— que si un hombre en el mundo ha de ser bienaventurado con vino, que serás tú.

Y reían mucho, los que me lavaban, con esto, aunque yo renegaba.[60] Mas el
(540) pronóstico del ciego no salió mentiroso, y después acá muchas veces me acuerdo de aquel hombre, que sin duda debía tener espíritu de profecía, y me pesa de los sinsabores[61] que le hice, aunque bien se lo

---

52 **huelgo:** aliento
53 **podenco:** perro de caza, veloz y de muy buena vista
54 **luenga:** larga
55 **destiento:** falta de tacto
56 **rescuñado:** rasguñado, arañado

57 **Pluguiera:** rogara, pidiera
58 **discantaba:** hablaba mucho, a veces con pedantería
59 **eres en más cargo:** le debes más
60 **renegaba:** insultaba, maldecía
61 **sinsabores:** pesares, aflicciones

(545) pagué, considerando lo que aquel día me dijo salirme tan verdadero como adelante Vuestra Merced oirá.

Visto esto y las malas burlas que el ciego burlaba de mí, determiné de todo en (550) todo dejarle, y como lo traía pensado y lo tenía en voluntad, con este postrer[62] juego que me hizo, afirmé más. Y fue así, que luego otro día salimos por la villa a pedir limosna y había llovido mucho la noche (555) antes; y porque el día también llovía, y andaba rezando debajo de unos portales que en aquel pueblo había, donde no nos mojamos; mas como la noche se venía, y el llover no cesaba, me dijo el ciego:

(560) —Lázaro, esta agua es muy porfiada, y cuanto la noche más cierra, más recia; acojámonos a la posada con tiempo.

Para ir allá, habíamos de pasar un arroyo que con la mucha agua iba grande. (565) Yo le dije:

—Tío, el arroyo va muy ancho; mas si queréis, yo veo por donde travesemos mas aína[63] sin mojarnos, porque se estrecha allí mucho, y saltando pasaremos a pie enjuto.

(570) Le pareció buen consejo, y dijo:

—Discreto eres, por esto te quiero bien. Llévame a ese lugar donde el arroyo se ensangosta, que ahora es invierno y sabe mal el agua, y más llevar los pies (575) mojados. Yo, que vi el aparejo a mi deseo,[64] le saqué de bajo de los portales, y le llevé derecho a un pilar o poste de piedra que en la plaza estaba, sobre el cual y sobre otros cargaban saledizos[65] (580) de aquellas casas, y le digo:

—Tío, este es el paso más angosto que en el arroyo hay.

Como llovía recio y el triste se mojaba, y con la prisa que llevábamos de salir del (585) agua, que encima de nosotros caía, y lo más principal, porque Dios le cegó aquella hora el entendimiento (fue por darme de él venganza), se creyó de mí y dijo:

—Ponme bien derecho y salta tú (590) el arroyo.

Yo le puse bien derecho enfrente del pilar, y doy un salto y me pongo detrás del poste como quien espera tope de toro y le dije:

(595) —¡Sús! Saltad todo lo que podáis, porque deis de este cabo[66] del agua.

Aun apenas lo había acabado de decir, cuando se abalanza el pobre ciego como cabrón, y de toda su fuerza arremete,[67] (600) tomando un paso atrás de la corrida para hacer mayor salto, y da con la cabeza en el poste, que sonó tan recio como si diera con una gran calabaza, y cayó luego para atrás, medio muerto y hendida la cabeza.

(605) —¿Cómo, y olistes la longaniza y no el poste? ¡Olé! ¡Olé! le dije yo.

Y le dejo en poder de mucha gente que lo había ido a socorrer, y tomo la puerta de la villa en los pies de un trote, (610) y antes que la noche viniese di conmigo en Torrijos. No supe más lo que Dios hizo de él, ni curé de[68] saberlo.

"La vida de Lazarillo de Tormes y de sus fortunas y adversidades." Reprinted by permission of **Editorial Castalia, S.A.**

Lee los tratados 2, 3 y 7 de *Lazarillo de Tormes* en nuestra página Web.

🔁 internet

GO TO: go.hrw.com
KEYWORD:
ADV PL READINGS

---

62 **postrer:** último en una serie
63 **aína:** fácilmente
64 **aparejo a mi deseo:** dispuesto como quería
65 **saledizos:** parte que sobresale de la fachada de una casa

---

66 **de este cabo:** de este lado
67 **arremete:** se arroja con impulso y rápidez
68 **ni curé de:** no me importó

Literatura Medieval y del Siglo de Oro

Actividades *Lazarillo de Tormes*

Práctica de selección múltiple

1. ¿Dónde nació Lazarillo?

(A) En las orillas del mar.
(B) En la ciudad de Toledo.
(C) En un molino en un río.
(D) Entre las viñas.

2. ¿Por qué la madre de Lazarillo le regaló su hijo al ciego?

(A) Presentía su propia muerte.
(B) La ley la obligó.
(C) El moreno de quien se enamoró no quería a su hijo.
(D) El ciego se lo pidió.

3. Cuando Lazarillo estaba con el ciego, ¿por qué le rogaba a Dios que murieran más personas?

(A) Así podía comer más.
(B) Así podía tener más libertad.
(C) Así podía divertirse un poco.
(D) Así podía ver a las chicas del pueblo.

4. En varias ocasiones, Lazarillo reconoció que el ciego...

(A) había sido el peor de sus amos.
(B) en realidad podía ver algo.
(C) le había dado lecciones muy valiosas.
(D) en el fondo, tenía buenas intenciones.

5. ¿Por qué se separaron el clérigo y Lazarillo?

(A) El clérigo le dijo que se fuera.
(B) Lazarillo se vengó de él y se escapó.
(C) A Lazarillo se le presentó una mejor oportunidad.
(D) Las autoridades estaban buscando a Lazarillo.

6. ¿A quién se refería Lazarillo cuando dijo que se había topado con un amo que no sólo no había de mantenerlo, pero a quien él tendría que mantener?

(A) Al clérigo.
(B) Al alguacil.
(C) Al arcipreste.
(D) Al escudero.

7. En la época en que vivía Lazarillo con el escudero, salió una vez a comprar comida y vio a una mujer que decía, «Marido y señor mío, ¿adónde os me llevan? ¡A la casa triste y desdichada, a la casa lóbrega y oscura, a la casa dónde nunca comen ni beben!» ¿Adónde pensó Lazarillo que llevaban al muerto?

(A) A la casa del clérigo.
(B) A la casa del escudero.
(C) A la cárcel.
(D) Al cementerio.

8. Se podría concluir que el tono de la cita en la pregunta anterior es de carácter...

(A) cómico.
(B) melodramático.
(C) melancólico.
(D) sarcástico.

9. ¿Qué técnica narrativa predomina en esta obra?

(A) La narración en primera persona.
(B) La narración en tercera persona.
(C) La narración omnisciente.
(D) El monólogo interior.

Literatura Medieval y del Siglo de Oro

Actividades *Lazarillo de Tormes*

Comprensión del texto

1. ¿Por qué encarcelaron al padre de Lazarillo?

2. ¿Por qué dejó Lázaro de temer a su padrastro?

3. ¿De qué manera le enseñó el ciego la primera lección a Lazarillo?

4. ¿Qué quería decir Lazarillo cuando dijo «desperté de la simpleza en que, como niño, dormido estaba»?

5. ¿Por qué dijo Lazarillo que el ciego le dio vida?

6. ¿Qué «virtudes» elogió Lazarillo del ciego? ¿Qué vicios le criticó?

7. ¿Cómo burló el ciego a Lazarillo? ¿Y Lazarillo al ciego?

8. ¿Por qué abandonó Lazarillo al ciego y qué sintió al hacerlo?

Análisis del texto

1. ¿Qué valor simbólico tiene el agua a través de toda la obra?

2. ¿Qué le predecía el ciego a Lazarillo con respecto a las mujeres? ¿Se cumplió su profecía?

3. ¿Por qué aceptó Lazarillo las relaciones entre su esposa y el arcipreste?

4. El tema del hambre está presente en el desarrollo de la trama. ¿Cómo se relaciona dicho tema con la trama?

Más allá del texto

Escribe tu autobiografía como si fueras un Lazarillo contemporáneo. Puedes describirte desde el punto de vista de una persona que vive en la calle, por ejemplo, o desde la perspectiva de cualquier otra persona que haya aprendido a sobrevivir por su propio ingenio.

Composición

En un ensayo bien organizado escribe una definición breve de la ironía y explica por qué ésta desempeña un papel tan importante en la novela picaresca. Luego, explica cuál resultó ser la mayor ironía con respecto a cada uno de los siguientes personajes de *Lazarillo*: el ciego, el clérigo, el escudero y el arcipreste.

Literatura Medieval y del Siglo de Oro

El autor y su obra

Tirso de Molina (1584–1648)

Tirso de Molina es el seudónimo del fraile de la Merced Gabriel Téllez, un dramaturgo que, junto a Lope de Vega y a Calderón de la Barca, representa la etapa más importante del teatro español del siglo XVII, o sea, el Siglo de Oro. Tirso escribió más de trescientas comedias llenas de personajes interesantes de carácter definido: la villana y el señor, el rústico y el gentilhombre, la mujer desenvuelta de espíritu humano y verdadero y muchos más. A Tirso se le considera un gran maestro del diálogo y de los personajes auténticos. Sus obras se caracterizan por su acción fluida y por el profundo retrato psicológico de los personajes.

De su origen sólo se sabe que nació en Madrid y estudió en Alcalá de Henares, cerca de la capital. Luego ingresó en una orden religiosa, viajó mucho por la Península Ibérica como monje, y fue además misionero en Santo Domingo. Tirso era hijo ilegítimo de Téllez Girón, el duque de Osuna, lo cual explica algunas de sus opiniones sobre la sociedad de su época; su ironía frente a cuestiones relacionadas con el linaje, su tono amargo cuando describe la vanidad de la nobleza y su afirmación de la igualdad de los hombres ante Dios.

Las obras más conocidas de Tirso de Molina lo acreditan como maestro de la comedia ligera y el drama histórico, aunque también escribió dramas religiosos y novelas cortas. Sus obras más notables incluyen *El condenado por desconfiado* y *El burlador de Sevilla, o el convidado de piedra*. Esta última obra está basada en dos elementos legendarios: el joven calavera burlador de doncellas, y el convidado, o invitado, macabro y sacrílego. Estos dos temas existían desde tiempos remotos y llegaron al pueblo a través de romances, coplas y diversos relatos. Sin embargo es Tirso el que ha hecho del Tenorio uno de los personajes de mayor vitalidad en la literatura europea, el personaje que, con Don Quijote, ha representado al máximo la psicología varonil española. Escritores de muchos países —George Bernard Shaw, Pierre Corneille y Lord Byron, por ejemplo— han escrito obras fundadas en el tema de don Juan, el prototipo del hombre macho. Cada época ha elaborado su figura de diferentes formas, y cada pueblo lo ha visto de acuerdo a sus costumbres, temperamentos e ideales propios. Por eso, don Juan es un personaje universal.

Lee *El burlador de Sevilla, o el convidado de piedra* en nuestra página Web.

GO TO: go.hrw.com
KEYWORD:
ADV PL READINGS

Literatura Medieval y del Siglo de Oro

Actividades *El burlador de Sevilla*

Práctica de selección múltiple

1. Don Juan burló a Isabela...

(A) forzando la entrada al palacio.
(B) fingiendo ser el duque Octavio.
(C) con la ayuda de varios soldados.
(D) ofreciendo casarse con ella.

2. Don Juan le confesó a don Pedro, su tío y guardia del rey, que...

(A) él era el duque Octavio.
(B) tenía que partir.
(C) amaba a Isabela.
(D) había engañado a Isabela.

3. Don Juan pudo escapar del palacio porque...

(A) don Pedro lo ayudó.
(B) el rey se lo permitió.
(C) Isabela le abrió la puerta.
(D) el duque Octavio lo perseguía.

4. ¿Por qué mandó prender el rey al duque Octavio?

(A) Para castigarlo al considerarlo culpable.
(B) Para que se disculpara con Isabela.
(C) Para que se casara con Isabela.
(D) Para ponerlo preso en la torre.

5. ¿Qué le prometió don Juan a Tisbea antes de burlarla?

(A) Casarse con ella.
(B) Llevarla a Sevilla.
(C) Hacerse pescador y vivir con ella.
(D) Presentársela al rey.

6. ¿Qué hizo el duque Octavio al creer que Isabela le había traicionado?

(A) Fue a hablar con ella para aclarar la situación.
(B) Huyó a España desengañado.
(C) Acudió a la llamada del rey.
(D) Le mandó decir que volvería.

7. ¿Qué le ofreció el rey Alfonso de Castilla a don Gonzalo de Ulloa?

(A) Hacerlo alcalde de Lisboa.
(B) Mandarlo a la guerra.
(C) Casar a su hija doña Ana de Ulloa con don Juan Tenorio.
(D) Traerlo a vivir a su palacio.

8. ¿Qué decidió hacer el rey al enterarse de la burla de don Juan a Isabela?

(A) Poner preso a don Juan.
(B) Ir a Nápoles a hablar con Isabela.
(C) Casar a doña Ana de Ulloa con el duque Octavio.
(D) Decretar una ley condenando a los burladores.

9. ¿Por qué era imposible el amor del marqués de la Mota por doña Ana?

(A) Ella no le correspondía.
(B) Ella vivía lejos, y nunca podían verse.
(C) Sus familias eran enemigas.
(D) Ella era su prima, y el rey se la había prometido a otro.

10. ¿Por qué mató don Juan a don Gonzalo de Ulloa?

(A) Don Gonzalo lo traicionó.
(B) Don Gonzalo defendió el honor burlado de su hija.
(C) Don Juan lo confundió con otro.
(D) El marqués de la Mota se lo había pedido.

Literatura Medieval y del Siglo de Oro

Actividades *El burlador de Sevilla*

Comprensión del texto

1. ¿Cómo es don Juan? ¿Cuál es la razón de su vida?
2. ¿Cómo llegó don Juan a España, y cómo conoció a Tisbea?
3. ¿Quién era don Gonzalo de Ulloa, de dónde acababa de llegar, y quién era su hija?
4. ¿Qué le sugirió don Diego Tenorio al rey para tratar de remediar la ofensa de don Juan?
5. ¿Cómo iba a castigar el rey a don Juan?
6. ¿Qué circunstancia le facilitó a don Juan la entrada a la casa de doña Ana para burlarla?
7. ¿Por qué encarcelaron al marqués de la Mota culpándolo de la muerte de don Gonzalo?
8. ¿Qué encontró don Juan en el camino a Lebrija? ¿Cómo reaccionó?
9. ¿Qué le dijo don Pedro al rey para salvar la reputación de Isabela y proteger a don Juan?
10. Al final de la obra, ¿a quiénes les hizo concesiones el rey y en qué consistieron?

Análisis del texto

1. Busca algunos ejemplos de la obra que ilustren el libertinaje mundano y religioso de don Juan.
2. ¿Qué le pidió don Juan a la estatua, y qué le contestó ésta? ¿Cuál es el significado simbólico de este intercambio en la obra?
3. Discute la importancia del honor (intrínseco) y de la honra (extrínseca) en la obra, y explica cómo estos dos temas son un reflejo de la sociedad de aquel entonces.

Más allá del texto

Busca un ejemplo de la influencia del tema donjuanesco en la cultura mundial, y compara la temática de esa obra con la de *El burlador de Sevilla*. Puedes leer *Man and Superman* de George Bernard Shaw, por ejemplo, o escuchar *Don Giovanni* de W.A. Mozart o *La forza del destino* de Giuseppe Verdi. ¿Por qué tiene tanta universalidad el personaje de don Juan?

Composición

Escribe un ensayo bien organizado sobre el tema del donjuanismo. Considera las siguientes preguntas: si don Juan viviera en la actualidad y tuvieras que enfrentarte con él, ¿cómo reaccionarías? ¿Sería diferente tu actitud hacia él si fueras mujer, o si fueras hombre? ¿Cómo reaccionaría la sociedad ante tal hombre? ¿Qué pasaría si hubiera una doña Juana? ¿Ya existen estos dos personajes en nuestra sociedad?

El autor y su obra

Miguel de Cervantes Saavedra (1547–1616)

Miguel de Cervantes Saavedra nació en Alcalá de Henares, España. No se sabe mucho de su vida hasta que de adolescente fue a estudiar a Madrid. A los veintitrés años fue herido en la batalla de Lepanto y cinco años después fue capturado por piratas musulmanes, quienes lo tuvieron prisionero por cinco años. Si bien es cierto que su vida como soldado fue dura y heroica, el resto de sus días fueron aún más difíciles. Se casó, pero desilusionado abandonó a su mujer y comenzó a trabajar de pueblo en pueblo como cobrador de impuestos y víveres para la creación de la Armada Invencible. Aún así sufrió pobreza y en varias ocasiones estuvo preso, tal vez injustamente.

Cervantes fue un escritor culto de una formación sólida. Conocía la literatura clásica griega además de las obras de muchos otros autores importantes. Escribió teatro y poesía, pero se le conoce principalmente por sus escritos en prosa, entre los que se incluyen *La Galatea*, una novela pastoril, las *Novelas ejemplares*, una colección de doce narraciones, y por supuesto su obra maestra, *El ingenioso hidalgo don Quijote de la Mancha*. Esta obra fue publicada en dos partes, la primera en 1605 y la segunda en 1615 y aunque es cierto que con ella se hizo famoso Cervantes, también es verdad que el alivio económico y el reconocimiento que éste merecía en el ambiente literario de su época le llegaron demasiado tarde. Desde entonces, el *Quijote* ha sido considerado por los críticos como la primera novela europea moderna y Cervantes, como uno de los mejores escritores españoles de todos los tiempos.

El *Quijote* es una obra bastante compleja con elementos de la novela bucólica o pastoril, la novela de caballería, la sátira, la crítica y la poesía, entre otros. En un nivel más profundo es un estudio filosófico del conflicto entre lo ideal y lo real, en sus formas más puras y más exageradas. En otro nivel es simplemente una narración de múltiples aventuras.

Para entender la verdadera importancia del *Quijote* en la historia de la literatura, hay que ubicarla en su época. En España la Edad Media fue el periodo del feudalismo y también el de la Reconquista. En la literatura, la poesía épica había contado las hazañas de los héroes de esos tiempos. Este género evolucionó a la novela de caballería, una narración imaginaria sobre héroes galantes e idealistas, como *Amadís de Gaula*, por ejemplo. Una reacción a este tipo de ficción fue la novela picaresca y otra fue el *Quijote*. El *Quijote* les dio el golpe de gracia a las novelas de caballería por ser una parodia y burla de sus excesos. El protagonista de Cervantes pierde la razón por haber leído tantas novelas sobre caballeros andantes y trata de llevar a cabo aventuras parecidas e inverosímiles. Si don Quijote es idealista y optimista, su escudero Sancho Panza es práctico y pesimista. Al final de su vida, don Quijote recobra la razón, se da cuenta del daño que las novelas de caballería le han causado y las rechaza. Al mismo tiempo, Sancho queda convencido de lo bueno de sus aventuras y quiere seguir viviéndolas. Así que hay cierta reconciliación en la novela entre lo ideal y lo real.

Las dos partes del *Quijote* consisten en más de mil páginas, pero aquí se incluyen sólo los primeros cinco capítulos. Para disfrutar más de la lectura, se debe considerar que este par de personajes excéntricos, don Quijote y Sancho Panza, andaban por la España del siglo XVII como si fuera el siglo XV. Piensa cómo sería tu reacción si ahora, en el siglo XXI, te encontraras con personas que se vistieran, hablaran y actuaran como si todavía fuera el siglo XIX.

de *Don Quijote de la Mancha*
Miguel de Cervantes Saavedra

Primera parte

CAPITULO I
Que trata de la condicion y ejercicio del famoso hidalgo D. Quijote de la Mancha.

EN un lugar de la Mancha, de cuyo nombre no quiero acordarme, no ha mucho tiempo que vivia un hidalgo de los

Línea de lanza en astillero, adarga[1] antigua, rocin[2]

(5) flaco y galgo corredor. Una olla de algo mas vaca que carnero, salpicon las mas noches, duelos y quebrantos los sábados, lantejas los viernes, algun palomino de añadidura los domingos consumian las tres partes de

(10) su hacienda. El resto della concluian sayo[3] de velarte, calzas de velludo para las fiestas con sus pantuflos de lo mismo, y los dias de entre semana se honraba con su vellorí de lo mas fino. Tenia en su casa una ama

(15) que pasaba de los cuarenta, y una sobrina que no llegaba á los veinte, y un mozo de campo y plaza, que así ensillaba el rocin como tomaba la podadera.[4] Frisaba[5] la edad de nuestro hidalgo con los cincuenta años:

(20) era de complexion recia, seco de carnes, enjuto de rostro, gran madrugador y amigo de la caza. Quieren decir que tenia el sobrenombre de Quijada ó Quesada (que en esto hay alguna diferencia en los autores

(25) que deste caso escriben), aunque por conjeturas verosímiles se deja entender que se llamaba Quijana. Pero esto importa poco á nuestro cuento: basta que en la narracion dél no se salga un punto de la verdad. Es

(30) pues de saber que este sobredicho hidalgo,

los ratos que estaba ocioso (que eran los mas del año), se daba á leer libros de caballerías con tanta aficion y gusto, que olvidó casi de todo punto el ejercicio de la

(35) caza, y aun la administracion de su hacienda; y llegó á tanto su curiosidad y desatino[6] en esto, que vendió muchas hanegas de tierra de sembradura para comprar libros de caballerías que leer, y así llevó á su casa

(40) todos cuantos pudo haber dellos: y de todos ningunos le parecian tan bien como los que compuso el famoso Feliciano de Silva; porque la claridad de su prosa, y aquellas entricadas razones suyas le pare-

(45) cian de perlas: y mas cuando llegaba á leer aquellos requiebros[7] y cartas de desafíos, donde en muchas partes hallaba escrito: *la razon de la sinrazon que á mi razon se hace, de tal manera mi razon enflaquece,*

(50) *que con razon me quejo de la vuestra fermosura.* Y tambien cuando leia: *los altos cielos que de vuestra divinidad divinamente con las estrellas os fortifican, y os hacen merecedora del merecimiento que*

(55) *merece la vuestra grandeza.* Con estas razones perdia el pobre caballero el juicio, y desvelábase[8] por entenderlas y desentrañarles[9] el sentido, que no se lo sacara ni las entendiera el mismo Aristóteles, si

(60) resucitara[10] para solo ello. No estaba muy bien con las heridas que D. Belianís daba y recibia, porque se imaginaba que por grandes maestros que le hubiesen curado, no dejaria de tener el rostro y todo el cuer-

(65) po lleno de cicatrices y señales. Pero con todo alababa en su autor aquel acabar su libro con la promesa de aquella inacabable

---

1 **adarga:** escudo de cuero
2 **rocin:** caballo de poco valor
3 **sayo:** túnica
4 **podadera:** tijera usada para cortar plantas
5 **Frisaba:** Tenía aproximadamente

6 **desatino:** ridiculez, error, equivocación
7 **requiebros:** lisonjas, alabanzas
8 **desvelábase:** se esforzaba mucho
9 **desentrañarles:** fig. descifrarles, averiguar
10 **resucitara:** volviera a la vida

aventura, y muchas veces le vino deseo de tomar la pluma, y dalle fin al pié de la letra

(70) como allí se promete: y sin duda alguna lo hiciera y aun saliera con ello, si otros mayores y continuos pensamientos no se lo estorbaran. Tuvo muchas veces competencia[11] con el cura de su lugar (que era

(75) hombre docto, graduado en Sigüenza) sobre cual habia sido mejor caballero, Palmerin de Inglaterra, ó Amadís de Gaula: mas maese Nicolas, barbero del mismo pueblo, decia que ninguno llegaba al

(80) caballero del Febo, y que si alguno se le podia comparar era D. Galaor, hermano de Amadís de Gaula, porque tenia muy acomodada condicion para todo; que no era caballero melindroso,[12] ni tan lloron como

(85) su hermano, y que en lo de la valentía no le iba en zaga. En resolucion él se enfrascó[13] tanto en su lectura, que se le pasaban las noches leyendo de claro en claro, y los dias de turbio en turbio: y así, del poco dormir

(90) y del mucho leer, se le secó el celebro de manera que vino á perder el juicio. Llenósele la fantasía de todo aquello que leia en los libros, así de encantamentos como de pendencias,[14] batallas, desafíos,

(95) heridas, requiebros, amores, tormentas y disparates[15] imposibles. Y asentósele de tal modo en la imaginacion que era verdad toda aquella máquina de aquellas soñadas invenciones que leia, que para él no habia

(100) otra historia mas cierta en el mundo. Decia él que el Cid Rui Diaz habia sido muy buen caballero; pero que no tenia que ver con el caballero de la Ardiente Espada, que de solo un revés habia partido por medio dos

(105) fieros y descomunales gigantes. Mejor estaba con Bernardo del Carpio, porque en Roncesvalles habia muerto á Roldan el

encantado, valiéndose de la industria de Hércules, cuando ahogó á Anteon, el hijo

(110) de la Tierra, entre los brazos. Decia mucho bien del gigante Morgante, porque con ser de aquella generacion gigantea, que todos son soberbios y descomedidos, él solo era afable y bien criado. Pero sobre todos esta-

(115) ba bien con Reinaldos de Montalban, y mas cuando le veia salir de su castillo, y robar cuantos topoba, y cuando en Allende robó aquel ídolo de Mahoma, que era todo de oro, segun dice su historia. Diera él, por dar

(120) una mano de coces al traidor de Galalon, al ama que tenia y aun á su sobrina de añadidura. En efecto, rematado[16] ya su juicio, vino á dar en el mas extraño pensamiento que jámas dió loco en el mundo, y fué que

(125) le pareció convenible y necesario, así para el aumento de su honra como para el servicio de su república, hacerse caballero andante, y irse por todo el mundo con sus armas y caballo á buscar las aventuras, y á

(130) ejercitarse en todo aquello que él habia leido que los caballeros andantes se ejercitaban, deshaciendo todo género de agravio, y poniéndose en ocasiones y peligros, donde acabándolos cobrase eterno nombre y

(135) fama. Imaginábase el pobre ya coronado por el valor de su brazo, por lo ménos del imperio de Trapisonda: y así con estos tan agradables pensamientos, llevado del extraño gusto que en ellos sentia, se dió

(140) priesa á poner en efecto lo que deseaba. Y lo primero que hizo fué limpiar unas armas que habian sido de sus bisabuelos, que, tomadas de orin y llenas de moho,[17] luengos siglos habia que estaban puestas y

(145) olvidadas en un rincon. Limpiólas y aderezólas[18] lo mejor que pudo; pero vió que tenian una gran falta, y era que no tenian celada[19] de encaje, sino morrion simple: mas á esto suplió su industria,

---

11 **competencia:** pugna, desacuerdo
12 **melindroso:** afectado o exagerado en el comportamiento
13 **se enfrascó:** se dedicó con intensidad
14 **pendencias:** peleas
15 **disparates:** tonterías

16 **rematado:** perdido por completo
17 **llenas de moho:** oxidadas
18 **aderezólas:** las adornó
19 **celada:** pieza de armadura que protege la cabeza

(150) porque de cartones hizo un modo de media celada, que encajada con el morrion[20] hacia una apariencia de celada entera. Es verdad que para probar si era fuerte, y podia estar al riesgo de una (155) cuchillada, sacó su espada y le dió dos golpes, y con el primero y en un punto deshizo lo que habia hecho en una semana: y no dejó de parecerle mal la facilidad con que la habia hecho pedazos, y por asegu- (160) rarse deste peligro, la tornó á hacer de nuevo, poniéndole unas barras de hierro por de dentro, de tal manera que él quedó satisfecho de su fortaleza, y sin querer hacer nueva experiencia della, la diputó[21] y (165) tuvo por celada finísima de encaje. Fué luego á ver á su rocin, y aunque tenia mas cuartos que un real, y mas tachas[22] que el caballo de Gonela,[23] que *tantum pellis et ossa fuit,*[24] le pareció que ni el Bucéfalo[25] (170) de Alejandro, ni Babieca el del Cid con él se igualaban. Cuatro dias se le pasaron en imaginar qué nombre le pondria; porque (segun se decia él á sí mismo) no era razon que caballo de caballero tan famoso, y tan (175) bueno él por sí, estuviese sin nombre conocido, y así procuraba acomodársele de manera que declarase quien habia sido ántes que fuese de caballero andante, y lo que era entónces: pues estaba muy puesto (180) en razon que mudando su señor estado, mudase él tambien de nombre, y le cobrase famoso y de estruendo, como convenia á la nueva órden y al nuevo ejercicio que ya profesaba: y así, despues de muchos nom- (185) bres que formó, borró y quitó, añadió, deshizo y tornó á hacer en su memoria é imaginacion, al fin le vino á llamar

Rocinante, nombre á su parecer, alto, sonoro y significativo de lo que habia sido (190) cuando fué rocin, ántes de lo que ahora era, que era ántes y primero de todos los rocines del mundo. Puesto nombre y tan á su gusto á su caballo, quiso ponérsele á si mismo, y en este pensamiento duró otros (195) ocho dias, y al cabo se vino á llamar *D. Quijote:* de donde, como queda dicho, tomaron ocasion los autores desta tan verdadera historia, que sin duda se debia llamar Quijada, y no Quesada, como otros (200) quisieron decir. Pero acordándose que el valeroso Amadís no solo se habia contentado con llamarse Amadís á secás, si no que añadió el nombre de su reino y patria por hacerla famosa, y se llamó Amadís de (205) Gaula, así quiso como buen caballero añadir al suyo el nombre de la suya, y llamarse *D. Quijote de la Mancha,* con que á su parecer declaraba muy al vivo su linage[26] y patria, y la honraba con tomar el (210) sobrenombre della. Limpias pues sus armas, hecho del morrion celada, puesto nombre á su rocin, y confirmádose á sí mismo, se dió á entender que no le faltaba otra cosa sino buscar una dama de quien ena- (215) morarse; porque el caballero andante sin amores era árbol sin hojas y sin fruto, y cuerpo sin alma. Decíase él: si yo por malos de mis pecados, ó por mi buena suerte me encuentro por ahí con algun gigante, como (220) de ordinario les acontece[27] á los caballeros andantes, y le derribo de un encuentro, ó le parto por mitad del cuerpo, ó finalmente le venzo y le rindo, ¿no será bien tener á quien enviarle presentado, y que entre y se (225) hinque[28] de rodillas ante mi dulce señora, y diga con voz humilde y rendida: yo soy el gigante Caraculiambro, señor de la ínsula Malindrania, á quien venció en singular

---

20 morrion: casco de soldado

21 diputó: examinó y destinó para ese uso

22 tachas: defectos

23 Gonela: bufón de la corte cuyo caballo era sólo de piel y huesos

24 *tantum pellis et ossa fuit*: latín—estuvo hecho un esqueleto

25 Bucéfalo: caballo de guerra de Alejandro el Magno

26 linage: linaje; ascendencia

27 acontece: sucede

28 hinque: arrodille

---

batalla el jamás como se debe alabado
(230) caballero D. Quijote de la Mancha, el cual
me mandó que me presentase ante la vuestra merced, para que la vuestra grandeza
disponga de mí á su talante?[29] ¡O como se
holgó[30] nuestro buen caballero cuando
(235) hubo hecho este discurso, y mas cuando
halló á quien dar nombre de su dama! Y
fué, á lo que se cree, que en un lugar cerca
del suyo habia una moza labradora de muy
buen parecer, de quien él un tiempo andu-
(240) vo enamorado, aunque segun se entiende,
ella jamás lo supo ni se dió cata dello.[31]
Llamábase Aldonza Lorenzo, y á esta le
pareció ser bien darle título de señora de
sus pensamientos: y buscándole nombre
(245) que no desdijese mucho del suyo, y que
tirase y se encaminase al de princesa y gran
señora, vino á llamarla *Dulcinea del
Toboso,* porque era natural del Toboso:
nombre á su parecer músico y peregrino, y
(250) significativo como todos los demás que á él
y á sus cosas habia puesto.

CAPITULO II
Que trata de la primera salida que de
su tierra hizo el ingenioso D. Quijote.

(255)   Hechas pues estas prevenciones, no
quiso aguardar mas tiempo á poner en efecto su pensamiento, apretándole á ello la
falta que él pensaba que hacia en el mundo
su tardanza, segun eran los agravios[32] que
(260) pensaba deshacer, tuertos[33] que enderezar,[34] sinrazones que enmendar,[35] y abusos
que mejorar y deudas que satisfacer. Y así,
sin dar parte á persona alguna de su intencion, y sin que nadie le viese, una mañana
(265) ántes del dia (que era uno de los calurosos

---

29 **talante:** disposición de ánimo
30 **se holgó:** se alegró
31 **cata dello:** cuenta de ello
32 **agravios:** insultos, afrentas
33 **tuertos:** injusticias
34 **enderezar:** reparar
35 **enmendar:** corregir

del mes de julio) se armó de todas sus
armas, subió sobre Rocinante, puesta su
mal compuesta celada, embrazó su adarga,
tomó su lanza, y por la puerta falsa de un
(270) corral salió al campo con grandísimo contento y alborozo de ver con cuanta facilidad
habia dado principio á su buen deseo. Mas
apénas se vió en el campo cuando le asaltó
un pensamiento terrible, y tal que por poco
(275) le hiciera dejar la comenzada empresa, y
fué que le vino á la memoria, que no era
armado caballero, y que, conforme á ley de
caballería, ni podia ni debia tomar armas
con ningun caballero: y puesto que lo
(280) fuera, habia de llevar armas blancas como
novel caballero, sin empresa en el escudo,
hasta que por su esfuerzo la ganase. Estos
pensamientos le hicieron titubear en su
propósito; mas pudiendo mas su locura que
(285) otra razon alguna, propuso de hacerse
armar caballero del primero que topase,
á imitacion de otros muchos que así lo
hicieron, segun él habia leido en los libros
que tal le tenian. En lo de las armas blancas,
(290) pensaba limpiarlas de manera, en teniendo
lugar, que lo fuesen mas que un armiño:[36] y
con esto se quietó y prosiguió su camino,
sin llevar otro que aquel que su caballo
queria, creyendo que en aquello consistia la
(295) fuerza de las aventuras. Yendo pues caminando nuestro flamante[37] aventurero, iba
hablando consigo mismo y diciendo:
¿quién duda sino que en los venideros tiempos, cuando salga á luz la verdadera historia
(300) de mis famosos hechos, que el sabio que
los escribiere, no ponga, cuando llegue á
contar esta mi primera salida tan de
mañana, desta manera? Apénas habia el
rubicundo Apolo tendido por la faz de la
(305) ancha y espaciosa tierra las doradas
hebras[38] de sus hermosos cabellos, y apénas los pequeños y pintados pajarillos con

---

36 **armiño:** animal de pelaje blanco
37 **flamante:** llamativo
38 **hebras:** fibras, hilos

sus arpadas lenguas habian saludado con dulce y meliflua[39] armonía la venida de la

(310) rosada aurora, que, dejando la blanda cama del zeloso marido, por las puertas y balcones del manchego horizonte á los mortales se mostraba, cuando el famoso caballero D. Quijote de la Mancha, dejando

(315) las ociosas plumas, subió sobre su famoso caballo Rocinante, y comenzó á caminar por el antiguo y conocido campo de Montiel (y era la verdad que por él caminaba); y añadió diciendo: ¡dichosa edad y

(320) siglo dichoso aquel adonde saldrán á luz las famosas hazañas mias, dignas de entallarse[40] en bronces, esculpirse en mármoles, y pintarse en tablas para memoria en lo futuro! ¡O tú, sabio encantador, quien

(325) quiera que seas, á quien ha de tocar el ser coronista desta peregrina historia! ruégote que no te olvides de mi buen Rocinante, compañero eterno mio en todos mis caminos y carreras. Luego volvia diciendo,

(330) como si verdaderamente fuera enamorado: ¡ó princesa Dulcinea, señora deste cautivo corazon! Mucho agravio me habedes fecho en despedirme y reprocharme con el riguroso afincamiento de mandarme no

(335) parecer ante la vuestra fermosura. Plégaos,[41] señora, de membraros deste vuestro sujeto corazon, que tantas cuitas[42] por vuestro amor padece. Con estos iba ensartando otros disparates, todos al modo de

(340) los que sus libros le habian enseñado, imitando en cuanto podia su lenguage: y con esto caminaba tan de espacio, y el sol entraba tan apriesa y con tanto ardor, que fuera bastante á derretirle los sesos,[43] si algunos

(345) tuviera. Casi todo aquel dia caminó sin acontecerle cosa que de contar fuese, de lo cual se desesperaba, porque quisiera topar

luego luego con quien hacer experiencia del valor de su fuerte brazo. Autores hay

(350) que dicen, que la primera aventura que le avino fué la del puerto Lápice; otros dicen que la de los molinos de viento; pero lo que yo he podido averiguar en este caso, y lo que he hallado escrito en los anales de la

(355) Mancha, es que él anduvo todo aquel dia, y al anochecer su rocin y él se hallaron cansados y muertos de hambre; y que mirando á todas partes por ver si descubriria algun castillo ó alguna majada[44] de pastores

(360) donde recogerse, y adonde pudiese remediar su mucha necesidad, vió no léjos del camino por donde iba una venta,[45] que fué como si viera una estrella que á los portales, si no á los alcázares[46] de su redencion

(365) le encaminaba. Dióse priesa á caminar, y llegó á ella á tiempo que anochecia. Estaban acaso á la puerta dos mugeres mozas, destas que llaman *del partido,* las cuales iban á Sevilla con unos arrieros,[47]

(370) que en la venta aquella noche acertaron á hacer jornada: y como á nuestro aventurero todo cuanto pensaba, veia ó imaginaba le parecia ser hecho, y pasar al modo de lo que habia leido, luego que vió la venta se le

(375) representó que era un castillo con sus cuatro torres y chapiteles de luciente plata, sin faltarle su puente levadiza[48] y honda cava, con todos aquellos adherentes que semejantes castillos se pintan. Fuése llegando á

(380) la venta (que á él le parecia castillo), y á poco trecho della detuvo las riendas á Rocinante, esperando que algun enano se pusiese entre las almenas á dar señal con alguna trompeta de que llegaba caballero al

(385) castillo. Pero como vió que se tardaban, y que Rocinante se daba priesa por llegar á la caballeriza, se llegó á la puerta de la venta,

---

39 **meliflua:** exageradamente amable
40 **entallarse:** grabarse
41 **Plégaos:** Rezad
42 **cuitas:** aflicciones, preocupaciones
43 **sesos:** cerebro

44 **majada:** albergue de pastores y ganado
45 **venta:** parador, posada
46 **alcázares:** palacios fortificados
47 **arrieros:** los que conducen las bestias de carga
48 **levadiza:** que se puede levantar

vió á las dos distraidas mozas que allí estaban, que á él le parecieron dos hermosas
(390) doncellas ó dos graciosas damas, que delante de la puerta del castillo se estaban solazando.[49] En esto sucedió acaso que un porquero que andaba recogiendo de unos rastrojos[50] una manada de puercos (que sin
(395) perdon así se llaman), tocó un cuerno, á cuya señal ellos se recogen, y al instante se le representó á D. Quijote lo que deseaba, que era que algun enano hacia señal de su venida; y así con extraño contento llegó á la
(400) venta y á las damas; las cuales, como vieron venir un hombre de aquella suerte armado, y con lanza y adarga, llenas de miedo se iban á entrar en la venta; pero D. Quijote, coligiendo por su huida su miedo, alzán-
(405) dose la visera de papelon y descubriendo su seco y polvoroso rostro, con gentil talante y voz reposada les dijo: non fuyan las vuestras mercedes, nin teman desaguiso-do[51] alguno, ca á la órden de caballería que
(410) profeso non toca ni atañe facerle á ninguno, cuanto mas á tan altas doncellas como vuestras presencias demuestran. Mirábanle las mozas, y andaban con los ojos buscándole el rostro que la mala visera
(415) le encubria: mas como se oyeron llamar doncellas, cosa tan fuera de su profesion, no pudieron tener la risa, y fué de manera que D. Quijote vino á correrse, y á decirles: bien parece la mesura[52] en las fermosas, y
(420) es mucha sandez[53] además la risa que de leve causa procede; pero non vos lo digo porque os acuitedes[54] ni mostredes mal talante, que el mio non es de al que de serviros. El lenguage no entendido de las
(425) señoras y el mal talle de nuestro caballero acrecentaba en ellas la risa y en él el enojo, y pasara muy adelante si á aquel punto no

saliera el ventero, hombre que por ser muy gordo era muy pacífico, el cual viendo
(430) aquella figura contrahecha, armada de armas tan desiguales, como eran la brida, lanza, adarga y coselete, no estuvo en nada en acompañar á las doncellas en las muestras de su contento. Mas en efecto,
(435) temiendo la máquina de tantos pertrechos,[55] determinó de hablarle comedidamente, y así le dijo: si vuestra merced señor caballero, busca posada, amen del lecho (porque en esta venta no
(440) hay ninguno) todo lo demás se hallará en ella en mucha abundancia. Viendo D. Quijote la humildad del alcaide de la fortaleza (que tal le pareció á él el ventero y la venta) respondió: para mi, señor castellano,
(445) cualquiera cosa basta, porque «mis arreos son las armas, mi descanso el pelear, etc.» Pensó el huésped que el haberle llamado castellano habia sido por haberle parecido de los sanos de Castilla, aunque él era
(450) andaluz y de los de la playa de Sanlúcar, no ménos ladron que Caco, ni ménos maleante que estudiante ó page. Y así le respondió: segun eso, las camas de vuestra merced serán duras peñas, y su dormir
(455) siempre velar: y siendo así, bien se puede apear[56] con seguridad de hallar en esta choza ocasion y ocasiones para no dormir en todo un año, cuanto mas en una noche. Y diciendo esto fué á tener del estribo[57] á
(460) D. Quijote, el cual se apeó con mucha dificultad y trabajo, como aquel que en todo aquel dia no se habia desayunado. Dijo luego al huésped que le tuviese mucho cuidado de su caballo, porque era la mejor
(465) pieza que comia pan en el mundo. Miróle el ventero, y no le pareció tan bueno como D. Quijote decia, ni aun la mitad: y acomo-

---

49 **solazando:** divirtiendo, recreando
50 **rastrojos:** paja segada
51 **desaguisado:** insulto
52 **mesura:** moderación
53 **sandez:** estupidez
54 **acuitedes:** aflijáis, preocupéis

55 **pertrechos:** equipo militar
56 **apear:** desmontar
57 **estribo:** parte de metal en una silla de montar, donde se ponen los pies

dándole en la caballeriza, volvió á ver lo
que su huésped mandaba, al cual estaban

(470) desarmando las doncellas (que ya se habian
reconciliado con él), las cuales, aunque le
habian quitado el peto[58] y el espaldar,
jamás supieron ni pudieron desencajarle la
gola[59] ni quitarle la contrahecha celada,

(475) que traia atada con unas cintas verdes, y era
menester cortarlas, por no poderse quitar
los nudos, mas él no lo quiso consentir en
ninguna manera; y así se quedó toda aquella noche con la celada puesta, que era la

(480) mas graciosa y extraña figura que se
pudiera pensar: y al desarmarle (como él se
imaginaba que aquellas traidas y llevadas
que le desarmaban eran algunas principales
señoras y damas de aquel castillo) les dijo

(485) con mucho donaire:[60]

> Nunca fuera caballero
> De damas tan bien servido,
> Como fuera D. Quijote,
> Cuando de su aldea vino;
(490) > Doncellas curaban dél,
> Princesas de su rocino.

ó Rocinante, que este es el nombre, señoras mias, de mi caballo, y D. Quijote de la
Mancha el mio: que puesto que no quisiera

(495) descubrirme fasta que las fazañas fechas en
vuestro servicio y pro me descubrieran, la
fuerza de acomodar al propósito presente
este romance viejo de Lanzarote ha sido
causa que sepais mi nombre ántes de toda

(500) sazon:[61] pero tiempo vendrá en que las
vuestras señorías me manden y yo obedez-
ca, y el valor de mi brazo descubra el deseo
que tengo de serviros. Las mozas; que no
estaban hechas á oir semejantes retóricas,

(505) no respondian palabra; solo le preguntaron
si queria comer alguna cosa. Cualquiera

yantaria[62] yo, respondió D. Quijote, porque
á lo que entiendo me haria mucho al caso.
Á dicha acertó á ser viérnes aquel dia; y no

(510) habia en toda la venta sino unas raciones de
un pescado, que en Castilla llaman abadejo,
y en Andalucia bacallao, y en otras partes
curadillo, y en otras truchuela.[63]
Preguntáronle si por ventura comeria su

(515) merced truchuela, que no habia otro pescado que darle á comer. Como haya muchas
truchuelas, respondió D. Quijote, podrán
servir de una trucha; porque eso se me da
que me den ocho reales en sencillos, que

(520) una pieza de á ocho. Cuanto mas que
podria ser que fuesen estas truchuelas
como la ternera, que es mejor que la vaca,
y el cabrito que el cabron. Pero sea lo que
fuere, venga luego, que el trabajo y el peso

(525) de las armas no se puede llevar sin el gobierno de las tripas. Pusiéronle la mesa á la
puerta de la venta por el fresco,[64] y trújole
el huésped una porcion de mal remojado y
peor cocido bacallao, y un pan tan negro y

(530) mugriento[65] como sus armas: pero era
materia de grande risa verle comer, porque
como tenia puesta la celada y alzada la visera, no podia poner nada en la boca con sus
manos si otro no se lo daba y ponia, y así

(535) una de aquellas señoras servia deste menester;[66] mas al darle de beber no fué
posible, ni lo fuera si el ventero no
horadara[67] una caña, y puesto el un cabo
en la boca, por el otro le iba echando el

(540) vino: y todo esto lo recebia en paciencia á
trueco[68] de no romper las cintas de la celada. Estando en eso llegó acaso á la venta un
castrador de puercos, y así como llegó sonó
su silbato de cañas cuatro ó cinco veces,

(545) con lo cual acabó de confirmar D. Quijote

---

58 **peto:** pieza de una armadura que protege
   el pecho
59 **gola:** pieza de una armadura que protege
   la garganta
60 **donaire:** gracia y discreción
61 **sazon:** el momento oportuno

62 **yantaria:** comería
63 **truchuela:** especie de pez comestible
64 **por el fresco:** al aire libre
65 **mugriento:** sucio
66 **menester:** necesidad
67 **horadara:** agujereara
68 **á trueco de:** en un esfuerzo de

que estaba en algun famoso castillo y que le
servian con música, y que el abadejo eran
truchas, el pan candial,[69] y las rameras
damas, y el ventero castellano del castillo, y
(550) con esto daba por bien empleada su deter-
minacion y salida. Mas lo que mas le
fatigaba era el no verse armado caballero,
por parecerle que no se podria poner legíti-
mamente en aventura alguna sin recebir la
(555) órden de caballería.

CAPITULO III
Donde se cuenta la graciosa manera que tuvo D. Quijote en armarse caballero.

(560)   Y así fatigado deste pensamiento abre-
vió su venteril y limitada cena, la cual
acabada, llamó al ventero, y encerrándose
con él en la caballeriza, se hincó de rodillas ante él diciéndole: no me levantaré
(565) jamás de donde estoy, valeroso caballero,
fasta que la vuestra cortesía me otorgue
un don que pedirle quiero, el cual redun-
dará en alabanza vuestra y en pro del
género humano. El ventero que vió á su
(570) huésped á sus piés, y oyó semejantes
razones, estaba confuso mirándole sin
saber qué hacerse ni decirle, y porfiaba[70]
con él que se levantase, y jamás quiso hasta que le hubo de decir que él le otorgaba
(575) el don que le pedia. No esperaba yo
ménos de la gran magnificencia vuestra,
señor mio, respondió D. Quijote; y así os
digo que el don que os he pedido y de
vuestra liberalidad me ha sido otorgado,
(580) es que mañana en aquel dia me habeis de
armar caballero, y esta noche en la capilla
deste vuestro castillo velaré[71] las armas, y
mañana, como tengo dicho, se cumplirá
lo que tanto deseo, para poder, como se

(585) debe, ir por todas las cuatro partes del
mundo buscando las aventuras en pro de
los menesterosos, como está á cargo de la
caballería y de los caballeros andantes
como yo soy, cuyo deseo á semejantes
(590) fazañas[72] es inclinado. El ventero, que
como está dicho era un poco socarron[73] y
ya tenia algunos barruntos[74] de la falta de
juicio de su huésped, acabó de creerlo
cuando acabó de oir semejantes razones,
(595) y por tener que reir aquella noche, determinó de seguirle el humor; y así le dijo
que andaba muy acertado en lo que
deseaba, y que tal prosupuesto era propio
y natural de los caballeros tan principales
(600) como él parecia y como su gallarda[75] presencia mostraba, y que él ansi mismo en
los años de su mocedad se habia dado á
aquel honroso ejercicio, andando por
diversas partes del mundo buscando sus
(605) aventuras, sin que hubiese dejado los
percheles de Málaga, Islas de Riaran,
Compás de Sevilla, Azoguejo de Segovia,
la Olivera de Valencia, Rondilla de
Granada, playa de S. Lúcar, Potro
(610) de Córdoba, y las ventillas de Toledo, y
otras diversas partes donde habia ejercita-
do la ligereza de sus piés y sutileza de sus
manos, haciendo muchos tuertos, recues-
tando muchas viudas, deshaciendo
(615) algunas doncellas, y engañando á algunos
pupilos, y finalmente dándose á conocer
por cuantas audiencias y tribunales hay
casi en toda España; y que á lo último se
habia venido á recoger á aquel su castillo,
(620) donde vivia con su hacienda y con las age-
nas, recogiendo en él á todos los
caballeros andantes de cualquiera calidad
y condicion que fuesen, solo por la
mucha aficion que les tenia, y porque par-
(625) tiesen con él de sus haberes en pago de

---

69 **candial:** pan hecho con harina de gran calidad
70 **porfiaba:** disputaba
71 **velaré:** haré guardia

72 **fazañas:** hazañas; hechos heroicos
73 **socarron:** burlón
74 **barruntos:** señales; indicios
75 **gallarda:** elegante, apuesta

---

su buen deseo. Díjole tambien que en aquel su castillo no habia capilla alguna donde poder velar las armas, porque estaba derribada para hacerla de nuevo; pero

(630) que en caso de necesidad él sabia que se podian velar donde quiera, y que aquella noche las podria velar en un patio del castillo, que á la mañana, siendo Dios servido, se harian las debidas ceremonias

(635) de manera que él quedase armado caballero, y tan caballero que no pudiese ser mas en el mundo. Preguntóle si traia dineros: respondió D. Quijote que no traia blanca, porque él nunca habia leido en las

(640) historias de los caballeros andantes que ninguno los hubiese traido. Á esto dijo el ventero que se engañaba, que puesto caso que en las historias no se escribia, por haberles parecido á los autores dellas que

(645) no era menester escribir una cosa tan clara y tan necesaria de traerse, como eran dineros y camisas limpias, no por eso se habia de creer que no los trujeron;[76] y así tuviese por cierto y averiguado que

(650) todos los caballeros andantes (de que tantos libros estan llenos y atestados[77]) llevaban bien herradas[78] las bolsas por lo que pudiese sucederles, y que asimismo llevaban camisas y una arqueta[79] pequeña

(655) llena de ungüentos[80] para curar las heridas que recebian, porque no todas veces en los campos y desiertos donde se combatian y salian heridos, habia quien los curase, si ya no era que tenian algun sabio

(660) encantador por amigo, que luego los socorria trayendo por el aire en alguna nube alguna doncella ó enano con alguna redoma[81] de agua de tal virtud, que en gustando alguna gota della, luego al punto

(665) quedaban sanos[82] de sus llagas[83] y heridas, como si mal alguno no hubiesen tenido: mas que en tanto que esto no hubiese, tuvieron los pasados caballeros por cosa acertada que sus escuderos fue-

(670) sen proveidos de dineros y de otras cosas necesarias, como eran hilas y ungüentos para curarse: y cuando sucedia que los tales caballeros no tenian escuderos (que eran pocas y raras veces) ellos mismos lo

(675) llevaban todo en unas alforjas[84] muy sutiles, que casi no se parecian, á las ancas del caballo, como que era otra cosa de mas importancia: porque no siendo por ocasion semejante, esto de llevar

(680) alforjas no fué muy admitido entre los caballeros andantes: y por esto le daba por consejo (pues aun se lo podia mandar como á su ahijado que tan presto lo habia de ser) que no caminase de allí adelante

(685) sin dineros y sin las prevenciones recebidas, y que veria cuan bien se hallaba con ellas, cuando ménos se pensase. Prometióle D. Quijote de hacer lo que se le aconsejaba con toda puntalidad; y así se

(690) dió luego órden como velase las armas en un corral grande que á un lado de la venta estaba, y recogiéndolas D. Quijote todas, las puso sobre una pila que junto á un pozo estaba, y embrazando su adarga asió

(695) de su lanza, y con gentil continente se comenzó á pasear delante de la pila,[85] y cuando comenzó el paseo comenzaba á cerrar la noche. Contó el ventero á todos cuantos estaban en la venta la locura de

(700) su huésped, la vela de las armas, y la armazon de caballería que esperaba. Admirándose de tan extraño género de locura, fuéronselo á mirar desde léjos, y vieron que con sosegado[86] ademan unas

---

76 **trujeron:** trajeron
77 **atestados:** repletos
78 **herradas:** llenas
79 **arqueta:** cajita
80 **ungüentos:** remedios
81 **redoma:** botella de cristal

82 **sanos:** aliviados, curados
83 **llagas:** úlceras
84 **alforjas:** bolsas grandes
85 **pila:** recipiente profundo de piedra usado para guardar agua
86 **sosegado:** tranquilo

(705) veces se paseaba, otras arrimado á su lanza ponia los ojos en las armas, sin
quitarlos por un buen espacio de ellas.
Acabó de cerrar la noche con tanta claridad de la luna, que podia competir con el
(710) que se la prestaba, de manera que cuanto
el novel caballero hacia era bien visto de
todos. Antojósele[87] en esto á uno de los
arrieros que estaban en la venta ir á dar
agua á su recua,[88] y fué menester quitar
(715) las armas de D. Quijote, que estaban
sobre la pila, el cual viéndole llegar, en
voz alta le dijo: ó tú quien quiera que
seas, atrevido caballero, que llegas á tocar
las armas del mas valeroso andante que
(720) jamás se ciñó espada, mira lo que haces, y
no las toques, si no quieres dejar la vida
en pago de tu atrevimiento. No se curó el
arriero destas razones (y fuera mejor que
se curara, porque fuera curarse en salud),
(725) ántes trabando de las correas las arrojó
gran trecho de sí. Lo cual visto por D.
Quijote, alzó los ojos al cielo, y puesto el
pensamiento (á lo que pareció) en su
señora Dulcinea, dijo: acorredme, señora
(730) mia, en esta primera afrenta[89] que á este
vuestro avasallado pecho se le ofrece: no
me desfallezca en este primero trance
vuestro favor y amparo: y diciendo estas y
otras semejantes razones, soltando la adar-
(735) ga alzó la lanza á dos manos, y dio con
ella tan gran golpe al arriero en la cabeza,
que le derribó en el suelo tan mal trecho,[90] que si segundara con otro, no
tuviera necesidad de maestro que le
(740) curara. Hecho esto, recogió sus armas, y
tornó á pasearse con el mismo reposo que
primero. Desde allí á poco, sin saberse lo
que habia pasado (porque aun estaba atur-
dido el arriero) llegó otro con la misma
(745) intencion de dar agua á sus mulos, y llegando á quitar las armas para

desembarazar[91] la pila, sin hablar D.
Quijote palabra, y sin pedir favor á nadie,
soltó otra vez la adarga y alzó otra vez la
(750) lanza, y sin hacerla pedazos hizo mas de
tres la cabeza del segundo arriero, porque
se la abrió por cuatro. Al ruido acudió
toda la gente de la venta, y entre ellos el
ventero. Viendo esto D. Quijote, embrazó
(755) su adarga, y puesta mano á su espada dijo:
ó señora de la fermosura, esfuerzo y vigor
del debilitado corazon mio, ahora es tiempo que vuelvas los ojos de tu grandeza á
este tu cautivo caballero que tamaña aven-
(760) tura está atendiendo. Con esto cobró á su
parecer tanto ánimo, que si le acometie-
ran todos los arrieros del mundo no
volviera el pié atrás. Los compañeros de
los heridos, que tales los viéron, comen-
(765) zaron desde léjos á llover piedras sobre D.
Quijote, el cual lo mejor que podia se
reparaba con su adarga, y no se osaba[92]
apartar de la pila por no desamparar las
armas. El ventero daba voces que le
(770) dejasen, porque ya les habia dicho como
era loco, y que por loco se libraria aunque
los matase á todos. Tambien D. Quijote las
daba mayores llamándolos de alevosos[93] y
traidores, y que el señor del castillo era un
(775) follon y mal nacido caballero, pues de tal
manera consentia que se tratasen los
andantes caballeros, y que si él hubiera
recibido la órden de caballería, que él le
diera á entender su alevosía; pero de
(780) vosotros, soez[94] y baja canalla,[95] no hago
caso alguno: tirad, llegad, venid, ofended-
me, en cuanto pudiéredes, que vosotros
veréis el pago que llevais de vuestra
sandez y demasía.[96] Decia esto con tanto
(785) brio y denuedo,[97] que infundió un terrible

---

87 Antojósele: se le ocurrió
88 recua: grupo de animales de carga
89 afrenta: hecho que ofende o deshonra
90 tan mal trecho: tan lastimado

---

91 desembarazar: desocupar
92 se osaba: se atrevía
93 alevosos: traidores
94 soez: sucio, vulgar
95 canalla: gente baja y vil
96 demasía: exceso
97 denuedo: valor

temor en los que le acometian: y así por esto como por las persuasiones del ventero le dejaron de tirar, y él dejó retirar á los heridos, y tornó á la vela de sus armas (790) con la misma quietud y sosiego que primero. No le parecieron bien al ventero las burlas de su huésped, y determinó abreviar y darle la negra órden de caballería luego, ántes que otra desgracia (795) sucediese: y así llegándose á él, se desculpó de la insolencia que aquella gente baja con él habia usado, sin que él supiese cosa alguna; pero que bien castigados quedaban de su atrevimiento. Díjole, (800) como ya le habia dicho, que en aquel castillo no habia capilla, y para lo que restaba de hacer tampoco era necesaria: que todo el toque de quedar armado caballero consistia en la pescozada[98] y en (805) el espaldarazo,[99] segun él tenia noticia del ceremonial de la órden, y que aquello en mitad de un campo se podia hacer; y que ya habia cumplido con lo que tocaba al velar de las armas, que con solas dos (810) horas de vela se cumplia. Cuanto mas que él habia estado mas de cuatro. Todo se lo creyó D. Quijote, y dijo que él estaba allí pronto para obedecerle, y que concluyese con la mayor brevedad que pudiese; (815) porque si fuese otra vez acometido,[100] y se viese armado caballero, no pensaba dejar persona viva en el castillo, eceto aquellas que él le mandase, á quien por su respeto dejaria. Advertido y medreso (820) desto el castellano, trujo luego un libro donde asentaba la paja y cebada que daba á los arrieros, y con un cabo de vela que le traia un muchacho, y con las dos ya dichas doncellas se vino adonde D. (825) Quijote estaba, al cual mandó hincar de rodillas, y leyendo en su manual como

que decia alguna devota oracion, en mitad de la leyenda alzó la mano, y dióle sobre el cuello un gran golpe, y tras él con su (830) misma espada un gentil espaldarazo, siempre murmurando entre dientes como que rezaba. Hecho esto, mandó á una de aquellas damas que le ciñese la espada, la cual lo hizo con mucha desenvoltura[101] y dis- (835) crecion, porque no fué menester poca para no reventar de risa á cada punto de las ceremonias; pero las proezas[102] que ya habian visto del novel caballero les tenia la risa á raya. Al ceñirle la espada dijo la (840) buena señora: Dios haga á vuestra merced muy venturoso caballero y le dé ventura en lides.[103] D. Quijote le preguntó como se llamaba, porque él supiese de allí adelante á quien quedaba obligado por la (845) merced recebida, porque pensaba darle alguna parte de la honra que alcanzase por el valor de su brazo. Ella respondió con mucha humildad, que se llamaba la Tolosa, y que era hija de un remendon[104] (850) natural de Toledo, que vivia á las tendillas de Sancho Bienaya, y que donde quiera que ella estuviese, le serviria y le tendria por señor. Don Quijote le replicó, que por su amor le hiciese merced que de allí ade- (855) lante se pusiese Don, y se llamase Doña Tolosa. Ella se lo prometió, y la otra le calzó la espuela, con la cual le pasó casi el mismo coloquio[105] que con la de la espada. Preguntóle su nombre, y dijo que se (860) llamaba la Molinera, y que era hija de un honrado molinero de Antequera: á la cual tambien rogó D. Quijote que se pusiese Don, y se llamase Doña Molinera, ofreciéndole nuevos servicios y mercedes. (865) Hechas pues de galope y apriesa las hasta allí nunca vistas ceremonias, no vió la hora D. Quijote de verse á caballo, y salir

---

98 **pescozada:** golpe dado en la cabeza o el cuello con la mano
99 **espaldarazo:** golpe dado en la espalda con la espada
100 **acometido:** atacado

101 **desenvoltura:** gracia
102 **proezas:** hazañas
103 **lides:** peleas
104 **remendon:** una persona que arregla o repara algo
105 **coloquio:** diálogo

buscando las aventuras; y ensillando·luego
á Rocinante, subió en él, y abrazando á su
(870) huésped le dijo cosas tan extrañas, agrade-
ciéndole la merced de haberle armado
caballero, que no es posible acertar á
referirlas. El ventero, por verle ya fuera de
la venta, con no ménos retóricas[106]
(875) aunque con mas breves palabras,
respondió á las suyas, y sin pedirle la costa de la posada, le dejó ir á la buena hora.

CAPITULO IV
De lo que le sucedió á nuestro
(880) **caballero cuando salió de la venta.**

La del alba seria cuando D. Quijote salió de la venta tan contento, tan gallardo,
tan alborozado por verse ya armado
caballero que el gozo le reventaba por las
(885) cinchas[107] del caballo. Mas viniéndole á la
memoria los consejos de su huésped cer-
ca de las prevenciones tan necesarias que
habia de llevar consigo, especial la de los
dineros y camisas, determinó volver á su
(890) casa y acomodarse de todo y de un escudero, haciendo cuenta de recebir á un
labrador vecino suyo que era pobre y con
hijos, pero muy á propósito para el oficio
escuderil[108] de la caballería. Con este pen-
(895) samiento guió a Rocinante hácia su aldea,
el cual, casi conociendo la querencia,[109]
con tanta gana comenzó á caminar, que
parecia que no ponia los piés en el suelo.
No habia andado mucho, cuando le pare-
(900) ció que á su diestra[110] mano de la
espesura de un bosque que allí estaba,
salian unas voces delicadas como de persona que se quejaba; y apénas las hubo
oido, cuando dijo: gracias doy al cielo por
(905) la merced que me hace, pues tan presto
me pone ocasiones delante, donde yo

pueda cumplir con lo que debo á mi profesion, y donde pueda coger el fruto de
mis buenos deseos: estas voces sin duda
(910) son de algun menesteroso ó menesterosa,
que ha menester mi favor y ayuda: y
volviendo las riendas, encaminó á
Rocinante hácia donde le pareció que las
voces salian. Y á pocos pasos que entró
(915) por el bosque vió atada una yegua á una
encina, y atado en otra un muchacho
desnudo de medio cuerpo arriba, hasta de
edad de quince años, que era el que las
voces daba, y no sin causa, porque le esta-
(920) ba dando con una pretina[111] muchos
azotes[112] un labrador de buen talle, y cada
azote lo acompañaba con una reprension
y consejo, porque decia: la lengua queda
y los ojos listos. Y el muchacho respon-
(925) dia: no lo haré otra vez, señor mio: por la
pasion de Dios, que no lo haré otra vez, y
yo prometo de tener de aquí adelante mas
cuidado con el hato.[113] Y viendo D.
Quijote lo que pasaba, con voz airada
(930) dijo: descortés caballero, mal parece
tomaros con quien defender no se puede:
subid sobre vuestro caballo, y tomad vuestra lanza (que tambien tenia una lanza
arrimada á la encina, adonde estaba arren-
(935) dada la yegua) que yo os haré conocer ser
de cobardes lo que estais haciendo. El
labrador, que vió sobre sí aquella figura
llena de armas, blandiendo la lanza sobre
su rostro, túvose por muerto, y con bue-
(940) nas palabras respondió: señor caballero,
este muchacho que estoy castigando, es
un mi criado que me sirve de guardar una
manada[114] de ovejas que tengo en estos
contornos, el cual es tan descuidado que
(945) cada dia me falta una, y porque castigo su
descuido ó bellaquería,[115] dice que lo
hago de miserable por no pagalle la solda-

---

106 **retóricas:** elocuencia
107 **cinchas:** apretones
108 **escuderil:** que tiene que ver con el paje de un
hidalgo o un noble
109 **querencia:** sitio preferido
110 **diestra:** a su derecha

111 **pretina:** correa, cinturón
112 **azotes:** golpes
113 **hato:** ganado
114 **manada:** conjunto de animales
115 **bellaquería:** maldad

da que le debo, y en Dios y en mi ánima que miente. ¿Miente delante de mí, ruin (950) villano? Dijo D. Quijote. Por el sol que nos alumbra, que estoy por pasaros de parte á parte con esta lanza: pagalde luego sin mas réplica; si no, por el Dios que nos rige, que os concluya y aniquile[116] en este (955) punto: desataldo luego. El labrador bajó la cabeza, y sin responder palabra desató á su criado, al cual preguntó D. Quijote que cuanto le debia su amo. El dijo que nueve meses á siete reales cada mes. Hizo la (960) cuenta D. Quijote, y halló que montaban sesenta y tres reales, y díjole al labrador que al momento los desembolsase[117] si no queria morir por ello. Respondió el medroso[118] villano[119] que por el paso en (965) que estaba y juramento que habia hecho (y aun no habia jurado nada) que no eran tantos; porque se le habian de descontar y recebir en cuenta tres pares de zapatos que le habia dado, y un real de dos san- (970) grías que le habian hecho estando enfermo. Bien está todo eso, replicó D. Quijote, pero quédense los zapatos y las sangrías por los azotes que sin culpa le habeis dado, que si él rompió el cuero de (975) los zapatos que vos pagastes, vos le habeis rompido el de su cuerpo; y si le sacó el barbero sangre estando enfermo, vos en sanidad se la habeis sacado: así que por esta parte no os debe nada. El daño está, (980) señor caballero, en que no tengo aquí dineros: véngase Andrés conmigo á mi casa, que yo se los pagaré un real sobre otro. ¿Irme yo con él, dijo el muchacho, mas? ¡mal año! No señor, ni por pienso, (985) porque en viéndose solo, me desollará[120] como á un S. Bartolomé. No hará tal, replicó D. Quijote, basta que yo se lo

mande para que me tenga respeto, y con que él me lo jure por la ley de caballería (990) que ha recebido, le dejaré ir libre y asegu- raré la paga. Mire vuestra merced, señor, lo que dice, dijo el muchacho, que este mi amo no es caballero, ni ha recebido órden de caballería alguna, que es Juan (995) Haldudo el rico, el vecino del Quintanar. Importa poco eso, respondió D. Quijote, que Haldudos puede haber caballeros: cuanto mas que cada uno es hijo de sus obras. Así es verdad, dijo Andrés, pero (1000) este mi amo ¿de qué obras es hijo, pues me niega mi soldada[121] y mi sudor y traba- jo? No niego, hermano Andrés, respondió el labrador, y hacedme placer de veniros conmigo, que yo juro por todas las (1005) órdenes que de caballerías hay en el mun- do, de pagaros, como tengo dicho, un real sobre otro y aun sahumados. Del sahume- rio[122] os hago gracia, dijo D. Quijote, dádselos en reales, que con eso me con- (1010) tento; y mirad que lo cumplais como lo habeis jurado; si no, por el mismo jura- mento os juro de volver á buscaros y á castigaros, y que os tengo de hallar aunque os escondais mas que una lagarti- (1015) ja. Y si quereis saber quien os manda esto, para quedar con mas veras obligado á cumplirlo, sabed que yo soy el valeroso D. Quijote de la Mancha, el desfacedor[123] de agravios y sinrazones; y á Dios quedad, y (1020) no se os parta de las mientes[124] lo prometido y jurado sopena de la pena pronunciada. Y en diciendo esto, picó á su Rocinante, y en breve espacio se apartó dellos. Siguióle el labrador con los (1025) ojos, y cuando vió que habia traspuesto[125] del bosque y que ya no parecia, volvióse á su criado Andrés y díjole: venid acá, hijo

---

116 **aniquile:** destruya
117 **desembolsase:** pagase
118 **medroso:** temeroso
119 **villano:** aldeano que no pertenecía a la nobleza
120 **me desollará:** me quitará el pellejo

121 **soldada:** salario
122 **sahumerio:** humo que produce una sustancia aromática
123 **desfacedor:** que remedia algo
124 **mientes:** mente; pensamiento
125 **traspuesto:** transpuesto, dejado atrás

mio, que os quiero pagar lo que os debo, como aquel deshacedor de agravios me
(1030) dejó mandado. Eso juro yo, dijo Andrés, y como que andará vuestra merced acertado en cumplir el mandamiento de aquel buen caballero, que mil años viva, que segun es de valeroso y de buen juez, vive
(1035) Roque que si no me paga, que vuelva y ejecute lo que me dijo. Tambien lo juro yo, dijo el labrador; pero por lo mucho que os quiero, quiero acrecentar[126] la deuda por acrecentar la paga. Y asiéndole
(1040) del brazo, le tornó á atar á la encina,[127] donde le dió tantos azotes que le dejó por muerto. Llamad, señor Andrés, ahora, decia el labrador, al desfacedor de agravios, veréis como no desface aqueste,
(1045) aunque creo que no está acabado de hacer. Porque me viene gana de desollaros vivo, como vos temíades: pero al fin le desató, y le dió licencia para que fuese á buscar á su juez, para que ejecutase la
(1050) pronunciada sentencia. Andrés se partió algo mohino,[128] jurando de ir á buscar al valeroso D. Quijote de la Mancha, y contarle punto por punto lo que habia pasado, y que se lo habia de pagar con las
(1055) setenas;[129] pero con todo esto él se partió llorando, y su amo se quedó riendo: y desta manera deshizo el agravio el valeroso D. Quijote, el cual contentísimo de lo sucedido, pareciéndole que habia dado
(1060) felicísimo y alto principio á sus caballerías, con gran satisfaccion de sí mismo iba caminando hácia su aldea, diciendo á media voz: bien te puedes llamar dichosa sobre cuantas hoy viven
(1065) sobre la tierra, ó sobre las bellas, bella Dulcinea del Toboso, pues te cupo en suerte tener sujeto y rendido á toda tu voluntad é talante á un tan valiente y tan

nombrado caballero como lo es y será D.
(1070) Quijote de la Mancha, el cual, como todo el mundo sabe, ayer recibió la órden de caballería, y hoy ha desfecho el mayor tuerto y agravio que formó la sinrazon y cometió la crueldad: hoy quitó el látigo de
(1075) la mano á aquel desapiadado enemigo que tan sin ocasion vapulaba[130] á aquel delicado infante. En esto llegó á un camino que en cuatro se dividia, y luego se le vino á la imaginacion las encrucijadas[131] donde los
(1080) caballeros andantes se ponian á pensar cual camino de aquellos tomarian, y por imitarlos estuvo un rato quedo; al cabo de haberlo muy bien pensado, soltó la rienda á Rocinante, dejando á la voluntad del
(1085) rocin la suya, el cual siguió su primer intento, que fué el irse camino de su caballeriza. Y habiendo andado como dos millas, descubrió D. Quijote un grande tropel[132] de gente, que como despues se
(1090) supo, eran unos mercaderes[133] toledanos que iban á comprar seda á Murcia. Eran seis, y venian con sus quitasoles, con otros cuatro criados á caballo, y tres mozos de mulas á pié. Apénas los
(1095) divisó[134] D. Quijote, cuando se imaginó ser cosa de nueva aventura, y por imitar en todo cuanto á él le parecia posible los pasos que habia leido en sus libros, le pareció venir allí de molde uno que pen-
(1100) saba hacer; y así con gentil continente y denuedo se afirmó bien en los estribos, apretó la lanza, llegó la adarga al pecho, y puesto en la mitad del camino estuvo esperando que aquellos caballeros
(1105) andantes llegasen (que ya él por tales los tenía y juzgaba), y cuando llegaron á trecho[135] que se pudieron ver y oir, levantó D. Quijote la voz, y con ademan arrogante

---

126 **acrecentar:** aumentar
127 **encina:** árbol parecido al roble
128 **mohino:** melancólico, abatido
129 **setenas:** multiplicado por siete

130 **vapulaba:** vapuleaba; azotaba
131 **encrucijada:** cruce de caminos
132 **tropel:** muchedumbre
133 **mercaderes:** vendedores
134 **divisó:** vio
135 **á trecho:** a una distancia

(1110) dijo: todo el mundo se tenga, si todo el mundo no confiesa que no hay en el mundo todo doncella mas hermosa que la emperatriz de la Mancha, la sin par Dulcinea del Toboso. Paráronse los mer-

(1115) caderes al son de estas razones y á ver la extraña figura del que las decia; y por la figura y por ellas luego echaron de ver la locura de su dueño; mas quisieron ver despacio en que paraba aquella confesion que se les pedia; y uno de ellos, que era

(1120) un poco burlon y muy mucho discreto, le dijo: señor caballero, nosotros no conocemos quien es esa buena señora que decís; mostrádnosla, que si ella fuere de tanta hermosura como significais, de buena

(1125) gana y sin apremio[136] alguno confesaremos la verdad que por parte vuestra nos es pedida. Si os la mostrara, replicó D. Quijote, ¿qué hiciérades vosotros en confesar una verdad tan notoria? La

(1130) importancia está en que sin verla lo habeis de creer, confesar, afirmar, jurar y defender: donde no, conmigo sois en batalla, gente descomunal y soberbia: que ahora vengais uno á uno como pide la

(1135) órden de caballería, ora todos juntos, como es costumbre y mala usanza de los de vuestra ralea,[137] aqui os aguardo y espero confiado en la razon que de mi parte tengo. Señor caballero, replicó el

(1140) mercader, suplico á vuestra merced en nombre de todos estos príncipes que aqui estamos que, porque no encarguemos nuestras conciencias confesando una cosa por nosotros jamás vista ni oida, y mas

(1145) siendo tan en perjuicio de las emperatrices y reinas de Alcarria y Extremadura, que vuestra merced sea servido de mostrarnos algun retrato de esa señora, aunque sea tamaño como un grano de tri-

(1150) go, que por el hilo se sacará el ovillo, y quedaremos con esto satisfechos y

---

136 **apremio:** obligación
137 **ralea:** tipo, raza

seguros, y vuestra merced quedará contento y pagado; y aun creo que estamos ya tan de su parte, que aunque su retrato

(1155) nos muestre que es tuerta de un ojo y que del otro le mana bermellon[138] y piedra azufre,[139] con todo eso por complacer a vuestra merced diremos en su favor todo lo que quisiere. No le mana, canalla

(1160) infame, respondió Don Quijote encendido en cólera, no le mana, digo eso que decís, sino ámbar y algalia[140] entre algo dones, y no es tuerta ni corcovada,[141] sino mas derecha que un huso[142] de Guadarrama;

(1165) pero vosotros pagareis la grande blasfemia que habeis dicho contra tamaña beldad como es la de mi señora. Y en diciendo esto, arremetió con la lanza baja contra el que lo habia dicho, con tanta furia y eno-

(1170) jo, que si la buena suerte no hiciera que en la mitad del camino tropezara y cayera Rocinante, lo pasara mal el atrevido mercader. Cayó Rocinante, y fué rodando su amo una buena pieza por el campo, y

(1175) queriéndose levantar, jamás pudo: tal embarazo[143] le causaban la lanza, adarga, espuelas y celada con el peso de las antiguas armas. Y entre tanto que pugnaba[144] por levantarse y no podia, estaba

(1180) diciendo: non fuyais, gente cobarde, gente cautiva; atended, que no por culpa mia, sino de mi caballo, estoy aquí tendido. Un mozo de mulas de los que allí venian, que no debia de ser muy bien

(1185) intencionado, oyendo decir al pobre caido tantas arrogancias, no lo pudo sufrir sin darle la respuesta en las costillas. Y llegándose á el, tomó la lanza, y despúes de haberla hecho pedazos, con uno dellos

---

138 **bermellon:** sustancia de color anaranjado
139 **piedra azufre:** sulfuro
140 **algalia:** perfume natural
141 **corcovada:** jorobada
142 **mas ... huso:** se dice de una persona muy honesta
143 **embarazo:** estorbo
144 **pugnaba:** luchaba

(1190) comenzó á dar á nuestro D. Quijote tantos palos, que á despecho y pesar de sus armas le molió como cibera.[145] Dábanle voces sus amos que no le diese tanto y que le dejase; pero estaba ya el mozo pi-

(1195) cado, y no quiso dejar el juego hasta envidar todo el resto de su cólera, y acudiendo por los demás trozos de la lanza, los acabó, de deshacer sobre el miserable caido, que con toda aquella tempestad

(1200) de palos que sobre él llovia, no cerraba la boca, amenazando al cielo y á la tierra y á los malandrines, que tal le parecian. Cansóse el mozo, y los mercaderes siguieron su camino, llevando que contar

(1205) en todo él del pobre apaleado, el cual despues que se vió solo, tornó á probar si podia levantarse; pero si no lo pudo hacer cuando sano y bueno, ¿cómo lo haria molido y casi deshecho? Y aun se tenia

(1210) por dichoso, pareciéndole que aquella era propia desgracia de caballeros andantes, y toda la atribuia á la falta de su caballo; y no era posible levantarse, segun tenia brumado[146] todo el cuerpo.

(1215) ## CAPITULO V
Donde se prosigue la narracion de la desgracia de nuestro caballero.

Viendo pues que en efecto no podia menearse,[147] acordó de acogerse á su

(1220) ordinario remedio, que era pensar en algun paso de sus libros, y trújole su locura á la memoria aquel de Baldovinos y del marqués de Mantua, cuando Carloto le dejó herido en la montaña; historia sabida

(1225) de los niños, no ignorada de los mozos, celebrada y aun creida de los viejos, y con todo esto no mas verdadera que los milagros de Mahoma. Esta pues le pareció á él que le venia de molde[148] para el paso en

(1230) que se hallaba; y así con muestras de grande sentimiento se comenzó á volcar[149] por la tierra, y á decir con debilitado aliento lo mismo que dicen decia el herido caballero del bosque:

(1235)   ¿Donde estás, señora mia,
    Que no te duele mi mal?
    O no lo sabes, señora,
    O eres falsa y desleal.

Y desta manera fué prosiguiendo el

(1240) romance hasta aquellos versos que dicen:

    O noble marqués de Mantua

    Mi tio y señor carnal.[150]

Y quiso la suerte que cuando llegó á este verso, acertó á pasar[151] por allí un

(1245) labrador de su mismo lugar y vecino suyo, que venia de llevar una carga de trigo al molino; el cual viendo aquel hombre allí tendido, se llegó á él, y le preguntó que quien era, y qué mal sentia que tan triste-

(1250) mente se quejaba. Don Quijote creyó sin duda que aquel era el marqués de Mantua, su tio, y así no le respondió otra cosa sino fué proseguir en su romance, donde le daba cuenta de su desgracia y de los

(1255) amores del hijo del Emperante con su esposa, todo de la misma manera que el romance lo canta. El labrador estaba admirado oyendo aquellos disparates; y quitándole la visera, que ya estaba hecha

(1260) pedazos de los palos, le limpió el rostro, que lo tenia lleno de polvo: y apenas le hubo limpiado, cuando le conoció, y le dijo: señor Quijada (que así se debia de llamar cuando él tenia juicio y no habia

(1265) pasado de hidalgo sosegado á caballero andante) ¿quién ha puesto á vuestra merced desta suerte? pero él seguia con su romance á cuanto le preguntaba. Viendo esto el buen hombre, lo mejor

(1270) que pudo le quitó el peto y espaldar para

---

145 **le molió como cibera:** le hizo mucho daño
146 **brumado:** golpeado, maltratado
147 **menearse:** moverse
148 **venia de molde:** era justo lo que necesitaba

149 **volcar:** tumbar; inclinar
150 **carnal:** relacionado por sangre
151 **acertó a pasar:** pasó por casualidad

ver si tenia alguna herida; pero no vió sangre ni señal alguna. Procuró levantarle del suelo, y no con poco trabajo le subió sobre su jumento[152] por parecerle

(1275) caballería mas sosegada. Recogió las armas, hasta las astillas[153] de la lanza, y liólas[154] sobre Rocinante, al cual tomó de la rienda y del cabestro al asno, y se encaminó hácia su pueblo bien pensativo

(1280) de oir los disparates que D. Quijote decia; y no menos iba D. Quijote, que de puro molido[155] y quebrantado no se podia tener sobre el borrico, y de cuando en cuando daba unos suspiros que los ponia

(1285) en el cielo, de modo que de nuevo obligó á que el labrador le preguntase, le dijese que mal sentia: y no parece sino que el diablo le traia á la memoria los cuentos acomodados á sus sucesos, porque en

(1290) aquel punto, olvidándose de Baldovinos, se acordó del moro Abindarraez, cuando el alcaide de Antequera Rodrigo de Narvaez le prendió[156] y llevó preso á su alcaidía. De suerte que cuando el labrador

(1295) le volvió á preguntar que como estaba y que sentia, le respondió las mismas palabras y razones que el cautivo Abencerrage respondia á Rodrigo de Narvaez, del mismo modo que él habia leido la historia en

(1300) la Diana de Jorge de Montemayor donde se escribe; aprovechándose della tan de propósito, que el labrador se iba dando al diablo de oir tanta máquina de necedades:[157] por donde conoció que su

(1305) vecino estaba loco, y dábale priesa á llegar al pueblo por escusar el enfado que D. Quijote le causaba con su larga arenga.[158] Al cabo de lo cual dijo: sepa vuestra merced, señor D. Rodrigo de Narvaez,

---

152 **jumento:** burro
153 **astillas:** trocitos de madera
154 **liólas:** las ató
155 **molido:** cansado
156 **prendió:** agarró
157 **necedades:** tonterías
158 **arenga:** discurso largo e impertinente

(1310) que esta hermosa Jarifa[159] que he dicho es ahora la linda Dulcinea del Toboso, por quien yo he hecho, hago y haré los mas famosos hechos de caballerías que se han visto, vean ni verán en el mundo. A esto

(1315) respondió el labrador: mire vuestra merced, señor, ¡pecador de mí! que yo no soy D. Rodrigo de Narvaez ni el marqués de Mantua, sino Pedro Alonso su vecino, ni vuestra merced es Baldovinos ni

(1320) Abindarraez, sino el honrado hidalgo del señor Quijada. Yo sé quien soy, respondió D. Quijote y sé que puedo ser no solo los que he dicho, sino todos los doce Pares[160] de Francia y aun todos los nueve de la

(1325) fama, pues á todas las hazañas que ellos todos juntos y cada uno por sí hicieron, se aventajarán[161] las mias. En estas pláticas y en otras semejantes llegaron al lugar á la hora que anochecia, pero el labrador

(1330) aguardó á que fuese algo mas noche, porque no viesen al molido hidalgo tan mal caballero. Llegada pues la hora que le pareció, entró en el pueblo y en casa de D. Quijote, la cual halló toda alborota-

(1335) da,[162] y estaban en ella el cura y el barbero del lugar, que eran grandes amigos de D. Quijote, que estaba diciéndoles su Ama á voces: ¿qué le parece á vuestra merced, señor licenciado Pero Perez (que

(1340) así se llamaba el Cura) de la desgracia de mi señor? Seis dias ha que no parecen él ni el rocin, ni la adarga, ni la lanza, ni las armas. ¡Desventurada de mí! que me doy a entender, y así es ello la verdad como

(1345) nací para morir, que estos malditos libros de caballerías que él tiene y suele leer tan de ordinario le han vuelto el juicio: que ahora me acuerdo haberle oido decir muchas veces hablando entre sí que que-

(1350) ria hacerse caballero andante é irse á

---

159 **Jarifa:** nombre árabe para designar a una señorita
160 **Pares:** nobles
161 **se aventajarán:** ganarán
162 **alborotada:** agitada

buscar las aventuras por esos mundos. Encomendados[163] sean á Satanás y á Barrabás tales libros, que así han echado á perder el mas delicado entendimiento que

(1355) habia en toda la Mancha. La Sobrina decia lo mismo, y aun decia mas: sepa, señor maese[164] Nicolás (que este era el nombre del Barbero), que muchas veces le aconte- ció á mi señor tio estarse leyendo en esos

(1360) desalmados[165] libros de desventuras dos dias con sus noches, al cabo de los cuales arrojaba el libro de las manos y ponia mano á la espada, y andaba á cuchilladas con las paredes, y cuando estaba muy

(1365) cansado, decia que habia muerto á cuatro gigantes como cuatro torres, y el sudor que sudaba del cansancio decia que era sangre de las feridas que habia recibido en la batalla, y bebíase luego un gran jarro de

(1370) agua fria, y quedaba sano y sosegado, diciendo que aquella agua era una pre- ciosísima bebida que le habia traido el sabio Esquife, un grande encantador y amigo suyo. Mas yo me tengo la culpa de

(1375) todo, que no avisé á vuestras mercedes de los disparates de mi señor tio, para que lo remediaran antes de llegar á lo que ha lle- gado, y quemaran todos estos descomulgados[166] libros (que tiene

(1380) muchos), que bien merecen ser abrasados como si fuesen de hereges.[167] Esto digo yo tambien, dijo el Cura, y á fe que no se pase el dia de mañana sin que dellos no se haga acto público, y sean condenados al

(1385) fuego, porque no den ocasion á quien los leyera de hacer lo que mi buen amigo debe de haber hecho. Todo esto estaban oyendo el labrador y D. Quijote, con que acabó de entender el labrador la enfer-

(1390) medad de su vecino, y así comenzó á decir á voces: abran vuestras mercedes al señor Baldovinos y al señor marqués de Mantua que viene mal ferido, y al señor moro Abindarraez que trae cautivo el

(1395) valeroso Rodrigo de Narvaez, alcaide de Antequera. A estas voces salieron todos, y como conocieron los unos á su amigo, las otras á su amo y tio, que aun no se habia apeado del jumento porque no podia, co-

(1400) rrieron á abrazarle. El dijo: ténganse todos, que vengo mal ferido por la culpa de mi caballo: llévenme á mi lecho y llámese si fuere posible á la sabia Urganda que cure y cate[168] de mis feridas. Mira en

(1405) hora mala, dijo á este punto el Ama, si me decia á mí bien mi corazon del pié que cojeaba mi señor. Suba vuestra merced en buen hora, que sin que venga esa Urgada le sabremos aquí curar. Malditos, digo,

(1410) sean otra vez y otras ciento estos libros de caballerías que tal han parado á vuestra merced. Lleváronle luego á la cama, y catándole las feridas, no le hallaron ningu- na, y él dijo que todo era molimiento por

(1415) haber dado una gran caida con Rocinante su caballo, combatiéndose con diez jayanes, los mas desaforados y atrevidos que se pudieran fallar en gran parte de la tierra. Ta, ta, dijo el Cura: ¿jayanes hay en

(1420) la danza? Para mi santiguada que yo los queme mañana antes que llegue la noche. Hiciéronle á D. Quijote mil preguntas, y á ninguna quiso responder otra cosa sino que le diesen de comer y le dejasen

(1425) dormir, que era lo que mas le importaba. Hízose así, y el Cura se informó muy á la larga del labrador del modo que habia ha- llado á D. Quijote. El se lo contó todo con los disparates que al hallarle y al traerle

(1430) habia dicho, que fué poner mas deseo en el licenciado de hacer lo que otro dia hizo, que fué llamar á su amigo el barbero maese Nicolás, con el cual se vino á casa de D. Quijote.

Fin del Capítulo V

---

163 Encomendados: entregados, encargados
164 maese: maestro
165 desalmados: malvados, crueles
166 descomulgados: endiablados
167 hereges: herejes, ateos

---

168 cate: observe

Literatura Medieval y del Siglo de Oro

Actividades *Don Quijote de La Mancha*

Práctica de selección múltiple

«...Apénas habia el rubicundo Apolo tendido por la faz de la ancha y espaciosa tierra las doradas hebras de sus hermosos cabellos y apénas los pequeños y pintados pajarillos con sus arpadas lenguas habian saludado con dulce y meliflua armonía la venida de la rosada aurora...»

1. La cita anterior es una muestra del tono que se puede apreciar a través de toda la novela. Es un ejemplo de descripción...

(A) realista.
(B) épica.
(C) paródica.
(D) irónica.

2. ¿Qué escena se describe en la cita?

(A) La llegada de Dulcinea.
(B) La llegada del anochecer.
(C) La llegada del amanecer.
(D) La llegada de don Quijote.

3. A don Quijote le fue difícil comer en la venta porque...

(A) no había mucha comida.
(B) no le querían servir.
(C) dos mujeres le impedían comer.
(D) no podía comer con la armadura puesta.

4. ¿Por qué quiso don Quijote pelear con los molinos de viento?

(A) Pensó que eran gigantes malvados.
(B) Era su deber como caballero.
(C) Quería vengarse del sabio Frestón.
(D) Sancho Panza se lo pidió.

5. En el *Quijote* se representa a la mujer como un ser...

(A) perfecto.
(B) de la vida real.
(C) indiferente.
(D) solo y desprotegido.

«... y aún se tenia por dichoso, pareciéndole que aquella era propia desgracia de caballeros andantes, y toda la atribuia á la falta de su caballo; y no era posible levantarse, segun tenia brumado todo el cuerpo.»

6. En la cita anterior se nota un gesto...

(A) que idealiza las novelas picarescas.
(B) que satiriza las novelas picarescas.
(C) tan racional que resulta optimista.
(D) tan optimista que resulta racional.

7. Cuando don Quijote realizaba sus aventuras, ¿cómo se sentía con respecto a ellas?

(A) Triste.
(B) Obsesionado.
(C) Animado.
(D) Feliz.

8. Don Quijote se negaba a creer en la realidad porque...

(A) su mundo real era muy penoso.
(B) su mundo irreal era muy apacible.
(C) trataba de crear el mundo sobre el cual había leído.
(D) trataba de crear un mundo práctico.

9. Al tratar de explicarse la falta de éxito de sus aventuras, don Quijote se decía a sí mismo que...

(A) el esfuerzo era lo más importante.
(B) él no se había esforzado lo suficiente.
(C) él necesitaba más ayuda.
(D) él no tenía la culpa.

10. Las novelas picarescas y las caballerescas se parecen en que...

(A) son esencialmente realistas.
(B) son críticas de la vida de aquellos tiempos.
(C) son relatos de aventuras.
(D) son básicamente idealistas.

Literatura Medieval y del Siglo de Oro

Actividades *Don Quijote de La Mancha*

Comprensión del texto

1. ¿Cuál era el nombre verdadero de don Quijote y dónde vivía?

2. ¿Cuál era el nombre de su escudero y cómo era?

3. ¿Cómo era el caballo de don Quijote y qué implicación tenía su nombre?

4. ¿Por qué decidió don Quijote buscar una dama de quién enamorarse? ¿Cómo se llamaba la dama de sus sueños y cómo era?

5. ¿Qué meta tenía don Quijote como caballero andante?

6. ¿Qué gran gesto le otorgó a don Quijote el ventero y cuál fue su verdadera intención?

7. Con respecto al final del quinto capítulo, ¿por qué volvió a su casa don Quijote?

Análisis del texto

1. ¿Qué tipo de narración se usa en el *Quijote*?

2. Don Quijote cree que todo el mundo va a ser tan honorable como él, pero sin que él lo sospeche, eso no es lo que ocurre. Da un ejemplo de su ceguera ante la maldad de los otros.

3. La percepción que se tiene de la realidad depende del punto de vista de cada persona. Para don Quijote, por ejemplo, los molinos de viento son gigantes mientras que para Sancho son simplemente molinos de viento. ¿Por qué crees que don Quijote percibe los molinos como gigantes malévolos?

4. ¿Puedes citar otros ejemplos en que don Quijote percibe la realidad, no como ésta es sino como él quiere que sea?

Más allá del texto

1. Haz una tira cómica, dibujada o con recortes, en la que cuentes lo que pasa en uno de los capítulos del *Quijote*.

2. Usando el formato de una obra de teatro, escribe un guión sobre una de las aventuras de don Quijote.

3. Escribe un reportaje periodístico en el que informes a los lectores sobre este individuo excéntrico a quien se conoce como don Quijote.

4. Víctor Hugo, el novelista francés, autor de *Los miserables* y *El jorobado de Notre Dame*, dijo que de joven leyó el *Quijote* y se rió. Muchos años después, la novela sólo le hizo sonreír, y en su vejez, la novela le hizo llorar. ¿Por qué crees que Hugo llegó a esas conclusiones? Justifica tu respuesta con datos específicos de la novela.

Composición

En un ensayo bien organizado compara la forma de ver la vida de don Quijote con la de *Lazarillo de Tormes*. Explica las diferencias dando ejemplos específicos de las dos novelas.

Literatura Medieval y del Siglo de Oro

El autor y su obra

Sor Juana Inés de la Cruz (1651–1695)

Juana Inés de Asbaje nació en San Miguel de Neplanta, México, de padres españoles. Comenzó su formación primaria al lado de su abuelo materno y aprendió a leer a los tres años de edad. A los siete años, al saber que su madre no le permitiría ingresar en una universidad, Juana se dedicó a leer todos los libros de la extensa biblioteca de su abuelo. Era una niña precoz de una gran curiosidad intelectual y capacidad creativa, las cuales desarrolló plenamente por sí misma. Desde muy joven empezó a escribir. A los quince años entró en la corte del Virrey Mancera, quien la protegió y ayudó por muchos años. Se dice que tras una tragedia amorosa causada por la muerte, Juana decidió hacerse monja, aunque otros opinan que fue por conveniencia. En 1667 ingresó en el convento de las carmelitas descalzas, y dos años después se trasladó al convento de San Jerónimo en el cual permaneció hasta el final de su vida.

En el periodo colonial se impone el Barroco como estilo artístico. Es un arte dinámico de formas elegantes y elaboradas que alcanza su plenitud en el siglo XVII. Los escritores criollos como sor Juana son innovadores que revelan la vitalidad intelectual de la nueva sociedad americana, y al mismo tiempo son ejemplos de la crisis del mundo colonial situado entre la razón y la fe. En ese mundo, la obra de sor Juana es clave para entender la dualidad de un espíritu colonial que se reparte entre el conocimiento racional y el teológico, entre la erudición y la espontaneidad, entre el amor mundano y el divino.

Las *Obras completas* de sor Juana incluyen poesía, teatro y prosa. Su poesía es el más alto ejemplo del barroco colonial, y en ella se destacan temas líricos, filosóficos y religiosos. Sus contemporáneos la proclamaron la «Décima Musa» por su precocidad, talento y fecunda producción literaria.

En *Respuesta a sor Filotea,* un tratado en prosa, sor Juana defiende la vocación intelectual de la mujer y ofrece indicios sobre la dependencia femenina dentro de la sociedad virreinal. Por su defensa de la mujer se le considera la primera feminista de las Américas. Sus obras más conocidas son sus redondillas, un compendio de filosofía y experiencia humana. En ellas el tema de la mujer, un constante en su obra poética, surge claramente, sobre todo en «Hombres necios» donde «arguye de inconsequentes el gusto y la censura de los hombres, que en las mugeres acusan lo que causan».

Literatura Medieval y del Siglo de Oro

· 41

LITERATURA MEDIEVAL Y DEL SIGLO DE ORO

REDONDILLAS

Sor Juana Inés de la Cruz

Arguye de inconsequentes el gusto y la censura de los hombres, que en las mugeres acusan lo que causan.

Línea
Hombres necios[1] que acusáis
(5)   a la muger sin razón,
  sin ver que sois la ocasión
  de lo mismo que culpáis:

si con ansia[2] sin igual
  solicitáis su desdén;
(10)   ¿por qué queréis que obren bien,
  si las incitáis al mal?

Convatís su resistencia,
  y luego con gravedad
  dezís que fué liviandad,[3]
(15)   lo que hizo la diligencia.

Parecer quiere el denuedo[4]
  de vuestro parecer loco
  al niño, que pone el coco,
  y lugo le tiene miedo.

(20) Queréis con presumpción necia
  hallar a la que buscáis,
  para pretendida, Thais,
  y en la possessión, Lucrecia.

¿Qué humor puede ser más raro,
(25)   que el que, falto de consejo,
  él mismo empaña[5] el espejo
  y siente que no esté claro?

Con el favor y el desdén
  tenéis condición igual,
(30)   quexándoos, si os tratan mal,
  burlándoos, si os quieren bien.

Opinión ninguna gana,
  pues la que más se recata,
  sino os admite, es ingrata,
(35)   y si os admite, es liviana.

Siempre tan necios andáis,
  que con desigual nivel
  a vna culpáis por cruel,
  y a otra por fácil culpáis.

(40) ¿Pues cómo ha de estar templada[6]
  la que vuestro amor pretende,
  si la que es ingrata ofende
  y la que es fácil enfada?[7]

Mas entre el enfado y pena
(45)   que vuestro gusto refiere,
  bien aya la que no os quiere
  y quexaos enorabuena.

Dan vuestras amantes penas
  a sus libertades alas,
(50)   y después de hazerlas malas
  las queréis hallar muy buenas.

¿Quál mayor culpa ha tenido
  en vna passión errada,
  la que cae de rogada,[8]
(55)   o el que ruega de caído?

¿O quál es más de culpar,
  aunque qualquiera mal haga,
  la que peca por la paga,
  o el que paga por pecar?

(60) ¿Pues para qué os espantáis[9]
  de la culpa que tenéis?
  Queredlas qual las hazéis
  o hazedlas qual las buscáis.

Dexad de solicitar,
(65)   y después, con más razón,
  acusaréis la afición
  de la que os fuere a rogar.

Bien con muchas armas fundo
  que lidia[10] vuestra arrogancia,
(70)   pues en promesa e instancia
  juntáis diablo, carne y mundo.

---

1 **necios:** insensatos, ignorantes
2 **ansia:** anhelo, deseo vehemente
3 **liviandad:** ligereza, frivolidad
4 **denuedo:** osadía, empeño
5 **empaña:** enturbia, oscurece lo que estaba claro

---

6 **templada:** serena, valiente, moderada
7 **enfada:** causa disgusto, enojo
8 **rogada:** persona a quien le gusta que le supliquen antes de acceder a algo
9 **espantáis:** sentís miedo, os asustáis
10 **lidia:** pelea, lucha

Literatura Medieval y del Siglo de Oro

Actividades «Hombres necios»

Comprensión del texto

1. ¿Cómo califica sor Juana a los hombres?

2. Según la segunda y tercera estrofas, ¿cómo es el comportamiento de los hombres con las mujeres?

3. Thais fue una famosa cortesana de Alejandría, y Lucrecia una dama romana, ejemplo de fidelidad conyugal. ¿Qué implica sor Juana en la quinta estrofa al mencionar a Thais y a Lucrecia?

4. ¿Qué contradicción con respecto a los hombres señala sor Juana en la sexta, séptima, octava, novena y décima estrofas? Como ejemplo, ve los dos últimos versos de la segunda estrofa y la contradicción entre obrar bien e incitar al mal.

5. ¿De qué culpa sor Juana a los hombres en las últimas estrofas?

Análisis del texto

1. Este poema está escrito en redondillas. ¿Cómo se caracteriza este tipo de estrofa?

2. ¿Cuántas sílabas tiene cada verso? Son llanos, agudos o esdrújulos los versos?

3. Busca dos ejemplos de antítesis en el poema y explica su significado.

4. ¿Qué simbolizan las palabras del último verso del poema «... diablo, carne y mundo»? ¿Cuál es el mensaje de sor Juana a los hombres al usar estas palabras?

5. El barroco se caracteriza muchas veces por el juego de ideas, o «conceptismo», y por el juego de palabras, o «culteranismo». Busca en el poema ejemplos de estas dos manifestaciones del barroco.

Más allá del texto

Ferviente defensora de la mujer, sor Juana Inés de la Cruz ha sido considerada la primera feminista de las Américas. Tuvo que luchar por ser mujer intelectual en su época. Piensa en otra mujer que haya alcanzado parecida fama y describe algunas semejanzas y diferencias entre la vida de las dos.

Composición

En un ensayo bien organizado haz un análisis del personaje de don Juan Tenorio de Tirso de Molina según las acusaciones que les hace a los hombres sor Juana Inés de la Cruz en «Hombres necios». Explica el comportamiento de don Juan con las mujeres, y di si éste encaja con lo que se dice en el poema.

El autor y su obra

Alvar Núñez Cabeza de Vaca (1490–1556 o 1557)

Cabeza de Vaca nació en Jérez de la Frontera, España. No se sabe mucho de su niñez y juventud, sólo que al emprender el viaje hacia la conquista de la Florida en 1527, el gobernador Pánfilo de Narváez llevó consigo a Cabeza de Vaca, quien por aquellos tiempos era tesorero del Rey.

Rumbo a la Florida su expedición sufrió muchos percances, pues su flota fue destruida por un huracán en la costa cubana. Ya en la Florida, sus exploraciones tampoco tuvieron mucho éxito, pues la mayoría de su tripulación murió, unos de enfermedades y otros a manos de los indios. De 600 españoles que iniciaron el viaje, sólo sobrevivieron Cabeza de Vaca y otros tres.

Los pobres sobrevivientes flacos y hambrientos se salvaron del ataque de los indios sólo porque inspiraban lástima. Cabeza de Vaca, en estado de semiesclavitud, se vio obligado a curar a los enfermos y al no tener nada disponible, se valió de plegarias a Dios. Hasta milagros se le atribuyeron ya que parece que inclusive logró resucitar a un indio muerto. Aunque esos milagros no fueron aceptados en su época, alguna gente los defendió con entusiasmo. A Cabeza de Vaca, ahora Adelantado, o gobernador, esta habilidad le permitió conservar su vida y la de sus compañeros, con quienes recorrió vastos territorios mientras fue bien recibido por numerosas tribus. Llegó a México después de nueve o diez años y volvió a España alrededor de 1537. En 1540 salió de España con cinco navíos y 700 españoles rumbo a Paraguay para continuar la conquista y población de aquellas tierras. Sufrió intrigas y traiciones a manos de sus compatriotas y finalmente fue destituido de su cargo.

Por diez meses Cabeza de Vaca sufrió maltratos, hambre, embargo de sus bienes y hasta incomunicación, todo lo cual afrontó con resignación y conformidad. Volvió a España, donde fue condenado a prisión, pero después de apelar al Consejo de Indias, no sólo quedó en libertad sino que recibió una pensión y a partir de entonces ejerció una importante función en el consulado hasta su muerte.

Expedicionario, explorador, caminante, autor y protagonista, Cabeza de Vaca aprendió mucho de los indios y siempre los trató con amabilidad, lo cual le causó problemas con sus compatriotas. Aunque la intención de los conquistadores era la conversión de los indios al cristianismo a toda costa, Cabeza de Vaca siempre aconsejó que se los tratara con misericordia.

Las experiencias de Cabeza de Vaca durante la conquista de la Florida fueron registradas en su *Relación,* más tarde difundida con el nombre de *Naufragios.* De su segunda expedición, que lo llevó al Río de la Plata, escribió la crónica *Comentarios,* que narra su desempeño como Adelantado y Gobernador del Río de la Plata y que fue publicada en 1555.

Naufragios es una crónica en la que Cabeza de Vaca describe todo lo que le aconteció. Él es narrador y testigo de lo que sucede en un mundo extraordinario y exótico para la mente del español de aquellos tiempos. Pasó ocho años en su viaje desde la Florida hasta México, durante cinco de los cuales fue prisionero de los indígenas del sudoeste de Estados Unidos. Tratando de sobrevivir, fue comerciante y «médico» y también aprendió mucho de la cultura de esa gente, su religión, alimentación, y la manera de criar a sus niños, según se describe en diferentes capítulos.

de *Naufragios*
Álvar Núñez Cabeza de Vaca

CAPITULO XII

Cómo los indios nos trujeron de comer.

Otro día, saliendo el Sol, que era la hora que los indios nos habían dicho, vinieron a nosotros, como lo habían

Línea

(5) prometido, y nos trajeron mucho pescado y de unas raíces[1] que ellos comen, y son como nueces, algunas mayores o menores; la mayor parte de ellas se sacan de bajo del agua y con mucho trabajo. A la tarde volvieron y nos trajeron más

(10) pescado y de las mismas raíces, y hicieron venir sus mujeres y hijos para que nos viesen, y ansí, se volvieron ricos de cascabeles[2] y cuentas[3] que les dimos, y otros días nos tornaron a visitar con lo mismo

(15) que estotras veces. Como nosotros víamos que estábamos proveídos de pescado y de raíces y de agua y de las otras cosas que pedimos, acordamos de tornarnos[4] a embarcar y seguir nuestro camino, y

(20) desenterramos la barca de la arena en que estaba metida, y fué menester que nos desnudásemos todos y pasásemos gran trabajo para echarla al agua, porque nosotros estábamos tales, que otras cosas

(25) muy más livianas bastaban para ponernos en él; y así embarcados, a dos tiros de ballesta dentro en la mar, nos dió tal golpe de agua que nos mojó a todos; y como íbamos desnudos y el frío que hacía era

(30) muy grande, soltamos los remos de las manos, y a otro golpe que la mar nos dió,

trastornó la barca; el veedor[5] y otros dos se asieron de ella para escaparse; más sucedió muy al revés, que la barca los

(35) tomó debajo y se ahogaron. Como la costa es muy brava,[6] el mar de un tumbo echó a todos los otros, envueltos en las olas y medio ahogados, en la costa de la misma isla, sin que faltasen más de los tres

(40) que la barca había tomado debajo. Los que quedamos escapados, desnudos como nascimos y perdido todo lo que traíamos, y aunque todo valía poco, para entonces valía mucho. Y como entonces

(45) era por noviembre, y el frío muy grande, y nosotros tales que con poca dificultad nos podían contar los huesos, estábamos hechos propria figura de la muerte. De mí sé decir que desde el mes de mayo pasado

(50) yo no había comido otra cosa sino maíz tostado, y algunas veces me vi en necesidad de comerlo crudo;[7] porque aunque se mataron los caballos entretanto que las barcas se hacían, yo nunca pude comer

(55) de ellos, y no fueron diez veces las que comí pescado. Esto digo por excusar razones, porque pueda cada uno ver qué tales[8] estaríamos.

Y sobre todo lo dicho había

(60) sobrevenido viento norte, de suerte que más estábamos cerca de la muerte que de la vida. Plugo a nuestro Señor que, buscando los tizones[9] del fuego que allí habíamos hecho, hallamos lumbre,

(65) con que hicimos grandes fuegos; y ansí, estuvimos pidiendo a Nuestro Señor mi-

---

1 **raíces:** plantas
2 **cascabeles:** bolas de metal huecas con un pedazo de metal pequeño en su interior que hace que suenen al moverse. Campanillas
3 **cuentas:** serie de bolitas perforadas que se pasan por un hilo o cuerda para hacer un collar o rosario
4 **tornarnos:** volvernos

---

5 **veedor:** inspector público, oficial que se encargaba de administrar las capitanías o territorios del virreinato
6 **brava:** fuerte, violenta
7 **crudo:** que no está cocido o preparado
8 **qué tales:** en qué condiciones
9 **tizones:** palos a medio quemar que producen gran cantidad de humo

sericordia y perdón de nuestros pecados,[10] derramando muchas lágrimas, habiendo cada uno lástima, no sólo de sí, mas de

(70) todos los otros, que en el mismo estado vían. Y a hora de puesto el Sol, los indios, creyendo que no nos habíamos ido, nos volvieron a buscar y a traernos de comer; mas cuando ellos nos vieron ansí en tan

(70) diferente hábito del primero y en manera tan extraña, espantáronse[11] tanto que se volvieron atrás. Yo salí a ellos y llamélos, y vinieron muy espantados; hícelos entender por señas[12] cómo se nos había

(75) hundido una barca y se habían ahogado tres de nosotros, y allí en su presencia ellos mismos vieron dos muertos, y los que quedábamos íbamos aquel camino.

(80) Los indios, de ver el desastre que nos había venido y el desastre en que estábamos, con tanta desventura y miseria, se sentaron entre nosotros, y con el gran dolor y lástima que hobieron de vernos

(85) en tanta fortuna, comenzaron todos a llorar recio, y tan de verdad, que lejos de allí se podía oír, y esto les duró más de media hora; y cierto ver que estos hombres tan sin razón y tan crudos, a manera

(90) de brutos, se dolían tanto de nosotros, hizo que en mí y en otros de la compañía cresciese más la pasión y la consideración de nuestra desdicha.[13]

Sosegado ya este llanto, yo pregunté a

(95) los cristianos, y dije que, si a ellos parescía, rogaría a aquellos indios que nos llevasen a sus casas; y algunos de ellos que habían estado en la Nueva España respondieron que no se debía hablar en

(100) ello, porque si a sus casas nos llevaban, nos sacrificarían[14] a sus ídolos; mas, visto que otro remedio no había, y que por cualquier otro camino estabá más cerca y más cierta la muerte, no curé de[15] lo que

(105) decían, antes rogué a los indios que nos llevasen a sus casas, y ellos mostraron que habían gran placer de ello, y que esperásemos un poco, que ellos harían lo que queríamos; y luego treinta de ellos se

(110) cargaron de leña,[16] y se fueron a sus casas, que estaban lejos de allí, y quedamos con los otros hasta cerca de la noche, que nos tomaron, y llevándonos asidos y con mucha priesa, fuimos a sus

(115) casas; y por el gran frío que hacía, y temiendo que en el camino alguno no muriese o desmayase,[17] proveyeron[18] que hobiese cuatro o cinco fuegos muy grandes puestos a trechos,[19] y en cada

(120) uno de ellos nos escalentaban; y desque vían que habíamos tomado alguna fuerza y calor, nos llevaban hasta el otro tan apriesa,[20] que casi los pies no nos dejaban poner en el suelo; y de esta manera

(125) fuimos hasta sus casas, donde hallamos que tenían hecha una casa para nosotros, y muchos fuegos en ella; y desde a un hora que habíamos llegado, comenzaron a bailar y hacer grande fiesta, que duró toda

(130) la noche, aunque para nosotros no había placer, fiesta ni sueño, esperando cuándo nos habían de sacrificar; y la mañana nos tornaron a dar pescado y raíces, y hacer tan buen tratamiento, que nos asegu-

(135) ramos algo y perdimos algo el miedo del sacrificio.

Lee los capítulos XX, XXI, y XXII de *Naufragios* en nuestra página Web.

internet

go.
hrw
.com

GO TO: go.hrw.com
KEYWORD:
ADV PL READINGS

---

10 pecados: culpas, infracciones de normas religiosas o morales
11 espantáronse: se espantaron, se asustaron
12 señas: gestos, ademanes
13 desdicha: desgracia, infortunio, infelicidad
14 sacrificarían: ofrecerían la vida de ellos a una divinidad en señal de reconocimiento
15 curé de: puse cuidado, presté atención
16 leña: madera que se usa para hacer fuego
17 desmayase: perdiese el sentido y el conocimiento

18 proveyeron: proporcionaron
19 trechos: con algo de distancia de por medio
20 apriesa: deprisa, rápidamente

Literatura Medieval y del Siglo de Oro

Actividades de *Naufragios*

Comprensión del texto

1. Según la narración en el capítulo XII, ¿cuál es el suceso que más afecta la trayectoria de Cabeza de Vaca y de sus acompañantes?

2. Después del naufragio, ¿cómo les comunican los expedicionarios su desgracia a los indios y qué hacen éstos para ayudarlos?

3. ¿Por qué temen algunos de los expedicionarios que los indios los lleven a sus casas? ¿Tienen justificación para sentirse así?

4. ¿Qué actitud tienen los indios con quienes se encuentran los españoles después del escape narrado en el capítulo XX? ¿A qué tribu pertenecen?

5. En el capítulo XXI, ¿qué se dice que hacen los expedicionarios por los indios y cómo reaccionan éstos? ¿Qué le ocurre a Cabeza de Vaca y cómo se salva de la muerte?

6. En el capítulo XXII, ¿qué cosas fantásticas o aparentemente irreales se cuentan?

Análisis del texto

1. ¿Cuál era el propósito del autor al escribir estos capítulos?

2. ¿Qué tipo de lenguaje usa Cabeza de Vaca en su narración? ¿En qué medida refleja este estilo el propósito de sus escritos? Da ejemplos del texto.

3. Para Cabeza de Vaca, ¿cuál era la misión de su vida y cómo se relacionaba ésta con sus creencias religiosas?

Más allá del texto

¿Cómo crees que habrías reaccionado tú si hubieras tenido que afrontar algunas de las situaciones por las que el expedicionario tuvo que pasar?

Composición

Se ha dicho que para lograr el propósito de someter a los indios al mandato del rey y atraerlos al cristianismo, Cabeza de Vaca consideraba necesario que se les tratara con cariño y afabilidad, opinión que otros conquistadores de la época no compartían. En un ensayo bien organizado explica la implicación de este comentario sobre Cabeza de Vaca. ¿Qué nos dice sobre su carácter? ¿Qué otras virtudes o defectos del expedicionario se hacen evidentes en sus narraciones?

El Siglo XIX

Marco histórico

Para entender la literatura del siglo XIX, hay que tener en cuenta la intensa actividad política e ideológica de la época. En 1808 Napoleón Bonaparte nombró como monarca de España a su hermano José Bonaparte, provocando así una reacción intensamente negativa no sólo por parte de los españoles, sino también por parte de las colonias americanas. En España esta reacción dio luz a la Guerra de la Independencia, que duró hasta 1813, periodo durante el cual se volvió a establecer una monarquía constitucional por medio de la Constitución de 1812. Los hispanoamericanos tomaron la iniciativa de liberarse del dominio español y a partir de 1810 las campañas por la independencia se hicieron evidentes. Para el año 1825 casi todo América del Sur había logrado independizarse de España.

Después de la expulsión de las tropas francesas, la situación política en España continuó siendo difícil. En 1833 el rey Fernando VII murió, dejando como heredera del trono a su hija, Isabel II. El hermano de Fernando, Carlos, negó la legitimidad del reinado, diciendo que la ley prohibía que una mujer subiera al trono. Estalló entonces la primera de tres guerras civiles, las llamadas guerras carlistas, durante las cuales el poder político del país pasó de manos de la monarquía a las de varios gobiernos constitucionales, causando una gran inestabilidad política y social. En 1874 el hijo de Isabel II, Alfonso XII, subió al trono y la última guerra carlista terminó dos años después. No obstante, la monarquía cayó en decadencia, y a finales del siglo XIX, España perdió sus últimos territorios americanos. En América Latina, los países recién independizados se esforzaron por establecer sus propias instituciones políticas, un proceso que duró varias décadas. Era la época de la Revolución Industrial, con su enfoque en la ciencia y el progreso, y los intelectuales latinoamericanos se aprovecharon de esta ideología para lanzar algunas reformas sociales y educativas. Sin embargo, las clases bajas, sobre todo los indígenas y los negros, no se beneficiaron de los cambios que favorecieron a la clase criolla.

Marco literario

Justo antes de la primera guerra carlista, hubo un retorno de los españoles exiliados a causa de las guerras napoleónicas. Estos liberales españoles trajeron las nuevas ideas filosóficas y creativas de los románticos europeos, sobre todo de los franceses y los alemanes. Los tiempos eran de revolución y de renovación, y se valoraba lo nacional y lo regional. Hubo una revolución literaria caracterizada por el deseo de acoger lo nuevo, y de romper el freno que el Neoclasicismo, con su forma rígida e intelectual, imponía a los sentimientos. Esta revolución, el Romanticismo, abarcaba la libertad política y artística, el amor a la naturaleza, la exageración del sentimiento amoroso hasta la desesperación, la melancolía y la pasión. Todo se centraba en la experiencia personal y la expresión subjetiva. El Romanticismo del Nuevo Mundo ocurrió paralelamente al periodo de luchas políticas que siguió a la independencia de España, es decir, de 1830 hasta 1880. Coincidió con el positivismo, un movimiento francés que promovía el progreso y el orden social, y con la fundación de una literatura nacional que buscaba valorizar tanto al indígena como el suelo americano, el pasado histórico y las leyendas y tradiciones populares.

Mientras que en España la corriente romántica se centró en la poesía y en el drama con representantes como José de Espronceda en «Canción del pirata», y José Zorrilla en *Don Juan Tenorio,* por ejemplo, en Latinoamérica se enfocó en la novela, cuya narrativa reflejaba la realidad americana. Dentro de este género hay varias categorías: la novela sentimental, que encontró su mejor ejemplar en *María* (1867) de Jorge Isaacs, la gauchesca, de la cual salió *Facundo o civilización y barbarie* de Domingo Faustino Sarmiento, y la histórica o costumbrista, cuyo mejor ejemplo son las *Tradiciones peruanas* de Ricardo Palma. Aunque en menor escala, la poesía latinoamericana también se vio influenciada por este movimiento. José María Heredía, por ejemplo, a pesar de ser más conocido por su estilo neoclásico, introdujo en el contenido de su obra muchas de las características del Romanticismo. Más tarde, apareció la poesía puramente romántica de José Eusebio Caro y Gertrudis de Avellaneda.

El Realismo y el Naturalismo, dos movimientos estrechamente relacionados, florecieron en España durante la segunda mitad del siglo XIX como reacción contra el periodo romántico anterior, y a consecuencia de una gran transformación que experimentó la sociedad europea, en la cual influyeron nuevas corrientes filosóficas, ideológicas, artísticas y culturales. Con los avances científicos de la Revolución Industrial surgió una nueva fe en la ciencia, el progreso y la técnica. El Realismo está basado en la observación directa e inmediata de la sociedad y encuentra su máxima expresión en la novela, en la que incorpora temas concretos de la realidad cercana con personajes de la vida cotidiana. En la narrativa española y latinoamericana se destaca lo regional mediante cuadros de costumbres en los cuales se hallan presentes elementos de la realidad social e histórica. Como ejemplos de la novela realista vale la pena mencionar *La gaviota* de la novelista española Fernán Caballero y *El indio* del mexicano Gregorio López y Fuentes. Quizás el autor realista de mayor renombre fuera el español Benito Pérez Galdós, por sus novelas *Doña Perfecta, Fortunata y Jacinta* y *Misericordia,* en las que se destacan sus observaciones minuciosas de la sociedad y la política de su época.

El Naturalismo está basado en una teoría científica empírica, el determinismo, que considera al individuo como producto de su herencia, su raza y su medio ambiente. Ya que los personajes enfrentan la imposibilidad de alterar su destino, el Naturalismo presenta un cuadro algo negativo y a veces fatalista de la vida. El naturalista ya cesa de ser ideólogo: se ha convertido en sociólogo, y sus sentimientos no intervienen en la narración. La novela experimental naturalista sirvió así para analizar y criticar la realidad política y social. En España, las obras de Leopoldo Alas, o «Clarín», sobre todo *La Regenta,* demuestran las tendencias naturalistas peninsulares al igual que las primeras producciones literarias de Emilia Pardo Bazán, especialmente su novela *Los pazos de Ulloa.* Por otro lado, en Latinoamérica se estudiaron los problemas raciales, las olas inmigratorias, el desplazamiento de criollos y la transformación de centros urbanos. El *criollismo* de esta época en América Latina se combina con el *mundonovismo* al investigar los asuntos locales o nacionales, y en particular la condición del indígena. La novela *El mundo es ancho y ajeno* del peruano Ciro Alegría trata los problemas sufridos por los indios de una comunidad, critica a la clase privilegiada y demuestra el fatalismo característico del Naturalismo. Otros ejemplos de naturalistas hispanoamericanos son Eugenio Cambaceres, cuya novela *Sin rumbo* refleja la misma quiebra moral y crudeza realista que se puede observar en *Santa* del mexicano Federico Gamboa. Los autores naturalistas influyeron mucho en la próxima generación de escritores latinoamericanos, cuyo interés en el naturalismo dio luz al realismo social que se hizo popular en las primeras décadas del siglo XX.

El autor y su obra

Mariano José de Larra (1809–1837)

Mariano José de Larra nació en Madrid, España. Su padre, un médico militar, tenía ideas afrancesadas, y durante la ocupación de Napoleón se quedó en Madrid sirviendo a José Bonaparte, a quien admiraba. Durante la retirada de los franceses en 1813, Larra tuvo que emigrar con su familia a Francia, donde se educó hasta los nueve años. Hablaba francés como si fuera su lengua materna y casi olvidó el español en esa época. En 1818 volvió a Madrid donde hizo sus estudios de secundaria. Desde niño leía mucho y escribía en verso y en prosa. A los diecinueve años publicó una serie de folletos satíricos con el título de «El duende satírico del día». Fue de allí que salieron sus primeros artículos de costumbres. Más tarde se hizo popular con el seudónimo de «Fígaro». En 1829 se casó, y un año después nació su primer hijo. Su matrimonio no fue feliz y a los tres años inició amores ilícitos con una mujer casada. Esta relación tuvo consecuencias dramáticas en su vida, ya que cuando ella rompió con él definitivamente, Larra se suicidó. El suicidio era un tema romántico popular del día y para Larra la idea del suicidio había llegado a ser un tema insistente en sus últimos artículos, uno de ellos sobre «Los amantes de Teruel», escrito en el mismo año.

Las obras más populares de España en aquel entonces eran los artículos de costumbres, o sea, el costumbrismo. Aunque Larra no fue el primer costumbrista, se le considera importante porque escribió la prosa crítica y satírica más brillante de su tiempo, y es de los que mejor encarnaron el espíritu pesimista y atormentado del romanticismo. En sus artículos de costumbres no hay descripciones de costumbres pintorescas como en los de otros autores de la época. Larra nos da más que un cuadro de la sociedad, nos da un fallo, un juicio sobre ella. No le interesaban los aspectos curiosos de la sociedad, sino la cultura o falta de cultura que en ella hubiese. Le preocupaba sobre todo el costumbrismo moral de su patria, el descubrir los móviles de conducta y el indicar el camino para modificarla y mejorarla. Su sátira de las costumbres sociales y políticas de su país y de las debilidades y vicios del hombre en general no va dirigida contra las personas, sino contra los abusos, porque su motivo era contribuir «a la perfección posible de la sociedad». Para Larra el costumbrismo era el medio de unificar una sociedad estratificada como estaba la sociedad española de entonces. Sus cuadros de costumbres son una sátira perspicaz de los defectos fundamentales que ofrecía la mentalidad española de la época, y que eran las causas verdaderas de la decadencia nacional.

Entre sus famosos artículos de costumbres están «El casarse pronto y mal», «El castellano viejo», «Día de difuntos», y «Vuelva usted mañana» en el que el francés Monsieur Sans-Délai, un individuo eficiente, descubre la ineficacia de la vida cotidiana en España al oír constantemente la frase «Vuelva usted mañana». Larra censura y critica la pereza como uno de los peores defectos del carácter español al igual que el machismo, la falta de competencia y la decadencia económica que resulta de este ramillete de defectos.

Lee el texto de «Vuelva usted mañana» en nuestra página Web.

internet

GO TO: go.hrw.com
KEYWORD:
ADV PL READINGS

Literatura del Siglo XIX

Actividades «Vuelva usted mañana»

Comprensión del texto

1. Según el artículo, ¿qué ideas tienen los extranjeros con respecto a los españoles?

2. ¿Qué quería hacer el extranjero cuando llegó a España?

3. ¿Por qué trató el narrador de persuadir al extranjero de que volviera a casa?

4. Según el plan del extranjero, quince días eran más que suficientes para tramitar sus diligencias. ¿En qué consistía ese plan?

5. ¿Por qué le decían siempre al extranjero «Vuelva usted mañana»? Da varios ejemplos específicos del texto.

6. ¿Qué sucedió al cabo de seis meses?

Análisis del texto

1. El narrador dice en el tercer párrafo, «Muchas veces la falta de una causa determinante en las cosas nos hace creer que debe de haberlas profundas para mantenerlas al abrigo de nuestra penetración.» Explica el significado de esta cita con relación al resto del artículo.

2. ¿Cuál es el significado del nombre del extranjero, Monsieur Sans-délai?

3. ¿A quién se refiere Larra cuando habla de «las tribus nómadas»?

4. ¿Por qué es inesperado el último párrafo de este artículo?

5. ¿Cuál es el tono de este último párrafo?

6. ¿Es perezoso el narrador? Explica tu respuesta.

Más allá del texto

1. Larra criticó a los españoles. Si el autor hubiera vivido en tu país, ¿qué defecto de sus ciudadanos habría criticado? Desarrolla tus ideas en un artículo similar en estilo al artículo de Larra.

2. ¿Se puede criticar con objetividad a la gente del país en que uno vive? ¿Y a la gente de otro país? Justifica tu respuesta.

3. Compara la percepción que tenía don Quijote de la gente con la que expresa Larra en «Vuelva usted mañana».

Composición

Usando ejemplos específicos, explica en un ensayo bien organizado por qué el artículo «Vuelva usted mañana» es un buen ejemplo de la literatura costumbrista.

El autor y su obra

Leopoldo Alas «Clarín» (1852–1901)

Leopoldo Alas nació en Zamora, España, y estudió derecho en Oviedo. Realizó estudios de doctorado en Madrid y volvió a Oviedo para enseñar Derecho. Su obra escrita tuvo gran repercusión en la capital, aunque él no se mantuvo en contacto con los grupos literarios allí existentes.

Hay dos facetas en la obra de Alas, la de crítico y la de novelista. Como crítico se distinguía por su apreciación de los valores literarios y su tono acerbo. En una época en que el nivel de la crítica era muy bajo y guiado más por la amistad que por el rigor, «Clarín» adoptó una actitud seria. Era muy liberal y muchas veces atacó a los autores católicos y elogió a los liberales. Su trabajo como crítico fue caracterizado por la independencia de sus ideas y su visión de las obras literarias contemporáneas, sobre todo las novelas. Su sátira y su dureza, así como sus ideas liberales lo relacionaron en la opinión de muchos con Larra y con la generación literaria española del 98, un grupo de escritores que expresaban su desánimo frente a la decadencia nacional de la época. Muchos de sus artículos escritos entre 1890 y 1898, los cuales habían aparecido en periódicos y revistas, fueron reunidos en una colección titulada *Solos y Paliques*. Como novelista ha dejado narraciones extensas y varios cuentos. Su obra más conocida es *La Regenta* (1884), identificada muchas veces con las novelas de Emile Zola. El tema, el ambiente y la técnica dan muestra del contacto con el naturalismo francés, del que «Clarín» fue un defensor, aunque más tarde se apartó de él. Así es que en la novela *Su único hijo* (1891) su comentario sobre la desintegración del romanticismo en un ambiente burgués se convierte en casi una caricatura.

Sus colecciones de cuentos tratan los más variados temas: religión, sátira de costumbres y problemas nacionales del momento, por ejemplo. «Adiós, Cordera», uno de sus cuentos más populares, es un cuento cargado de melancolía en el que, con aparente simplicidad, el autor nos ofrece una historia profunda y emocionante que se caracteriza por la ternura de sus personajes y la autenticidad del ambiente.

Lee el texto de «Adiós, Cordera» en nuestra página Web.

GO TO: go.hrw.com
KEYWORD:
ADV PL READINGS

LITERATURA DEL SIGLO XIX

Literatura del Siglo XIX

Actividades «Adiós, Cordera»

Comprensión del texto

1. ¿Cómo se describen las condiciones de vida de Pinín, Rosa, Antón y Cordera?
2. ¿Cómo era la relación que existía entre los pequeños pastores y la vaca?
3. ¿Qué murió diciendo la Chinta? ¿Cuál fue la causa de su muerte?
4. ¿Cómo se sintió Antón el día que vendió a Cordera?
5. ¿Cómo se describe a Antón?

Análisis del texto

1. Al presentar el autor los símbolos del progreso, es decir el telégrafo y el tren, ¿cómo se describen las reacciones de los niños y de la vaca y qué representan éstas en tu opinión?
2. Al final del cuento, ¿cómo ha cambiado la reacción de Rosa ante la idea del progreso?
3. ¿Qué representa esta frase de Antón: «Ella era una bestia, pero sus hijos no tenían otra madre ni otra abuela»?

Más allá del texto

1. ¿Has tenido algún animal doméstico que haya sido importante en tu vida? ¿Por qué ha tenido tanto significado para ti?
2. ¿Puedes enumerar algunos cuentos en que los protagonistas hayan sido animales? ¿Por qué se destacaron los animales? ¿Cómo reaccionó la gente ante ellos?

Composición

El autor establece un paralelo entre el destino de Cordera y el de Pinín. En un ensayo bien organizado explica este paralelo teniendo en cuenta la implicación política del siguiente comentario, el cual hizo Pinín al perder a Cordera: «Carne de vaca, para comer los señores, los curas, los indianos».

El autor y su obra

Emilia Pardo Bazán (1851–1921)

La condesa Emilia de Pardo Bazán nació en La Coruña, España. De familia aristocrática, exhibió desde muy joven una orientación profunda hacia la literatura. En 1868, a los 17 años, se casó con un joven de diecinueve años, don José Quiroga, también de familia noble, y con quien tuvo tres hijos. En 1884 se separó de su marido y se fue a Madrid. A partir de entonces residió alternativamente en esta ciudad y La Coruña. También hizo muchos viajes por Europa adquiriendo gran conocimiento de la literatura que se escribía entonces fuera de España, especialmente la novela francesa y la rusa. Su gusto exquisito y extraordinaria cultura se hicieron evidentes en sus artículos eruditos, que en más de una ocasión hicieron reaccionar a algunos intelectuales de la época, quienes le vedaron la entrada a la Real Academia de la Lengua Española. Pardo Bazán luchó entonces en defensa de los derechos de la mujer. Más tarde fundó la «Biblioteca de la mujer» y la revista personal «Nuevo teatro crítico». Fue presidenta del Ateneo madrileño desde 1906, y fue nombrada profesora de literatura y lenguas neolatinas de la Universidad de Madrid en 1916, y consejera de Instrucción Pública en 1919.

Las obras completas de Pardo Bazán abarcan más de 60 volúmenes contando novelas, cuentos, ensayos, libros de crítica literaria, crónicas, artículos sobre la vida contemporánea e impresiones de viajes. Su incansable labor como escritora y educadora le dio un lugar destacado en la vida intelectual española.

En sus novelas *Un viaje de novios* (1881) y *La tribuna* (1882) inició su evolución hacia el naturalismo francés de Zola. En sus novelas *Los pazos de Ulloa* (1886) y *La madre naturaleza* (1887) empiezan sus tendencias hacia un naturalismo menos crudo en el cual se reflejan el paisaje y ambiente gallegos, recreando la vida de sus hidalgos campesinos. En estas obras creó un naturalismo español bien diferenciado del francés, en el que se destaca el lenguaje poético. Profundiza en las cosas y en las almas y retrata la verdad desnuda. Más tarde, en novelas como *La quimera* (1905) y *La sirena negra* (1908) se resaltan temas más fantásticos e idealistas.

Hoy se recuerda a Pardo Bazán tanto por sus novelas extensas de gran fuerza descriptiva como por su prolífica producción de más de 580 cuentos, en los que se encuentran muchos temas y estilos, desde el naturalismo hasta el idilio poético. De su colección de narraciones cortas vale la pena mencionar *La dama joven y otros cuentos* (1885), *Cuentos de Marineda* (1892) *Cuentos de amor* (1896) y *Cuentos sacroprofanos* (1899).

«Las medias rojas», de estilo naturalista, pertenece a la colección *Cuentos de la tierra*. En esta historia se ve una descripción minuciosa de la vida miserable de los campesinos gallegos y de la realidad tanto exterior como interior en sus aspectos más desagradables y negativos. También se observan las ideas de Pardo Bazán sobre la influencia del medio ambiente en el destino del ser humano.

«Las medias rojas»
Emilia Pardo Bazán

Cuando la rapaza[1] entró, cargada con el haz de leña que acababa de merodear en el monte del señor amo, el tío Clodio no levantó la cabeza, entregado a la ocu-
Línea
(5) pación de picar un cigarro, sirviéndose, en vez de navaja, de una uña córnea, color de ámbar oscuro, porque la había tostado el fuego de las apuradas colillas.[2]

Ildara soltó el peso en tierra y se atusó
(10) el cabello, peinado a la moda «de las señoritas» y revuelto por los enganchones de las ramillas que se agarraban a él. Después, con la lentitud de las faenas aldeanas, preparó el fuego, lo prendió,
(15) desgarró las berzas, las echó en el pote negro, en compañía de unas patatas mal troceadas y de unas judías asaz[3] secas, de la cosecha anterior, sin remojar. Al cabo de estas operaciones, tenía el tío Clodio
(20) liado su cigarrillo, y lo chupaba, desgarbadamente, haciendo en los carrillos[4] dos hoyos como sumideros, grises, entre el azuloso de la descuidada barba.

Sin duda la leña estaba húmeda de
(25) tanto llover la semana entera, y ardía mal, soltando una humareda acre; pero el labriego no reparaba: al humo, ¡bah!, estaba él bien hecho desde niño. Como Ildara se inclinase[5] para soplar y activar la llama,
(30) observó el viejo cosa más insólita: algo de color vivo, que emergía de las remendadas y encharcadas sayas de la moza... Una pierna robusta, aprisionada en una media roja, de algodón...

(35) —¡Ey! ¡Ildara!

—¡Señor padre!

—¿Qué novidá[6] es esa?

—¿Cuál novidá?

—¿Ahora me gastas medias, como la
(40) hirmán del Abade?

Incorporóse la muchacha, y la llama, que empezaba a alzarse, dorada, lamedora de la negra panza del pote, alumbró su cara redonda, bonita, de facciones
(45) pequeñas, de boca apetecible, de pupilas claras, golosas de vivir.

—Gasto medias, gasto medias —repitió sin amilanarse—.[7] Y si las gasto, no se las debo a ninguén.

(50) —Luego nacen los cuartos en el monte —insistió el tío Clodio con amenazadora sorna.

—¡No nacen...! Vendí al abade unos huevos, que no dirá menos él... Y con eso
(55) merqué[8] las medias.

Una luz de ira cruzó por los ojos pequeños, engarzados en duros párpados, bajo cejas hirsutas, del labrador... Saltó del banco donde estaba escarrancado, y aga-
(60) rrando a su hija por los hombros, la zarandeó[9] brutalmente, arrojándola contra la pared, mientras barbotaba:

—¡Engañosa! ¡Engañosa! ¡Cluecas andan las gallinas, que no ponen!

(65) Ildara, apretando los dientes por no gritar de dolor, se defendía la cara con las

---

1 **rapaza:** muchacha joven
2 **colillas:** restos de los cigarrillos que se tiran después de fumarlos
3 **asaz:** bastante, muy
4 **carrillos:** cachetes, mejillas
5 **se inclinase:** se agachase, se hincase

6 **novidá:** novedad, ocurrencia nueva
7 **sin amilanarse:** sin sentir miedo, sin desanimarse
8 **merqué:** compré, adquirí
9 **zarandeó:** sacudió con violencia

manos. Era siempre su temor de mociña guapa y requebrada, que el padre «la mancase»,[10] como le había sucedido a la

(70) Mariola, su prima, señalada por su propia madre en la frente con el aro de la criba, que le desgarró los tejidos. Y tanto más defendía su belleza, hoy que se acercaba el momento de fundar en ella un sueño de

(75) porvenir. Cumplida la mayor edad, libre de la autoridad paterna, la esperaba el barco, en cuyas entrañas[11] tantos de su parroquia y de las parroquias circunvecinas se habían ido hacia la suerte, hacia lo

(80) desconocido de los lejanos países donde el oro rueda por las calles y no hay sino bajarse para cogerlo. El padre no quería emigrar, cansado de una vida de labor, indiferente a la esperanza tardía: pues que

(85) se quedase él...

Ella iría sin falta: ya estaba de acuerdo con el *gancho*,[12] que le adelantaba los pesos para el viaje, y hasta le había dado cinco de señal, de los cuales habían salido

(90) las famosas medias... Y el tío Clodio, ladino, sagaz,[13] adivinador o sabedor, sin dejar de tener acorralada y acosada a la moza, repetía:

—Ya te cansaste de andar descalza de

(95) pie y pierna, como las mujeres de bien, ¿eh, condenada? ¿Llevó medias alguna vez tu madre? ¿Peinóse como tú, que siempre estás dale que tienes con el cacho de espejo? Toma, para que te acuerdes...

(100) Y con el cerrado puño hirió primero la cabeza, luego el rostro, apartando las medrosas manecitas, de forma no alterada aún por el trabajo, con que se escudaba

Ildara, trémula. El cachete[14] más violento

(105) cayó sobre un ojo, y la rapaza vió como un cielo estrellado, miles de puntos brillantes, envueltos en una radiación de intensos coloridos sobre un negro terciopeloso. Luego, el labrador aporreó[15]

(110) la nariz, los carrillos. Fué un instante de furor, en que sin escrúpulo la hubiese matado, antes de verla marchar, dejándole a él solo, viudo, casi imposibilitado de cultivar la tierra que llevaba en arriendo, que

(115) fecundó con sudores tantos años, a la cual profesaba un cariño maquinal, absurdo. Cesó al fin de pegar; Ildara, aturdida[16] de espanto, ya no chillaba[17] siquiera.

Salió afuera, silenciosa, y en el regato

(120) próximo se lavó la sangre. Un diente bonito, juvenil, le quedó en la mano. Del ojo lastimado,[18] no veía.

Como que el médico, consultado tarde y de mala gana, según es uso de

(125) labriegos, habló de un desprendimiento de la retina, cosa que no entendió la muchacha, pero que consistía... en quedarse tuerta.[19]

Y nunca más el barco la recibió en sus

(130) concavidades para llevarla hacia nuevos horizontes de holganza[20] y lujo. Los que allá vayan, han de ir sanos, válidos, y las mujeres, con sus ojos alumbrando y su dentadura completa...

---

10 mancase: lisiase o hiriese
11 entrañas: el interior de algo o de alguien
12 gancho: instrumento que se usa para colgar algo. El que atrae con maña o engaño a otro para algún fin
13 sagaz: listo, astuto

14 cachete: golpe dado con el puño o con la palma de la mano en el rostro o en la cabeza
15 aporreó: golpeó, sacudió
16 aturdida: perturbada, transtornada
17 chillaba: gritaba, protestaba
18 lastimado: herido
19 quedarse tuerta: sin vista en un ojo
20 holganza: ocio, placer y bienestar

Literatura del Siglo XIX

Actividades «Las medias rojas»

Comprensión del texto

1. Describe el aspecto físico y el carácter de Ildara.

2. ¿Cómo reaccionó el padre al verle las medias a Ildara, y cómo se justificó ella?

3. ¿Por qué se protegía la cara Ildara contra el ataque del tío Clodio? ¿Qué le había pasado a su prima la Mariola?

4. ¿Qué consecuencias tuvo para Ildara la paliza que le dio su padre?

Análisis del texto

1. ¿Qué importancia tienen para Ildara sus atributos físicos?

2. Describe la personalidad del tío Clodio. ¿Cuáles son sus valores más arraigados? ¿Qué actitud habría tenido él si Ildara hubiera sido un hijo varón?

3. Explica la relación entre el tío Clodio e Ildara. ¿Cómo es? ¿En qué está basada?

4. Habla de los sueños de Ildara, y cómo los entiende su padre. ¿Hay comunicación entre ellos? ¿Qué importancia tiene para el padre la forma de pensar de su hija?

5. ¿Por qué quería irse Ildara al Nuevo Mundo? ¿Qué creía que iba a encontrar? ¿Qué sentimientos tenía la muchacha hacia la actitud negativa de su padre? ¿Por qué?

6. En tu opinión, ¿Qué tipo de violencia se encuentra en esta historia: violencia social, familiar, criminal o de otro tipo? Explica.

7. Según el naturalismo, ¿cuál es la influencia del medio ambiente en el destino de Ildara?

Más allá del texto

1. ¿Qué se puede hacer para ayudar a personas como Ildara? ¿Qué más podría haber hecho Ildara para que su sueño se hiciera realidad? ¿Qué habrías hecho tú en su lugar?

2. ¿A qué clase de riesgos o abusos se puede ver expuesta una persona en su afán por inmigrar a otro país? Explica.

Composición

Imagina que el padre de Ildara quería lo mejor para su hija, que ella pudiera alcanzar sus sueños, y que la hubiera apoyado en su esfuerzo por llegar al Nuevo Mundo, donde ella esperaba encontrar mejor vida. En un ensayo bien organizado, continúa la historia de Ildara y describe lo que encontró en su búsqueda de la buena suerte. ¿Qué pasó, y cómo fue su futuro? Trata de imitar el estilo naturalista, usando descripciones minuciosas y realistas basadas en la observación y en la preocupación social.

LITERATURA DEL SIGLO XIX

El autor y su obra

Ricardo Palma (1833–1919)

Nació en Lima, Perú, y allí murió. Su vida siempre estuvo vinculada con el Perú de su tiempo. Sus orígenes familiares fueron humildes, desconoció la identidad de su madre durante su niñez y de su padre supo poco. Durante su juventud Palma declaró: «Hijo soy de mis obras. Pobre cuna el año treinta y tres meció mi infancia, pero así no la cambio por ninguna».

La vida de Palma comienza y termina con periodos de mucha actividad literaria. Es poeta, dramaturgo, periodista y contador en la marina de guerra en el Rímac porque necesita estabilidad económica. En 1860 refina el estilo de sus «tradiciones» que él mismo define como «Algo de mentira, y tal cual dosis de verdad, muchísimo de esmero y pulimento en el lenguaje, cata la receta para escribir *Tradiciones*». Como elemento fundamental de sus tradiciones se observa la sociedad virreinal de Lima, caracterizada con humor, ingenio y un lenguaje pintoresco y humorístico. Por esto, y por su intervención en la política, termina en el destierro. Regresa a Perú y es nombrado cónsul en Pará, Brasil. Debido a una enfermedad, se toma licencia por un año y viaja por Europa. En 1876 se casa. Años después Chile declara la guerra contra Perú y Bolivia. Cuando entran en Lima los chilenos, Palma lucha en defensa de su ciudad, y su biblioteca y su casa en Miraflores son destruidas por el fuego.

Desilusionado por la situación, piensa abandonar el país para aceptar el nombramiento bien retribuido de redactor del prestigioso diario *La Nación* de Buenos Aires, pero cuando se firma la paz con Chile y se forma un nuevo gobierno, es nombrado Director de la Biblioteca Nacional de Lima en 1884 y por su sentido patriótico, decide quedarse en el país. En 1892 va a España representando a Perú en la celebración del cuarto centenario del descubrimiento de América con sus hijos Ricardo y Angélica, la cual, como verán, aparece en «El alacrán de Fray Gómez». Muere su esposa y en 1912 después de un conflicto con el gobierno, Palma renuncia al cargo de Director de la Biblioteca Nacional. El 11 de marzo, del mismo año, su rival literario de toda la vida Manuel González Prada toma el cargo vacante de Director. Esa misma noche una muchedumbre le hace a Palma un homenaje en el teatro de Lima para demostrarle su cariño y reconocimiento por todas sus contribuciones a la cultura de su país. Muere en Miraflores.

La «tradición» es una forma literaria creada por Palma que incluye la anécdota, el cuento popular y la leyenda, entre otros elementos. Su estructura es un poco vaga, y su proceso es sencillo, casi esquemático. En la «tradición» suele haber una introducción y luego una serie de hechos, incidentes, datos y al final una moraleja a veces implícita. En principio la naturaleza no está presente sino de modo incidental. El ambiente puede ser social, doméstico, cortesano, burgués, de convento o de calles y fiestas. Hay ciertos personajes masculinos o femeninos que parecen ser preferidos por Palma. Ellos son la limeña joven o el fraile. En general se puede decir que la acción puede ser complicada, intensa, de aventuras o, en marcado contraste la acción puede ser elemental o secundaria para ilustrar la idea más importante de la historia. En este grupo se encuentra «El alacrán de fray Gómez», una tradición situada en el siglo XVI.

Nuevas vistas

«El alacrán de Fray Gómez»
Ricardo Palma

(A Casimiro Prieto Valdez)

Principio principiando;
principiar quiero,
por ver si principiando
principiar puedo.

Línea

(5)   *In diebus illis,* digo, cuando yo era muchacho, oía con frecuencia á las viejas exclamar, ponderando[1] el mérito y precio de una alhaja:[2] "¡Esto vale tanto como el alacrán de fray Gómez!"

(10)   Tengo una chica remate de lo bueno, flor de la gracia y espumita de la sal, con unos ojos más pícaros y trapisondistas que un par de escribanos:

..........Chica
(15)   que se parece
al lucero del alba
cuando amanece.

Al cual pimpollo[3] he bautizado, en mi paternal chochera,[4] con el mote de
(20) *alacrancito de fray Gómez.* Y explicar el dicho de las viejas y el sentido del piropo[5] con que agasajo á mi Angélica, es lo que me propongo, amigo y camarada Prieto, en esta tradición.

(25)   El sastre paga deudas con puntadas; y yo no tengo otra manera de satisfacer la literaria que con usted he contraído que dedicándole estos cuatro palotes.

I

(30)   Este era un lego[6] contemporáneo de D. Juan de la Pipirindica, el de la valiente pica, y de San Francisco Solano; el cual lego desempeñaba en Lima en el convento de los padres seráficos las funciones de
(35) refitolero[7] en la enfermería ú hospital de los devotos frailes. El pueblo lo llamaba fray Gómez, y fray Gómez lo llaman las crónicas conventuales, y la tradición lo conoce por fray Gómez. Creo que hasta
(40) en el expediente que para su beatificación y canonización existe en Roma, no se le da otro nombre.

Fray Gómez hizo en mi tierra milagros á mantas[8] sin darse cuenta de ellos y
(45) como quien no quiere la cosa. Era de suyo milagrero como aquel que hablaba en prosa sin sospecharlo.

Sucedió que un día iba el lego por el puente, cuando un caballo desbocado[9]
(50) arrojó sobre las losas al jinete. El infeliz quedó patitieso, con la cabeza hecha una criba y arrojando sangre por boca y narices.

—¡Se descalabró,[10] se descalabró!—
(55) gritaba la gente.—¡Que vayan á San Lázaro por el santo óleo!

Y todo era bullicio y alharaca.

Fray Gómez acercóse pausadamente al que yacía en tierra, púsole sobre la boca
(60) el cordón de su hábito, echóle tres bendiciones, y sin más médico ni más botica, el

---

1   **ponderando:** alabando, elogiando
2   **alhaja:** joya o adorno de mucho valor
3   **pimpollo:** niño o niña
4   **chochera:** manera de comportarse las personas de edad. Extremado cariño familiar
5   **piropo:** galantería, alabanza

6   **lego:** laico, que no tiene órdenes religiosas
7   **refitolero:** que se encarga del refectorio o comedor común de un colegio o convento
8   **á mantas:** en abundancia
9   **desbocado:** sin frenos
10 **se descalabró:** se hirió la cabeza

descalabrado se levantó tan fresco como si golpe no hubiera recibido.

(65) —¡Milagro, milagro! ¡Viva Fray Gómez! —exclamaron los infinitos espectadores, y en su entusiasmo intentaron llevar en triunfo al lego. Este, para sustraerse á la popular ovación, echó á correr camino de su convento y se encerró en (70) su celda.

La crónica franciscana cuenta esto último de manera distinta. Dice que fray Gómez, para escapar de sus aplaudidores,[11] se elevó en los aires y voló desde el puente (75) hasta la torre de su convento. Yo ni lo niego ni lo afirmo. Puede que sí, y puede que no. Tratándose de maravillas, no gasto tinta en defenderlas ni en refutarlas.

Aquel día estaba fray Gómez en vena (80) de hacer milagros; pues cuando salió de su celda se encaminó á la enfermería, donde encontró á San Francisco Solano acostado sobre una tarima, víctima de una furiosa jaqueca.[12] Pulsólo[13] el lego, y le dijo:

(85) —Su paternidad está muy débil, y haría bien en tomar algún alimento.

—Hermano —contestó el santo, —no tengo apetito.

—Haga un esfuerzo, reverendo padre, (90) y pase siquiera un bocado.[14]

Y tanto insistió el refitolero, que el enfermo, por libertarse de exigencias que picaban ya en majadería, ideó pedirle lo que hasta para el virrey habría sido (95) imposible conseguir, por no ser la estación propicia para satisfacer el antojo.

—Pues mire, hermanito, sólo comería con gusto un par de pejerreyes.[15]

Fray Gómez metió la mano derecha (100) dentro de la manga izquierda, y sacó un par de pejerreyes tan fresquitos que parecían acabados de salir del mar.

—Aquí los tiene su paternidad, y que en salud se le conviertan. Voy á guisarlos.

(105) Y ello es que con los benditos pejerreyes quedó San Francisco curado como por ensalmo.[16]

Me parece que estos dos milagritos, de que incidentalmente me he ocupado, no (110) son paja picada. Dejo en mi tintero[17] otros muchos de nuestro lego, porque no me he propuesto relatar su vida y milagros.

Sin embargo, apuntaré, para satisfacer curiosidades exigentes, que sobre la puer-(115) ta de la primera celda[18] del pequeño claustro que hasta hoy sirve de enfermería, hay un lienzo[19] pintado al óleo representando estos dos milagros, con la siguiente inscripción:

(120) «El Venerable Fray Gómez. —Nació en Extremadura en 1560. Vistió el hábito en Chuquisaca en 1580. Vino á Lima en 1587. —Enfermero fué cuarenta años, ejercitando todas las virtudes, dotado de (125) favores y dones celestiales. Fué su vida un continuado milagro. Falleció en 2 de Mayo de 1631, con fama de santidad. En el año siguiente se colocó el cadáver en la capilla de Aranzazú, y en 13 de (130) Octubre de 1810 se pasó, bajo del altar mayor, á la bóveda[20] donde son sepultados los padres del convento. Presenció la traslación de los restos el señor doctor don Bartolomé María de las Heras. Se (135) restauró este venerable retrato en 30 de Noviembre de 1882 por M. Zamudio.»

---

11 **aplaudidores:** admiradores que dan palmadas en señal de aprobación
12 **jaqueca:** dolor de cabeza muy fuerte
13 **pulsólo:** le tomó el pulso, o sea, los latidos del corazón en la muñeca
14 **bocado:** porción pequeña de comida
15 **pejerreyes:** pez marino, alargado y de color plateado cuya carne es bastante apreciada

16 **como por ensalmo:** como por arte de magia, de modo desconocido
17 **tintero:** recipiente en que se pone la tinta de escribir
18 **celda:** cuarto individual de un convento, colegio o establecimiento similar
19 **lienzo:** tela de lino o algodón, usada para pintar
20 **bóveda:** habitación subterránea, cripta, sepultura

II

Estaba una mañana fray Gómez en su celda entregado á la meditación, cuando dieron á la puerta unos discretos (140) golpecitos, y una voz de quejumbroso timbre dijo:

—Deo gratis... ¡Alabado sea el Señor!...

—Por siempre jamás, amén. Entre, hermanito—contestó fray Gómez.

(145) Y penetró en la humildísima celda un individuo algo desarrapado, *vera efigies*[21] del hombre á quien acongojan pobrezas; pero en cuyo rostro se dejaba adivinar la proverbial honradez del castellano viejo.

(150) Todo el mobiliario de la celda se componía de cuarto sillones de vaqueta, una mesa mugrienta y una tarima[22] sin colchón, sábanas ni abrigo, y con una piedra por cabezal ó almohada.

(155) —Tome asiento, hermano, y dígame sin rodeos lo que por acá le trae—dijo fray Gómez.

—Es el caso, padre, que yo soy hombre de bien á carta cabal...[23]

(160) —Se le conoce y que persevere deseo, que así merecerá en esta vida terrena la paz de la conciencia, y en la otra la bienaventuranza.

—Y es el caso que soy buhonero,[24] (165) que vivo cargado de familia y que mi comercio no cunde por falta de medios, que no por holgazanería[25] y escasez de industria en mí.

—Me alegro, hermano, que á quien (170) honradamente trabaja Dios le acude.

—Pero es el caso, padre, que hasta ahora Dios se me hace el sordo, y en acorrerme tarda...

—No desespere, hermano, (175) no desespere.

—Pues es el caso que á muchas puertas he llegado en demanda de habilitación por quinientos duros, y todas las he encontrado con cerrojo[26] y cerrojillo. Y es (180) el caso que anoche, en mis cavilaciones, yo mismo me dije á mí mismo: «¡Ea!, Jeromo, buen ánimo y vete á pedirle el dinero á fray Gómez; que si él lo quiere, mendicante[27] y pobre como es, medio (185) encontrará para sacarte del apuro.»[28] Y es el caso que aquí estoy porque he venido, y á su paternidad le pido y ruego que me preste esa puchuela[29] por seis meses, seguro que no será por mí por quien se diga:

(190)   En el mundo hay devotos

            de ciertos santos:

        la gratitud les dura

            lo que el milagro;

                que un beneficio

(195)   da siempre vida á ingratos

                desconocidos.

—¿Cómo ha podido imaginarse, hijo, que en esta triste celda encontrará ese caudal?

(200) —Es el caso, padre, que no acertaría á responderle; pero tengo fe en que no me dejará ir desconsolado.

—La fe lo salvará, hermano. Espere un momento.

---

21 *vera efigies:* «la verdadera imagen»
22 **tarima:** tablado o plataforma
23 **a carta cabal:** honrado, intachable
24 **buhonero:** persona que vende baratijas o cosas sin valor
25 **holgazanería:** pereza, rechazo al trabajo

26 **cerrojo:** candado, pasador
27 **mendicante:** que mendiga o pide limosna
28 **apuro:** aprieto, dificultad
29 **puchuela:** cosa de escaso valor, insignificante

(205)   Y paseando los ojos por las desnudas y blanqueadas paredes de la celda, vió un alacrán[30] que caminaba tranquilamente sobre el marco de la ventana. Fray Gómez arrancó una página de un libro viejo,
(210) dirigióse á la ventana, cogió con delicadeza á la sabandija,[31] la envolvió en el papel, y tornándose hacia el castellano viejo le dijo:

    —Tome, buen hombre, y empeñe esta
(215) alhajita; no olvide, sí, devolvérmela dentro de seis meses.

    El buhonero se deshizo en frases de agradecimiento, se despidió de fray Gómez, y más que de prisa se encaminó á
(220) la tienda de un usurero.[32]

    La joya era espléndida, verdadera alhaja de reina morisca, por decir lo menos. Era un prendedor figurando un alacrán. El cuerpo lo formaba una magnífica esmeral-
(225) da engarzada[33] sobre oro, y la cabeza un grueso brillante con dos rubíes por ojos.

    El usurero, que era hombre conocedor, vió la alhaja con codicia, y ofreció al necesitado adelantarle dos mil duros por ella;
(230) pero nuestro español se empeñó en no aceptar otro préstamo que el de quinientos

(235) duros por seis meses, y con un interés judaico, se entiende. Extendiéronse y firmáronse los documentos ó papeletas de estilo, acariciando el agiotista[34] la esperanza de que á la postre el dueño de la prenda
(240) acudiría por más dinero, que con el recargo de intereses lo convertiría en propietario de joya tan valiosa por su mérito intrínseco y artístico.

    Y con este capitalito fuéle tan
(245) prósperamente en su comercio, que á la terminación del plazo pudo desempeñar[35] la prenda, y envuelta en el mismo papel en que la recibiera, se la devolvió a fray Gómez.
(250)

    Este tomó el alacrán, lo puso sobre el alféizar de la ventana, le echó una bendición, y dijo:

    —Animalito de Dios, sigue tu camino.

    Y el alacrán echó á andar libremente
(255) por las paredes de la celda.

        y vieja, pelleja,

        aquí dió fin la conseja.

---

30 alacrán: escorpión
31 sabandija: cualquier reptil pequeño o insecto
32 usurero: persona que presta con exceso de interés para obtener ganancias desmedidas
33 engarzada: entrelazada, incrustada

34 agiotista: usurero, persona que especula con los fondos públicos
35 desempeñar: recuperar lo que se había entregado como garantía de un préstamo

LITERATURA DEL SIGLO XIX

Literatura del Siglo XIX

• •

LITERATURA DEL SIGLO XIX

Actividades «El alacrán de fray Gómez»

Comprensión del texto

1. ¿A quién llama Palma «alacrancito de fray Gómez»?
2. ¿Cómo describe el autor a fray Gómez?
3. ¿Cómo se describe a Jeromo?
4. ¿Cuál era la ocupación del fraile en el convento?
5. ¿Cuáles fueron las fechas de nacimiento y muerte del fraile? ¿Por qué son importantes?
6. En esta «tradición», ¿a quién le hace un favor enorme el fraile?
7. ¿Cómo era la joya que creó fray Gómez?
8. ¿Cuál fue la condición que el fraile estableció para el préstamo de la joya?
9. ¿Cuál fue la actitud del usurero con respecto a la joya?
10. ¿Cómo termina esta historia?

Análisis del texto

1. Palma divide esta historia en dos partes. Describe la función de la primera parte y la naturaleza de la segunda.
2. Busca dos ejemplos de metáforas en esta «tradición» y explica su significado de acuerdo con el contexto de la historia.
3. En tu opinión, ¿cuáles son los hechos más importantes de la historia?
4. ¿Cuál fue, en tu opinión, la hazaña más extraordinaria del religioso?
5. ¿Qué papel desempeña la poesía en esta «tradición»?

Más allá del texto

1. Habla de las «maravillas» de fray Gómez que tienen lugar en la historia y trata de imaginarte cómo éstas han afectado las vidas de los beneficiarios.
2. Describe la vida y la personalidad de fray Gómez. Crea una teoría sobre los poderes sobrenaturales del religioso y la razón por la cual los habría recibido.

Composición

En su *Historia de la literatura hispanoamericana,* Enrique Anderson Imbert comenta sobre Ricardo Palma y sus «tradiciones»:

> Su tono dominante es la burla traviesa, picaresca. Y todavía tiene la sonrisa en los labios cuando, de pronto, pasa a contarnos el poético milagro de «El alacrán de fray Gómez».

En un ensayo bien organizado y refiriéndote a esta cita, comenta a través de ejemplos el tono general de esta «tradición» e incluye expresiones que ilustren lo alegre, travieso y picaresco de esta historia.

Literatura del Siglo XIX

El autor y su obra

José de Espronceda (1808–1842)

José de Espronceda nació en Extremadura, España al comienzo de la Guerra de la Independencia, en la cual participó activamente su padre. Después de la restauración de Fernando VII al trono español, la familia Espronceda se trasladó a Madrid, donde el futuro escritor recibió una formación liberal. Participó con otros estudiantes en una sociedad revolucionaria que luchaba contra el reino español, y también estableció con ellos una sociedad literaria, en la cual empezó a escribir sus primeros poemas. Bajo sospecha por sus actividades revolucionarias, Espronceda salió de España en 1827 y pasó seis años en Lisboa, Portugal. Allí conoció a Teresa Mancha, la mujer que más tarde inspiraría sus poemas más apasionados. Teresa se casó con otro hombre pero mantuvo relaciones con Espronceda y los dos tuvieron una hija. De Lisboa, el poeta se trasladó a Bruselas y a París, donde formó parte de movimientos liberales que apoyaban sus ideas sobre la libertad individual. Volvió a España en 1833.

Espronceda se unió con avidez a la corriente romántica española de su época. En 1834, empezó su participación en el mundo del periodismo. Fundó *El Siglo,* periódico que se oponía al gobierno conservador, y publicó su famoso poema «Canción del pirata» en el periódico liberal de tendencia romántica *El Artista.* También escribió tres obras de teatro, las cuales no tuvieron mucho éxito. Se le conoce principalmente como el poeta español que más exaltó al héroe romántico rebelde, apasionado y libre. En «Canción del pirata» (1835), «El reo de muerte» (1835) y «El verdugo» (1835), entre otros poemas, Espronceda trata la figura enajenada e independiente que desdeña al mundo por sus reglas y restricciones cotidianas. En «El estudiante de Salamanca» (1840), un poema largo, el protagonista es Félix de Montemar, un tipo de don Juan que seduce a las mujeres y luego las abandona. En el mismo año, Espronceda publicó «El diablo mundo», un poema subjetivo y pesimista de siete secciones, la más conocida de las cuales es el «Canto a Teresa», escrita después de la muerte de ella en 1839. El poeta murió en 1842, después de toda una vida de actividad poética y política.

LITERATURA DEL SIGLO XIX

«Canción del pirata»
José de Espronceda

Con diez cañones por banda,[1]
viento en popa,[2] a toda vela,
no corta el mar sino vuela,
Línea   un velero bergantín.[3]
(5)   Bajel[4] pirata que llaman,
por su bravura, el *Temido*,
en todo mar conocido
del uno al otro confín.
     La luna en el mar riela,[5]
(10) en la lona gime el viento,
y alza en blando movimiento
olas de plata y azul;
     y ve el capitán pirata,
cantando alegre en la popa,
(15) Asia a un lado, al otro Europa
y allá a su frente Stambul.

     «Navega, velero mío,
     sin temor,
que ni enemigo navío,
(20) ni tormenta, ni bonanza
tu rumbo a torcer alcanza,
ni a sujetar tu valor».
     «Veinte presas[6]
     hemos hecho
(25) a despecho
     del inglés,

y han rendido
sus pendones[7]
cien naciones
(30) a mis pies».
Que es mi barco mi tesoro,
que es mi Dios la libertad,
mi ley la fuerza y el viento,
mi única patria, la mar».
(35)   «Allá muevan feroz guerra
     ciegos reyes
por un palmo[8] más de tierra;
que yo aquí tengo por mío
cuanto abarca[9] el mar bravío,[10]
(40) a quien nadie impuso leyes».
     «Y no hay playa,
     sea cualquiera,
     ni bandera
     de esplendor,
(45)   que no sienta
     mi derecho
     y dé pecho
     a mi valor».
«Que es mi barco mi tesoro,
(50) *que es mi Dios la libertad,*
mi ley la fuerza y el viento,
mi única patria, la mar».
     «A la voz de «¡barco viene!»
     es de ver

---

1 **banda:** costado de un barco
2 **popa:** parte posterior de un barco
3 **velero bergantín:** embarcación de dos palos provista de velas cuadradas
4 **Bajel:** Barco
5 **riela:** brilla con luz trémula
6 **presas:** capturas

7 **pendones:** banderas, insignias
8 **palmo:** medida de longitud equivalente a unos 20 cms.
9 **abarca:** contiene, se puede vislumbrar
10 **bravío:** indómito, salvaje

(55)   cómo vira[11] y se previene

a todo trapo[12] escapar:

que yo soy el rey del mar,

y mi furia es de temer».

    «En las presas

(60)   yo divido

lo cogido

por igual:

sólo quiero

por riqueza

(65)   la belleza

sin rival».

«Que es mi barco mi tesoro,

que es mi Dios la libertad,

mi ley la fuerza y el viento,

(70)   *mi única patria, la mar».*

    «¡Sentenciado estoy a muerte!

Yo me río:

no me abandone la suerte,

y al mismo que me condena

(75)   colgaré de alguna entena[13]

quizá en su propio navío».

    «Y si caigo,

¿qué es la vida?

Por perdida

(80)   ya la di,

cuando el yugo[14]

del esclavo,

como un bravo

sacudí».[15]

(85)   *«Que es mi barco mi tesoro,*

que es mi Dios la libertad,

mi ley la fuerza y el viento,

mi única patria, la mar».

    «Son mi música mejor

(90)   aquilones:[16]

el estrépito[17] y temblor

de los cables sacudidos,

del negro mar los bramidos[18]

y el rugir de mis cañones».

(95)   Y del trueno

al son[19] violento,

y del viento

al rebramar,

yo me duermo

(100)   sosegado,[20]

arrullado

por el mar».

«Que es mi barco mi tesoro,

que es mi Dios la libertad,

(105)   *mi ley la fuerza y el viento,*

mi única patria, la mar».

---

11 vira: cambia de rumbo

12 a todo trapo: *fig.* con eficacia y rapidez

13 entena: vara larga y encorvada donde se sujeta la vela

14 yugo: pieza de madera que sirve para sujetar bueyes o mulas al arado. *Fig.* opresión

15 sacudí: aparté con violencia

16 aquilones: vientos del norte

17 estrépito: gran ruido, bullicio

18 bramido: ruido que hacen el mar o el viento cuando están violentamente agitados

19 al son: al sonido

20 sosegado: tranquilo, sereno, calmado

Literatura del Siglo XIX

Actividades «Canción del pirata»

Comprensión del texto

1. En el poema «Canción del pirata», ¿qué tipo de barco vuela sobre el mar? ¿Cómo está equipado?

2. ¿Qué nombre tiene el barco? ¿Por qué se llama así?

3. ¿Qué elementos de la naturaleza aparecen en el poema?

4. ¿Por qué canta el capitán pirata? ¿Qué sentimiento expresa en su canción?

5. ¿De qué se siente orgulloso? ¿Por qué se llama a sí mismo «rey del mar»?

6. ¿Qué tipo de riqueza busca?

7. ¿Por qué le importa poco la vida?

8. ¿Qué le sirve de música?

9. ¿De qué manera se duerme el capitán pirata?

Análisis del texto

1. ¿Cómo es la estructura de «Canción del pirata»? ¿Qué conclusiones puedes sacar acerca de la rima y de las imágenes en general? ¿Cuál es la función del estribillo, la estrofa de cuatro versos que se repite a lo largo del poema?

2. ¿Cómo es el tono del poema? ¿Cómo refleja ese tono los sentimientos del capitán pirata?

3. Hay mucha aliteración de la r y la s en el poema. ¿Qué relación tiene este uso de las consonantes con el tema del poema?

Más allá del texto

«Canción del pirata» es un retrato del rebelde, de la persona que desprecia la vida rutinaria y establece sus propias leyes y normas y su propia manera de ser. Busca dos o tres ejemplos del personaje rebelde en la literatura, la música o el arte, y compáralos con el capitán pirata.

Composición

¿Cuál es el tema de «Canción del pirata»? ¿Cómo se refleja este tema en el estilo (el uso del vocabulario, por ejemplo) y la estructura (la extensión de los versos, entre otras cosas) del poema? Contesta las preguntas en un ensayo bien organizado, citando varios ejemplos del texto.

El autor y su obra

Gustavo Adolfo Bécquer (1836–1870)

Gustavo Adolfo Bécquer nació en Sevilla, España. Sus padres murieron cuando Bécquer era muy joven y él y su hermano Valeriano quedaron a cargo de un tío suyo. Bécquer comenzó estudios de náutica pero al cerrarse la escuela a la que asistía, tuvo que irse a vivir con su madrina, quien disfrutaba de una sólida situación económica y de una gran biblioteca, donde Bécquer pasaba horas leyendo. También seguía clases de dibujo y pintura con su tío. Convencido éste de que el niño no tendría éxito como pintor, lo orientó al estudio de las humanidades y consiguió que un diario local publicara sus primeros trabajos. A los 18 años Bécquer se marchó a Madrid en busca de triunfos literarios. Vivió pobre y se enfermó, probablemente de tuberculosis, de la que nunca se recuperó del todo. Conoció a una joven bellísima, la musa de algunos de sus mejores poemas, pero no se atrevió a declararle su amor por pertenecer ella a una clase social más alta. En 1861 se casó con la hija del médico que lo atendía, pero su matrimonio fue un completo fracaso y a pesar de sus tres hijos, se separó de ella en 1868. En septiembre de 1870 murió su hermano Valeriano y el 22 de diciembre del siguiente año, murió Bécquer a los 34 años, en el momento en que preparaba la edición de sus obras. Sus restos y los de su querido hermano fueron llevados a Sevilla. A Bécquer la vida le ofreció poco más que dolor y penurias y tal vez por eso era tímido y retraído, soñador y alejado de la realidad.

En prosa, Bécquer dejó *Leyendas* y *Cartas literarias, Carta literaria a una mujer* y *Estudios o impresiones sobre templos de Toledo,* además de ensayos literarios, crónicas periodísticas y un *Testamento literario,* que es la expresión de los planes para su propio futuro. Su prosa tiene cualidades místicas y elementos de misterio sobre un fondo muchas veces medieval. El tema sobresaliente es el amor. En verso, dejó su obra más conocida, las *Rimas,* versos líricos de gran musicalidad y espontaneidad y de temas románticos como el amor, la soledad, la desesperación y la naturaleza.

En toda la poesía de Bécquer se encuentra una sencillez que renuncia a la retórica y a los adornos superfluos. Hay naturalidad en su forma directa, autenticidad en sus descripciones de lo vivido y sentido, y misterio en la sutil expresión de sus sentimientos, como se verá en los poemas «Volverán las oscuras golondrinas» y «Yo soy ardiente, yo soy morena».

de *Rimas*
Gustavo Adolfo Bécquer

LIII

Volverán las obscuras golondrinas[1]
En tu balcón sus nidos á colgar,
Y, otra vez, con el ala á sus cristales
Línea　Jugando llamarán.

(5)　Pero aquellas que el vuelo refrenaban[2]
Tu hermosura y mi dicha á contemplar,
Aquellas que aprendieron nuestros nom-
　　　　　　　　　　　　[bres...
　　Esas... ¡no volverán!

　　Volverán las tupidas[3] madreselvas[4]
(10) De tu jardín las tapias[5] á escalar,
Y otra vez á la tarde, aun más hermosas,
　　Sus flores se abrirán;

　　Pero aquellas, cuajadas[6] de rocío,
Cuyas gotas mirábamos temblar
(15) Y caer, como lágrimas del día...
　　Esas... ¡no volverán!

　　Volverán del amor en tus oídos
Las palabras ardientes á sonar;
Tu corazón de su profundo sueño
(20)　Tal vez despertará;

　　Pero mudo y absorto[7] y de rodillas,
Como se adora á Dios ante su altar,
Como yo te he querido... desengáñate,
　　Así no te querrán!

XI

Yo soy ardiente, yo soy morena,
Yo soy el símbolo de la pasión;
De ansia[1] de goces[2] mi alma está llena.
—¿A mí me buscas? —No es á tí; no.

(5)　—Mi frente es pálida; mis trenzas
　　　　　　　　　　　　[de oro:
Puedo brindarte[3] dichas[4] sin fin;
Yo de ternura guardo un tesoro.
—¿A mí me llamas? —No; no es á ti.

　　—Yo soy un sueño, un imposible,
(10) Vano[5] fantasma[6] de niebla y luz;
Soy incorpórea,[7] soy intangible;
No puedo amarte. —¡Oh, ven; ven tú!

1　**golondrinas:** aves migratorias de alas estrechas y vuelo rápido
2　**refrenaban:** contenían, reprimían
3　**tupidas:** densas, espesas
4　**madreselvas:** arbustos, plantas trepadoras
5　**tapias:** paredes, muros que rodean un terreno
6　**cuajadas:** cubiertas, impregnadas
7　**absorto:** ensimismado, sin atender a nada más

1　**ansia:** anhelo o deseo vehemente
2　**goces:** gratas sensaciones, placeres
3　**brindarte:** ofrecerte
4　**dichas:** alegrías, felicidad
5　**vano:** ilusorio, efímero, falto de realidad
6　**fantasma:** visión imaginaria e irreal
7　**incorpórea:** sin cuerpo, inmaterial

Literatura del Siglo XIX

. . . .

Actividades Rima LIII «Volverán las oscuras golondrinas» y Rima XI «Yo soy ardiente, yo soy morena»

Comprensión del texto

1. En el poema «Volverán las oscuras golondrinas», ¿qué hacían las golondrinas en el balcón de la amada y cómo llamaban su atención?

2. ¿Qué golondrinas no volverán?

3. ¿Qué plantas volverían a escalar las tapias del jardín? ¿Cuáles no regresarán?

4. ¿Qué hará despertar el corazón dormido de la amada?

5. ¿Cómo quiso el poeta a su amada y con qué compara su amor?

6. ¿Qué sabe con certeza el poeta?

7. ¿Qué representan las dos primeras mujeres descritas en el poema «Yo soy ardiente»?

8. ¿Quién es la tercera mujer? ¿Cómo es y qué representa?

9. ¿Qué mujer es la que haría feliz al poeta?

Análisis del texto

1. ¿Qué busca el poeta en «Yo soy ardiente»? ¿Cómo terminaría esa relación si se hiciera realidad? ¿Qué implica, en tu opinión, el verso «¡Oh, ven, ven tú!»?

2. ¿En qué sentido es romántico el lenguaje de «Volverán» y «Yo soy ardiente»? Justifica tu respuesta con ejemplos de los dos poemas.

3. ¿Qué tiempos verbales usa el poeta en ambos poemas? ¿Por qué lo hace así?

4. ¿Cómo está estructurado «Volverán» en cuanto a los primeros y últimos versos de cada estrofa? ¿Cómo se relaciona esta estructura contradictoria con el tema del poema?

5. ¿Qué características tienen los elementos de la naturaleza que aparecen en el poema?

6. ¿Cómo se podría describir en general el estado emocional de Bécquer en estos poemas?

Más allá del texto

1. Si escribieras un poema al estilo de «Volverán», ¿cuál sería el tema principal y qué tipo de imágenes emplearías?

2. Busca otra de las *Rimas* de Bécquer y escribe un breve ensayo en el que la compares con los dos poemas leídos teniendo en cuenta su estilo y su estructura.

Composición

Según lo que has observado en los poemas de Bécquer, ¿cuál dirías que era el concepto romántico de la mujer en la España del siglo XIX? En un ensayo bien organizado, apoya tus ideas con ejemplos de «Volverán» y de «Yo soy ardiente».

El autor y su obra

José Martí (1853–1895)

A finales del siglo XIX, y después de las guerras de la independencia, muchos países latinoamericanos empezaron a sentir cierta estabilidad y prosperidad. En la literatura, los prosistas generalmente siguieron las corrientes naturalistas, profundamente realistas, de la Europa de aquellos tiempos, pero en la poesía ocurrió algo distinto. Por primera vez en América Latina se originó un movimiento literario, el modernismo, un estilo poético que presentó innovaciones con respecto a los temas, el lenguaje, las imágenes poéticas y la métrica. José Martí fue uno de los llamados precursores de este movimiento.

José Martí nació en Cuba de padres españoles y a los cuatro años de edad ya hacía viajes con su familia a España. Siempre sintió un gran cariño por su isla, y desde muy joven demostró su deseo por una Cuba independiente. A los 16 años fue arrestado por sus ideas revolucionarias y tuvo que hacer trabajos forzados en las canteras por un año. A los 18 años se trasladó a España y tres años después obtuvo dos títulos universitarios, el de Derecho y el de Filosofía y Letras. Regresó a Cuba para ser abogado. Se casó con una cubana y tuvo un hijo llamado Ismael. Sin embargo, su pasión por la independencia de Cuba lo consumía y eventualmente se vio forzado a abandonar su patria y continuar sus labores revolucionarias desde el extranjero. Residió principalmente en Nueva York, donde fundó el Partido Revolucionario Cubano, pero también escribió para periódicos europeos y latinoamericanos, pronunció apasionados discursos, y recaudó fondos para la revolución. En 1895 regresó a Cuba con una expedición militar, pero días más tarde murió por su país en una batalla. Para los cubanos, Martí es el apóstol de la independencia.

Su labor literaria abarca el periodismo y la oratoria, el teatro, una novela, la traducción y la poesía, siendo éste último el género que le dio su fama literaria. Es conocido como poeta principalmente por tres colecciones. *Ismaelillo,* publicado en 1882, contiene versos infantiles y fue titulado así por el hijo con quien convivió poco dado su exilio. En *Versos sencillos,* publicado en 1891, Martí explora con símbolos precisos sus sentimientos sobre las diferentes etapas de su vida. *Versos libres,* publicado en 1882, consiste en 44 poemas de versos libres y endecasílabos, o sea, versos de once sílabas. En su obra «Dos patrias», la poesía de Martí se caracteriza por la originalidad de las imágenes pobladas de color, la sugerencia y las metáforas, y por su personalismo y espontaneidad.

«Dos patrias»

José Martí

Dos patrias tengo yo: Cuba y la noche.
¿O son una las dos? No bien retira
Su majestad el sol, con largos velos
Línea Y un clavel en la mano, silenciosa
(5) Cuba cual viuda[1] triste me aparece.
¡Yo sé cuál es ese clavel sangriento[2]
Que en la mano le tiembla![3] Está vacío
Mi pecho, destrozado está y vacío
En donde estaba el corazón. Ya es hora
(10) De empezar a morir. La noche es buena
Para decir adiós. La luz estorba[4]
Y la palabra humana. El universo
Habla mejor que el hombre.

            Cual bandera
(15) Que invita a batallar, la llama roja
De la vela flamea.[5] Las ventanas
Abro, ya estrecho en mí. Muda, rompiendo
Las hojas del clavel, como una nube
Que enturbia[6] el cielo, Cuba, viuda, pasa...

---

1 **viuda:** persona a quien se le ha muerto
  su cónyuge
2 **sangriento:** que echa sangre, fig. de color
  sangre, rojo
3 **tiembla:** se agita, se mueve involuntariamente
4 **estorba:** dificulta, impide
5 **flamea:** despide llamas, arde
6 **enturbia:** oscurece lo que estaba claro

Literatura del Siglo XIX

Actividades «Dos patrias»

Comprensión del texto

1. ¿En qué se parece a una viuda la aparición del poema?

2. ¿Qué son los «largos velos»?

3. ¿De qué color es el clavel que lleva la viuda en la mano?

4. ¿Qué hace la viuda con las hojas del clavel?

5. ¿Qué siente el poeta en el fondo de su alma?

Análisis del texto

1. ¿Cuáles son las dos patrias que tiene el poeta? ¿Por qué dice que pueden ser una para él?

2. ¿Qué quiere decir Martí cuando escribe, «La noche es buena /para decir adiós. La luz estorba /y la palabra humana»?

3. ¿Qué simboliza el clavel en este poema?

4. ¿Qué representa la luz de la vela?

5. ¿Son todos los versos endecasílabos? ¿Qué pasa en el verso 13 en cuanto a la licencia poética? ¿Qué efecto tiene el cambio de ritmo?

Más allá del texto

1. ¿Has tenido que abandonar alguna vez un sitio que considerabas tu hogar, tu patria o tu refugio del mundo? ¿Qué semejanzas encuentras entre tus experiencias y las de Martí?

2. Escribe un obituario de tres párrafos sobre Martí. Incluye datos personales y bibliográficos y un breve comentario sobre las reacciones de la gente a su muerte.

3. Escribe una página del diario que pudiera haber escrito Martí la noche que compuso «Dos patrias».

Composición

¿Cómo se presenta el tema de la soledad en «Dos patrias»? Usando ejemplos específicos del poema, describe el tipo de soledad que siente Martí y luego explica cómo los recursos literarios del poema ayudan a poner en relieve este sentimiento.

El autor y su obra

José María Heredia (1803–1839)

José María Heredia nació en Santiago de Cuba y desde muy niño demostró sus habilidades intelectuales. En 1823 se graduó de abogado y comenzó a ejercer su profesión, pero sus actividades por la independencia de Cuba lo obligaron a huir de la isla. Pasó dos años en Estados Unidos pero no pudo adaptarse ni a la cultura ni al clima. En 1825, se enfermó de tuberculosis y fue a México, donde se sintió más acogido. Allí se casó y trabajó de abogado, magistrado, profesor, periodista y también como revolucionario a favor de la independencia cubana. A consecuencia de lo último, fue condenado al destierro por el gobierno español de la isla. Sin embargo, años después, consumido de nostalgia por su familia y su país natal, le escribió al Capitán General de Cuba, se retractó de su postura revolucionaria y le pidió permiso para regresar. Pasó sólo una breve temporada en Cuba ya que sus compatriotas no le perdonaron su retractación. Regresó a México pero durante su ausencia habían impuesto leyes nacionalistas que le impedían ocupar cargos importantes. Desilusionado y enfermo, murió poco después en 1839.

Aunque no gozó de buena salud y sólo vivió 36 años, la producción literaria de Heredia fue extensa. Además de periodista, fue orador, dramaturgo, crítico y sobre todo, poeta. Con Rubén Darío, Heredia ha sido uno de los poetas latinoamericanos más leídos y alabados, y aún continúa su fama como gran exponente de su época.

Su poesía fue publicada en cinco series: *Amatorias, Filosóficas y morales, Varias, Patrióticas, y Traducciones e imitaciones.* Su técnica poética es neoclásica, o sea de métrica controlada y lenguaje culto, pero su espíritu es romántico en su búsqueda de la naturaleza, la libertad y el sentimiento profundo. Sus poemas a veces tienen un tono melancólico, aunque también exhiben cierto dinamismo. Los más conocidos son «El Niágara», donde sus coloridas descripciones hacen que el lector sienta la cercanía de las cataratas y «En el teocalli de Cholula», donde el poeta, inspirado por la pirámide azteca, se muestra filosófico.

«En una tempestad», un poema escrito cuando Heredia tenía 19 años, revela el interés del poeta por la naturaleza, en este caso, un huracán. Hay una grandilocuencia especial, un lenguaje enfático, pomposo y poco natural, efectos comunes en otros poemas suyos y de otros contemporáneos románticos. Sin embargo, este poema se destaca por la forma inesperada y muy personal en que el poeta se identifica con la tempestad.

«En una tempestad»
José María Heredia

Huracán, huracán venir te siento,
y en tu soplo abrasado[1]
respiro entusiasmado

Línea del señor de los aires el aliento.

(5)   En las alas del viento suspendido
vedle rodar por el espacio inmenso,
silencioso, tremendo, irresistible,
en su curso veloz. La tierra en calma
siniestra, misteriosa,

(10) contempla con pavor su faz terrible.
¿Al toro no miráis? El suelo escarban[2]
de insoportable ardor sus pies heridos:
la frente poderosa levantando,
y en la hinchada nariz fuego aspirando,

(15) llama la tempestad con sus bramidos.

¡Qué nubes! ¡Qué furor! El sol
[temblando
vela en triste vapor[3] su faz gloriosa,
y su disco nublado sólo vierte
luz fúnebre y sombría,

(20) que no es noche ni día...
¡Pavoroso color, velo[4] de muerte!
Los pajarillos tiemblan y se esconden
al acercarse el huracán bramando,
y en los lejanos montes retumbando

(25) le oyen los bosques, y a su voz responden.

Llega ya... ¿No le veis? ¡Cuál
[desenvuelve
su manto aterrador y majestuoso!...
¡Gigante de los aires, te saludo!...
En fiera confusión el viento agita

(30) las orlas de su parda vestidura...
¡Ved!... ¡En el horizonte
los brazos rapidísimos enarca,[5]
y con ellos abarca
cuanto alcanzo a mirar de monte a monte!

(35) ¡Obscuridad universal!... ¡Su soplo
levanta en torbellinos[6]
el polvo de los campos agitado!...
En las nubes retumba[7] despeñado
el carro del Señor, y de sus ruedas

(40) brota el rayo veloz, se precipita,
hiere y aterra al suelo,
y su lívida luz inunda al cielo.

¿Qué rumor? ¿Es la lluvia?... Desatada
cae a torrentes, obscurece al mundo,

(45) y todo es confusión, horror profundo.
Cielo, nubes, colinas, caro bosque,
¿dó estáis?... os busco en vano.
Desparecisteis... La tormenta umbría[8]
en los aires revuelve un océano

(50) que todo lo sepulta[9]...
Al fin, mundo fatal, nos separamos.
El huracán y yo solos estamos.

¡Sublime tempestad! ¡Cómo en tu
[seno,
de tu solemne inspiración henchido,

(55) al mundo vil y miserable olvido,
y alzo la frente, de delicia lleno!
¿Dó está el alma cobarde
que teme tu rugir?... Yo en ti me elevo
al trono del Señor; oigo en las nubes

(60) el eco de su voz; siento a la tierra
escucharle y temblar. Ferviente lloro
desciende por mis pálidas mejillas,
y su alta majestad trémulo[10] adoro.

---

1 **abrasado:** ardiente, fig. impetuoso, violento
2 **escarban:** remueven
3 **el sol... vapor:** está nublado
4 **velo:** tela ligera y transparente
5 **enarca:** arquea, da forma de arco

6 **torbellinos:** remolinos de viento
7 **retumba:** hace gran estruendo, suena con fuerza
8 **umbría:** oscura, sombría
9 **sepulta:** entierra, sumerge
10 **trémulo:** tembloroso, estremecido

Literatura del Siglo XIX

Actividades «En una tempestad»

Comprensión del texto

1. ¿Cómo rueda el huracán por el espacio?
2. ¿Cómo reacciona la tierra cuando llega el huracán?
3. ¿Cómo describe el poeta la luz que hay durante el huracán?
4. ¿Qué ruidos se oyen durante la tormenta? ¿A qué se comparan?
5. ¿Cómo reacciona el poeta ante la tormenta?

Análisis del texto

1. Contando las sílabas, se observan dos tipos de versos en «En una tempestad». ¿Cuáles son?
2. En la sexta estrofa, el sexto verso empieza con «Desparecisteis». Heredia omite la a que debe haber después de la primera s. ¿Por qué crees que hizo esto?
3. ¿Qué aspectos clásicos se pueden observar en este poema?
4. ¿Qué aspectos románticos sobresalen en este poema?
5. ¿Cómo compara el autor su paisaje interior con el paisaje exterior?
6. Muchos califican el estilo de Heredia como bombástico. ¿Qué ejemplos podrías citar que apoyen este juicio?

Más allá del texto

1. ¿Alguna vez has experimentado un cataclismo natural? ¿Cómo lo compararías con lo que describe Heredia?
2. Escribe en prosa al estilo de un meteorólogo de televisión lo que el poeta narra con respecto a la tempestad.
3. Busca un poema sobre la violencia de la naturaleza escrito por uno de los poetas románticos ingleses— Shelley con su «Ode to the West Wind», por ejemplo— y escribe una página comparando el poema con «En una tempestad».

Composición

En un ensayo bien organizado, describe el tema del poema «En una tempestad» y luego explica los recursos literarios que emplea Heredia para despertar los sentidos del lector y enfatizar el significado del poema.

El autor y su obra

Rubén Darío (1867–1916)

Si Martí fue uno de los precursores del movimiento modernista, Rubén Darío fue el que le dio el nombre e implantó esta nueva forma de hacer poesía en español. La influencia de este poeta es tal que es considerado como una figura literaria internacional.

Rubén Darío, originalmente Félix Rubén García Sarmiento, nació en Metapa, Nicaragua. Sus padres se separaron cuando tenía dos años y se crió con sus tíos en la ciudad de León, Nicaragua. Desde muy chico aprendió a leer y pronto empezó a escribir sus propios versos. A los 18 años ya trabajaba en la Bibioteca Nacional de Nicaragua y dos años después inició sus viajes al exterior, donde vivió gran parte de su vida. Residió en varios países de América Latina y Europa, ya como periodista o como parte del cuerpo diplomático. Sin embargo, ni estas labores ni las publicaciones de varios libros le permitieron llevar una vida cómoda. Conoció personalmente a muchos de los intelectuales y escritores de su época. Su talento le fue reconocido en vida y su poesía fue alabada plenamente. Se casó dos veces y tuvo varios hijos. Del primer matrimonio enviudó y se divorció de la segunda esposa. En los últimos años de su vida padeció de alcoholismo, y ya al final, regresó a León, donde murió en 1916. Su entierro fue una expresión del profundo duelo del mundo literario y de toda una nación.

A finales del siglo XIX con la nueva independencia política y artística, los escritores empezaron a experimentar con diferentes formas de expresión, siendo Rubén Darío la voz más reconocida de este movimiento modernista. Estos cambios en las corrientes literarias fueron enormemente influenciados por lo que había pasado en la literatura francesa, donde el neoclasicismo promulgaba una poesía elaborada que rechazaba el realismo literario que prevalecía entonces. Los poetas franceses se sentían parte de una aristocracia estética y se querían refugiar en una «torre de marfil» para no tener que enfrentarse con la vida cotidiana. Con esta misma sed de belleza pura, los poetas modernistas latinoamericanos y también españoles se separaron de la realidad circundante. Estos jóvenes poetas introdujeron un lenguaje más elegante en la literatura, presentaron nuevas imágenes poéticas por medio de metáforas con alusiones a la música y los colores y renovaron totalmente la forma de la poesía al poner énfasis en la métrica. Los modernistas no se preocupaban por la representación meticulosa de la realidad externa, de ahí que la realidad interior y la fantasía se consideraban de mayor importancia, perspectiva que compartieron con los poetas románticos anteriores a ellos. La poesía no tenía que tener ni valor social ni histórico, existía sólo por el placer de existir, *ars gratia artis,* el arte por el arte.

Darío fue un periodista prolífico que también publicó varios libros, pero de toda su obra se destacan tres colecciones de poesía: *Azul* (1888), de poesía y prosa, *Prosas profanas* (1896) y *Cantos de vida y esperanza* (1905). El primero consiste principalmente en cuentos y poemas de tendencias modernistas. El segundo representa el florecimiento exuberante de la poesía modernista con la influencia francesa. *En Cantos de vida y esperanza,* el poeta regresa a sus raíces hispanas y explora sus sentimientos de una forma más íntima. «A Roosevelt» y «Lo fatal» son parte de esta última colección.

«A Roosevelt»

Rubén Darío

¡Es con voz de la Biblia, o verso de Walt Whitman,
que habría que llegar hasta ti, cazador!
¡Primitivo y moderno, sencillo y complicado,

Línea con un algo de Wáshington y cuatro de Nemrod![1]

(5) Eres los Estados Unidos,
eres el futuro invasor
de la América ingenua que tiene sangre indígena,
que aun reza á Jesucristo y aun habla en español.

Eres soberbio y fuerte ejemplar de tu raza;
(10) eres culto, eres hábil; te opones á Tolstoy.[2]
Y domando caballos, ó asesinando tigres,
eres un Alejandro-Nabucodonosor.[3]
(Eres un profesor de energía,
como dicen los locos de hoy.)

(15) Crees que la vida es incendio,
que el progreso es erupción;
que en donde pones la bala
el porvenir pones.

No.

(20) Los Estados Unidos son potentes y grandes.
Cuando ellos se estremecen hay un hondo temblor
que pasa por las vértebras enormes de los Andes.
Si clamáis se oye como el rugir de un león.

Ya Hugo á Grant lo dijo: «Las estrellas son vuestras.»
(25) (Apenas brilla, alzándose, el argentino sol
y la estrella chilena se levanta...) Sois ricos.
Juntáis al culto de Hércules el culto de Mammón;[4]
y alumbrando el camino de la fácil conquista,
la Libertad levanta su antorcha en Nueva-York.

(30) Mas la América nuestra qué tenía poetas
desde los viejos tiempos de Netzahualcoyotl,
que ha guardado las huellas de los pies del gran Baco;
que el alfabeto pánico en un tiempo aprendió;
que consultó los astros, que conoció la Atlántida,
(35) cuyo nombre nos llega resonando en Platón;
que desde los remotos momentos de su vida
vive de luz, de fuego, de perfume, de amor;
la América del grande Moctezuma, del Inca,

---

1 **Nemrod:** rey legendario de Babilonia
2 **Tolstoy:** escritor ruso
3 **Nabucodonosor:** otro rey legendario de Babilonia
4 **Mammón:** deidad de la riqueza y lo material

LITERATURA DEL SIGLO XIX

la América fragante de Cristóbal Colón,
(40)   la América católica, la América española,
la América en que dijo el noble Guatemoc:
«Yo no estoy en un lecho de rosas»; esa América
que tiembla de huracanes y que vive de amor;
hombres de ojos sajones[5] y alma bárbara, vive.

(45)   Y sueña. Y ama, y vibra; y es la hija del Sol.
Tened cuidado. ¡Vive la América española!
Hay mil cachorros sueltos del León español.
Se necesitaría, Roosevelt, ser, por Dios mismo,
el riflero terrible y el fuerte cazador

(50)   para poder tenernos en vuestras férreas garras.[6]

     Y, pues contáis con todo, falta una cosa: ¡Dios!

---

5 sajones: pertenecientes a un antiguo pueblo germánico
6 tenernos... garras: ejercer un fuerte poder sobre algo o alguien

«Lo fatal»

Rubén Darío

Dichoso el árbol que es apenas sensitivo,
y más la piedra dura, porque ésa ya no siente,
pues no hay dolor más grande que el dolor de ser vivo,
ni mayor pesadumbre[1] que la vida consciente.

(5)   Ser y no saber nada, y ser sin rumbo cierto,
y el temor de haber sido y un futuro terror...,
y el espanto seguro de estar mañana muerto,
y sufrir por la vida y por la sombra y por

lo que no conocemos y apenas sospechamos,
(10) y la carne que tienta[2] con sus frescos racimos,
y la tumba que aguarda con sus fúnebres ramos,[3]
y no saber adónde vamos,
¡ni de dónde venimos...!

---

1 pesadumbre: sufrimiento
2 tienta: induce, instiga, provoca
3 ramos: manojos de flores

Literatura del Siglo XIX

Actividades «A Roosevelt» y «Lo fatal»

Comprensión del texto

1. Las palabras de las primeras tres estrofas de «A Roosevelt» están escritas en segunda persona. ¿A quiénes están dirigidas?

2. ¿Cómo describe Darío a América Latina? ¿Qué imagen crea de la cultura latinoamericana?

3. ¿Cómo se describe a Estados Unidos? ¿Qué imagen crea Darío de ese país?

4. En «Lo fatal», ¿por qué dice el poeta que admira la vida del árbol y de la piedra?

5. ¿Qué sentimiento expresa el poeta con respecto a la muerte?

6. ¿Qué siente por la vida?

7. Según el poeta, ¿qué no nos es dado saber?

Análisis del texto

1. ¿Qué significa el «no» al final de la tercera estrofa de «A Roosevelt»?

2. ¿Qué elementos exóticos se pueden encontrar en este poema?

3. En «Lo fatal», ¿a quién se refiere Darío con «y la carne que tienta con sus frescos racimos»?

4. ¿Cómo se llama el recurso poético que se usa entre las dos últimas estrofas?

Más allá del texto

1. A principios del siglo XX, ¿por qué existía en América Latina el sentimiento antiyanqui expresado en «A Roosevelt»? ¿Existe algo similar hoy en día?

2. ¿Qué respuesta le podrías dar al poeta con respecto a lo positivo de Estados Unidos?

3. ¿Te has sentido alguna vez tan pesimista como Darío en «Lo fatal»? ¿Cómo has podido contrarrestar ese sentimiento?

Composición

Busca otro poema de Rubén Darío y luego describe en un ensayo bien organizado los elementos modernistas— el simbolismo y el adorno del lenguaje—que encuentres en él. Ilustra con ejemplos del texto las características que menciones.

Marco histórico

El siglo XX fue testigo de grandes transformaciones sociales, extraordinarios descubrimientos científicos, un asombroso progreso tecnológico, e intensas luchas políticas que produjeron además de dos guerras mundiales, la guerra fría, varias guerras civiles, dictaduras y revoluciones. Fue un siglo de ideologías, tales como el comunismo, el capitalismo y el existencialismo, entre otras, y de una profunda creación literaria en la que el escritor expresa angustia, esperanza, evasión, y protesta social y política. Dos movimientos literarios importantes de principios del siglo fueron La Generación del 98 en España y el Modernismo en Latinoamérica; posteriormente surgieron otros movimientos en los dos hemisferios que reflejaron el ambiente político-social del momento.

Marco literario

Los intelectuales españoles de la Generación del 98 se vieron afectados por la crisis que sufrió España al perder sus últimas colonias en la guerra con Estados Unidos en 1898. Como reacción se produjo un movimiento literario que se caracterizó por un examen minucioso de la situación política de España, provocando cambios en el pensamiento, la sensibilidad y el estilo literarios. Esta generación se distingue tanto por su idealismo patriótico y su espíritu individualista, como por su reacción contra las normas y tendencias del arte realista y positivista. Los escritores no sólo compartieron la preocupación por las circunstancias del país, sino que la manifestaron por medio de estilos originales. En general la literatura dejó de centrarse en la reproducción de la realidad exterior, y se hizo subjetiva, poemática y egocéntrica. Entre los autores de esta generación se distinguen Miguel de Unamuno, Azorín, Jacinto Benavente, Ramón del Valle Inclán y Antonio Machado.

Las letras latinoamericanas del mismo periodo ofrecen una extraordinaria riqueza. En el modernismo, movimiento originado por el poeta nicaragüense Ruben Darío, se hizo patente la búsqueda de una nueva estética inspirada por las corrientes modernas europeas, sobre todo las francesas. El Modernismo llegó a ser el primer movimiento literario latinoamericano que logró renovar de manera sorprendente la poesía española. Tal como lo hacen los españoles de la Generación del 98, los modernistas rechazan el espíritu realista para buscar formas renovadoras y ambientes exóticos, prefiriendo no hacer caso de la realidad política y social para expresar los sentimientos íntimos. Se evocan con frecuencia épocas y lugares remotos, y a veces se retoman formas métricas medievales, pero predomina el afán por combinar e inventar formas estróficas y métricas y distanciar el arte latinoamericano de los temas regionales para darle un carácter más universal. Esta última tendencia le da al modernismo un carácter de altivez, ejemplificado por la imagen del artista en su «torre de marfil», alejado del hombre común. A José Martí se le considera el precursor al modernismo, seguido por Darío, cuya obra *Azul* (1888) marca la plenitud del movimiento. Posteriormente aparecieron Manuel Gutiérrez Nájera, Julián del Casal y José Asunción Silva.

Las generaciones que siguieron a la del 98 y al modernismo se distinguieron por su vanguardismo y por su experimentación con la estructura, el tiempo y el espacio literarios. En España, surgieron generaciones antes y después de las guerras mundiales. El primer grupo prefería un enfoque más intelectual y menos dramático con respecto al arte, e incluyó a José Ortega y Gasset, Ramón Pérez de Ayala y Juan Ramón Jiménez. A ellos les siguieron los

Nuevas vistas

españoles vanguardistas, la llamada Generación del 27 que encontraron su máximo representante en Federico García Lorca. Otros notables poetas de la época son Jorge Guillén, Dámaso Alonso y Vicente Aleixandre.

Hasta los comienzos de los años 30, la Revolución mexicana y las varias reformas políticas en América Latina dan un carácter especial a la producción literaria del hemisferio americano. Se observa, al igual que en España, una fuerte reacción contra «la torre de marfil» del modernismo y se entra en el postmodernismo. En la poesía, aunque sigue habiendo experimentación con las formas, se nota un retorno a la sencillez de expresión, dándole a los versos un ritmo y tono más conversacionales y dejando de lado los exóticos lugares del modernismo a cambio de un «realismo poético». En esta época surge el «feminismo», movimiento social que defiende la emancipación de la mujer y su igualdad política, económica y jurídica con respecto al hombre. De este grupo se destacan escritoras como Gabriela Mistral, Alfonsina Storni y Juana de Ibarbourou. Durante este periodo aparece también la obra del poeta Vicente Huidobro, iniciador del «creacionismo», la poesía rítmica afroantillana de Luis Pales Matos y Nicolás Guillén y la temprana producción literaria de Pablo Neruda. Surgen novelas de tendencia naturalista como la *Vóragine* de José Eustacio Rivera, la narrativa regionalista ejemplificada por *Doña Bárbara* de Rómulo Gallegos y la novela gauchesca con *Don Segundo Sombra* del argentino Ricardo Güiraldes. Mientras tanto, en México empieza a germinar lo que será «la literatura de la revolución» con *Los de abajo* de Marian Azuela y *El águila y la serpiente* de Martín Luis Guzmán.

Después de la Guerra Civil española (1936–1939) aparece la generación de posguerra compuesta por un grupo de escritores, algunos en el exilio como Rafael Alberti y Ramón Sender, y otros que permanecieron en España, cuya temática se centró en la desmoralización y crisis espiritual de la sociedad como consecuencia de la guerra. Representantes sobresalientes de esta generación son Camilo José Cela, Carmen Laforet, Juan Goytisolo, Ana María Matute, Carmen Martín Gaite y Miguel Delibes.

El período de posguerra en Latinoamérica se refiere a los años transcurridos después de la Segunda Guerra Mundial. Aunque la poesía sigue prevaleciendo en esta literatura, es la narrativa la que llega a proyectar a América Latina a la pantalla mundial. La obra de Jorge Luis Borges, *El jardín de senderos que se bifurcan* (1941), marca el principio de toda una nueva orientación hacia la realidad literaria—metafórica, surrealista, mágica. Con Adolfo Bioy Cásares, Borges lanzó lo que más tarde se llamaría «la realidad maravillosa», noción que reconoce una realidad sobrenatural. Los seguidores de esa nueva narrativa en los años 40 y 50 pertenecen a lo que se llama el «boom» latinoamericano. Sus innovaciones en el género narrativo incluyen la ruptura del tiempo cronológico, el reemplazo del narrador omnisciente por el narrador protagonista, la superimposición de distintos planos de la conciencia y la renovación de la lengua. Donde más claramente se ve este «realismo mágico» es en las novelas y cuentos de Gabriel García Márquez, autor de *Cien años de soledad*. Otros escritores representativos son Juan Rulfo, Julio Cortázar, Mario Vargas Llosa y Alejo Carpentier. El final del siglo XX proporcionó una generación de escritoras latinoamericanas que analizan la condición de la mujer hispana. Entre ellas se puede mencionar a Isabel Allende, Rosario Ferré, Elena Poniatowska y Luisa Valenzuela.

El autor y su obra

Miguel de Unamuno (1864–1936)

Miguel de Unamuno nació en Bilbao, España, la capital vasca. Estudió Filosofía y Letras en Madrid, donde se doctoró en 1884. Durante toda su vida le tuvo un profundo amor a su región natal igual que a Castilla. Allí se casó y vivió gran parte de su vida como catedrático de griego y rector de la Universidad de Salamanca. En 1904 sufrió una profunda crisis debido a la muerte de uno de sus nueve hijos, nacido con un defecto congénito. Este triste suceso originó en él una serie de dudas sobre sus creencias religiosas, y Unamuno empezó a escribir sobre la mortalidad y la inmortalidad. Unamuno había crecido en un ambiente profundamente religioso e incluso había tenido vocación religiosa de joven. Sus avanzados estudios de filosofía y teología le ayudaban a adentrarse en estos temas, y a veces se enfrentaba con situaciones paradójicas, pero nunca cesó en su búsqueda de la sabiduría y de la verdad.

Unamuno es sin duda el escritor más variado, universal y profundo de la Generación del 98 de escritores españoles, un grupo que amaba y criticaba a España a la vez, y su obra es difícil de definir por su honda complejidad y extensión. Unamuno fue filósofo, ensayista, dramaturgo, poeta y novelista. Además, leía perfectamente en griego, latín, alemán, francés, danés e inglés. En su obra todos los géneros son simples medios para la expresión de sus ideas filosóficas. Sus temas principales son la muerte, la esterilidad espiritual, la envidia y la duda religiosa. En sus ensayos trata de profundizar en la esencia del alma española, y España se convierte en su mayor preocupación. Sus ensayos más conocidos incluyen *En torno al casticismo* (1902), *Vida de Don Quijote y Sancho* (1905), *Mi religión y otros ensayos breves* (1910), y *Del sentimiento trágico de la vida* (1913). Escribió varios dramas sobre temas clásicos, entre los cuales se destaca *La venda* (1913), con el tema del conflicto entre la razón y la fe escrito durante su crisis religiosa. Su poesía es en gran parte de tono meditativo y filosófico. Los temas de sus novelas son agónicos, es decir, tratan la lucha interna del hombre consigo mismo. Unamuno no se preocupa de la realidad exterior sino de la interior, y suprime todo lo que es ajeno al tema de la pasión por la vida. No usa descripciones ni adornos. Él mismo ha llamado a sus novelas «nívolas», y las describe como «relatos... de realidades íntimas, entrañadas...». *San Manuel Bueno, mártir* (1933) es una de sus mejores obras por su honda emoción y belleza poética. Es una síntesis del drama personal de Unamuno, con el conflicto entre el anhelo de la fe religiosa y el escepticismo ante la inmortalidad, conflicto proyectado en la figura de un sacerdote agnóstico pero lleno de espíritu cristiano, dedicado a mantener en sus fieles lo que a él le falta: la creencia tranquilizadora en una vida más allá de esta vida. Con eso trata de librar a sus fieles del conflicto agónico que él sufre y prevenir que caigan en el materialismo moderno que, al negar la creencia en la otra vida, deja sólo el vacío aterrador de la nada.

Literatura del Siglo XX

Actividades *San Manuel Bueno, mártir*

Práctica de selección múltiple

1. ¿Cuál era la motivación de Ángela Carballino al escribir el manuscrito?

   (A) El obispo de Renada se oponía a la beatificación de don Manuel.

   (B) Ella había leído todos los libros de su padre y le gustaba escribir.

   (C) El obispo quería beatificar a don Manuel y ella quería confesar lo que sabía.

   (D) Había decidido entrar en el convento y antes quería contar la historia de don Manuel.

2. ¿Cuál era la historia de don Manuel?

   (A) Había estudiado para santo en el seminario.

   (B) Pensaba estar sólo un año en la aldea, luego se marcharía.

   (C) Lo habían mandado allí, pero a él no le gustaba el lugar.

   (D) Había entrado en el seminario para hacerse cura y ayudar a su hermana viuda.

3. ¿Qué hacía don Manuel en la misa cuando todos estaban rezando el credo?

   (A) Se callaba al llegar a lo de «creo en la resurrección de la carne y la vida perdurable».

   (B) Tocaba las campanas de la villa sumergida en el lago, y todos las oían.

   (C) Al llegar a lo de «creo en la resurrección…», su voz se hacía más fuerte.

   (D) Pensaba en lo que diría en su sermón del próximo domingo.

4. ¿Cuál era la preocupación principal de don Manuel?

   (A) Quería darles dinero y comida a todos sus fieles.

   (B) Quería que todos estuvieran contentos de vivir.

   (C) Quería dar alegría a los demás como lo hace el payaso del circo.

   (D) Se preocupaba por la salud física de sus fieles.

5. Al llegar a la aldea, Lázaro, el hermano de Ángela, quería...

   (A) quedarse en la aldea para siempre.

   (B) construir una escuela nueva y progresista.

   (C) llevar a su madre y a su hermana a vivir a la ciudad.

   (D) asegurar que Ángela se casara pronto.

6. ¿Qué expectativa se creó en el pueblo poco después de la llegada de Lázaro?

   (A) Que don Manuel convirtiera a Lázaro.

   (B) Que Lázaro convirtiera a don Manuel.

   (C) Que Ángela convirtiera a Lázaro.

   (D) Que Lázaro convirtiera a Ángela.

7. Lázaro conoció a don Manuel por...

   (A) la insistencia de su hermana Ángela.

   (B) la presión que le pusieron sus amigos.

   (C) una promesa que le hizo a su madre cuando ella murió.

   (D) el interés que tenían los dos hombres en la literatura filosófica.

8. ¿Qué pasó el día de la comunión de Lázaro?

   (A) Ninguno de los fieles llegó a la iglesia.

   (B) Lázaro estaba blanco como la nieve.

   (C) Ángela cantó una canción para su hermano.

   (D) Al darle la comunión, se le cayó la hostia a don Manuel y éste se desmayó.

9. ¿Según Lázaro, cuál era la verdadera santidad de don Manuel?

   (A) Lograr la felicidad y la ilusión de su pueblo.

   (B) Acabar por creer de tanto decir la misa.

   (C) Ayudar al médico y al maestro.

   (D) Aconsejarle a Lázaro que fingiera.

10. ¿Qué pensaba don Manuel sobre los sindicatos y la revolución social?

    (A) Éstos no tenían nada que ver con la vida cotidiana.

    (B) La cuestión social no tenía nada que ver con la religión.

    (C) Eran lo que el pueblo necesitaba.

    (D) La revolución social adormece al pueblo.

Literatura del Siglo XX

Actividades *San Manuel Bueno, mártir*

Comprensión del texto

1. Enumera cinco cosas que hacía don Manuel por la gente de la aldea.

2. ¿Quién era Blasillo, y cómo lo trataba don Manuel?

3. ¿Cómo explicaba don Manuel su constante huir de la soledad?

4. ¿Qué confesión le hizo Lázaro a Ángela después de tomar la comunión?

5. Según don Manuel, ¿cuál era la religión verdadera?

6. ¿Cómo murió don Manuel? ¿Qué pidió al final?

7. ¿Quién estaba más cerca de don Manuel al morir y qué cosa inesperada ocurrió?

8. ¿Qué hizo el pueblo justo después de la muerte de don Manuel?

9. ¿Qué empezó a hacer Lázaro después de la muerte de don Manuel?

10. ¿Qué consejos le dio Lázaro al cura que llegó a sustituir a don Manuel?

11. ¿Por qué no le contó Ángela al obispo el secreto de Lázaro y don Manuel?

12. ¿Quién recibió las memorias de Ángela al final? ¿Qué efecto tuvieron sobre esa persona?

Análisis del texto

1. Comenta el simbolismo de la villa sumergida en el lago y explica cómo está relacionado este simbolismo con el alma de don Manuel. ¿Cuándo se oían las campanas de esa villa?

2. ¿Qué efectos tiene la nieve al caer sobre el lago y sobre la montaña? ¿Qué significado simbólico tiene la nieve si se compara con la fe?

3. ¿Cuál es el simbolismo de la aldea perdida entre el lago y la montaña? ¿Por qué pensaba Ángela que si le confesara al pueblo la duda de don Manuel la gente no se lo creería?

Más allá del texto

Busca la historia bíblica sobre Moisés y la Tierra Prometida. ¿Qué paralelismo encuentras entre don Manuel y Moisés? ¿A quién dejaron Moisés y don Manuel encargados de su obra?

Composición

En un ensayo bien organizado, analiza los personajes de don Manuel y Lázaro explicando la función que cada uno tiene dentro de la historia, y cómo se complementan. Todas las ideas deben ser apoyadas con ejemplos de la obra. Luego explica lo que tú crees que Unamuno nos quiso enseñar al escribir «San Manuel Bueno, mártir».

El autor y su obra

Federico García Lorca (1898–1936)

Federico García Lorca nació en Fuente Vaqueros, en la provincia de Granada, España. Fue hijo de un adinerado terrateniente y agricultor y de una maestra de música. Su familia se mudó en 1913 a Granada, donde el niño estudió en el Colegio del Sagrado Corazón de Jesús. En 1914 se inscribió en la Universidad de Granada y tomó lecciones de guitarra y piano. En 1918 publicó *Impresiones y Paisajes* en Granada. En 1919 se alojó en la Residencia de estudiantes de Madrid hasta 1928. Allí tuvo la oportunidad de estar en un ambiente cosmopolita y a la vez profundamente español, y de compartir ratos con los más logrados intelectuales de la época. En 1921 publicó en Madrid *Libro de poemas,* pero *Primeras canciones,* publicado más tarde pero escrito en 1922, lo anunció como el poeta de las metáforas sorprendentes y de los motivos populares refinados. Se licenció en Filosofía y Letras en 1923. Leyó en Sevilla en 1927 un ensayo sobre la obra del famoso poeta barroco Luis de Góngora en el tricentenario de su muerte, en el cual dijo que un poeta en general «tiene que ser profesor en los cinco sentidos corporales». En 1928 publicó el poemario *Romancero gitano* y en 1929 fue a Nueva York, donde escribió *Poeta en Nueva York* (1940), y a Cuba, y llegó a Madrid para estrenar su drama *La zapatera prodigiosa.* En 1932 fundó y dirigió el teatro universitario *La Barraca* para acercar el teatro clásico a los pueblos de España. En 1933 se estrenó y se publicó en Madrid *Bodas de sangre.* Más tarde se estrenaron *La casa de Bernarda Alba* y *Así que pasen cinco años.* García Lorca murió asesinado por sus causas liberales a manos de los franquistas en agosto de 1936, al comienzo de la Guerra Civil Española.

El *Romancero gitano* sería suficiente para darle a Lorca un puesto de honor entre los poetas que escriben en este metro popular. Nunca desde el Siglo de Oro se había manejado el romance con tanta maestría, sentido de lo auténticamente popular y sustancia poética. Se enfoca en la vida real y sobre todo en el mundo misterioso de la venganza, el presentimiento y el fatalismo que se observará aquí en «Romance de la luna, luna».

Lorca ha sido llamado «poeta intuitivo», pero nunca quiso ser un poeta espontáneo o fácil y no lo fue. No le gustaba tampoco lo pintoresco y al leer su poesía se ve que el esmero supera a la espontaneidad y lo sensorial supera a todo: la poesía de Lorca se goza con los cinco sentidos.

«Romance de la luna, luna»
Federico García Lorca

La luna vino a la fragua[1]
con su polisón[2] de nardos.
El niño la mira mira.
Línea El niño la está mirando.
(5) En el aire conmovido
mueve la luna sus brazos
y enseña, lúbrica[3] y pura,
sus senos de duro estaño.[4]

—Huye luna, luna, luna.
(10) Si vinieran los gitanos,
harían con tu corazón
collares y anillos blancos.

—Niño, déjame que baile.
Cuando vengan los gitanos,
(15) te encontrarán sobre el yunque[5]
con los ojillos cerrados.

—Huye luna, luna, luna
que ya siento sus caballos.

—Niño, déjame, no pises
(20) mi blancor almidonado.[6]

El jinete[7] se acercaba
tocando el tambor del llano.
Dentro de la fragua el niño,
tiene los ojos cerrados.

(25) Por el olivar[8] venían,
bronce[9] y sueño, los gitanos.
Las cabezas levantadas
y los ojos entornados.[10]

¡Cómo canta la zumaya,[11]
(30) ay cómo canta en el árbol!
Por el cielo va la luna
con un niño de la mano.

Dentro de la fragua lloran,
dando gritos, los gitanos.
(35) El aire la vela, vela.
El aire la está velando.[12]

1 **fragua:** taller donde se halla el fogón en que se calienta y se da forma a los metales
2 **polisón:** armazón circular que se usaba debajo de las faldas para darles volumen
3 **lúbrica:** voluptuosa, sensual
4 **estaño:** metal blanco que brilla como la plata
5 **yunque:** bloque de hierro acerado sobre el que se forjan los metales
6 **almidonado:** rígido, arreglado con excesiva pulcritud

7 **jinete:** persona que va a caballo
8 **olivar:** sitio plantado de olivos
9 **bronce:** aleación de cobre y estaño, fig. clarín o trompeta
10 **entornados:** a medio cerrar
11 **zumaya:** ave de plumaje de varios colores
12 **velando:** cuidando

Literatura del Siglo XX

Actividades «Romance de la luna, luna»

Comprensión del texto

1. ¿Quién viene a la fragua? ¿Qué trae con ella?

2. ¿Cómo la mira el niño a ella?

3. ¿Por qué está conmovido el aire?

4. ¿Cómo es físicamente la luna?

5. ¿Con qué amenaza el niño a la luna?

6. ¿Cómo encontrarán los gitanos al niño?

7. ¿Por qué el niño tiene los ojos cerrados?

8. ¿Cómo va por el cielo la luna?

9. ¿Por qué lloran los gitanos?

Análisis del texto

1. ¿Qué simboliza la luna en «Romance de la luna, luna»? ¿Qué indicios de esto nos da García Lorca?

2. ¿Por qué le dice el niño a la luna que se vaya? ¿Qué simboliza el color blanco en este verso del poema?

3. ¿Por qué canta la zumaya? ¿Qué simbolismo tiene este pájaro aquí?

4. ¿Qué elementos de la naturaleza se encuentran en el poema? ¿Qué papel desempeñan?

5. ¿Qué aspectos folclóricos se ven en este poema? Enumera cuatro de ellos.

Más allá del texto

1. Busca el significado de la luna en un diccionario de símbolos y luego explica su importancia en «Romance de la luna, luna». ¿Por qué crees que García Lorca escogió la luna para expresar este significado y no otra cosa fabricada o natural?

2. Lee otro poema del *Romancero gitano* ante la clase y en voz alta y usa música ya compuesta o de tu propio invento para acompañarlo. Explica por qué escogiste esa música para resaltar el significado del poema.

Composición

Usando ejemplos de «Romance de la luna, luna», escribe un ensayo bien organizado en el que discutas el dramatismo del poema y los recursos literarios que apoyen su cualidad dramática.

LITERATURA DEL SIGLO XX

Literatura del Siglo XX

Actividades *La casa de Bernarda Alba*

Práctica de selección múltiple

1. ¿Por qué está reunido todo el pueblo en la casa de Bernarda?

   (A) Bernarda está celebrando el noviazgo de su hija mayor.
   (B) Ha muerto el esposo de Bernarda.
   (C) Bernarda quiere dar limosna a los pobres.
   (D) A Bernarda le gusta reunirse con sus vecinos frecuentemente.

2. Para describir la tiranía de Bernarda, ¿qué dice la Poncia de su ama?

   (A) Puede sentarse encima del corazón de uno.
   (B) Es más cruel que toda la gente del pueblo.
   (C) Puede callar al ganado con sólo una mirada.
   (D) Tiene una voz más aguda que un cuchillo.

3. ¿Cómo difiere Angustias de sus cuatro hermanas?

   (A) Es más joven que ellas.
   (B) Ha tenido varios novios.
   (C) Tiene otro padre.
   (D) Es más pobre que las otras.

4. ¿Qué opina Bernarda de los pobres?

   (A) Merecen la caridad de ella.
   (B) Siempre se sienten alegres.
   (C) Son sus mejores vecinos.
   (D) Son como animales.

5. Según Bernarda, ¿qué pasará durante los ocho años de luto en su casa?

   (A) Las hijas estarán encerradas allá.
   (B) Habrá reuniones diarias con amigas.
   (C) Las puertas y ventanas estarán abiertas.
   (D) La abuela se casará y abandonará la casa.

6. ¿Por qué dice Bernarda que no ha tenido novio ninguna de sus hijas?

   (A) Son muy tímidas y retraídas.
   (B) No les importa casarse.
   (C) Su marido, en vida, no permitía que ellas salieran.
   (D) Los hombres del pueblo son de una clase más baja que ellas.

7. ¿Por qué viene Pepe el Romano cada noche a ver a Angustias?

   (A) Quiere llevarla a varias fiestas campestres.
   (B) Ha oído decir que es muy simpática.
   (C) Quiere casarse con ella.
   (D) Quiere ver a todas las otras hermanas.

8. ¿Cuál es la actitud de Angustias hacia Pepe?

   (A) Le preocupan sus visitas nocturnas.
   (B) Piensa que viene a verla por el dinero.
   (C) Su ilusión es casarse con él.
   (D) Le parece que él debe casarse con Adela.

9. ¿Qué creen las otras hermanas con respecto a la relación entre Pepe y Angustias?

   (A) Quiere casarse con ella por el dinero.
   (B) Se ha enamorado profundamente de ella.
   (C) Es demasiado viejo para ser su marido.
   (D) Debe alejarse de ella y dejarla tranquila.

10. ¿Qué opinión tiene Bernarda de una hija que desobedece?

    (A) Debe mudarse a otro pueblo.
    (B) Tiene que arrepentirse de sus pecados.
    (C) Se convierte en una enemiga.
    (D) Hay que castigarla y dominarla.

11. ¿Qué le importa más a Bernarda?

    (A) El amor.
    (B) El dinero.
    (C) La felicidad.
    (D) Las apariencias.

Literatura del Siglo XX

Actividades *La casa de Bernarda Alba*

Comprensión del texto

1. ¿Qué contraste de colores se usa en las acotaciones de escena de los tres actos del drama?

2. ¿Por qué tiene interés Bernarda en que Angustias se case primero?

3. ¿Quién es la única persona que realmente quiere a las hijas de Bernarda? ¿Quién les trata de enseñar la realidad de la vida?

4. ¿Por qué Bernarda les exige silencio a sus hijas al final del drama?

Análisis del texto

1. Se puede observar desde el principio del drama el desprecio mutuo entre Bernarda y el pueblo. ¿Por qué existe tan difícil relación?

2. Cuando Pepe el Romano pide la mano de Angustias, Adela reacciona diciendo «este luto me llega en el peor momento». ¿Qué significa ese comentario?

3. ¿Qué función dramática se le podría atribuir a María Josefa? ¿Qué representa el hecho de que la abuela quiera huir de esa casa, casarse y tener niños?

4. La Poncia trata de advertirle a Bernarda de que algo malo va a suceder si ésta no deja que sus hijas se casen con quienes se quieran casar, ya sea Pepe o Enrique Humanas. Según este comentario, ¿qué tipo de relación se puede suponer que Bernarda tiene con sus hijas?

5. Bernarda dice que la hija de la Librada merece la muerte por haber matado a su bebé. ¿Qué indica este comentario sobre el carácter de Bernarda? ¿Qué paralelo tiene este episodio con la situación de Adela?

6. Bernarda sale con una escopeta en busca de Pepe. Se oye un disparo y Martirio dice que le ha llegado el fin a Pepe. ¿Por qué dice Martirio esto?

Más allá del texto

1. Piensa en alguna familia de la vida real, la televisión o algún libro, y compárala con la familia de Bernarda Alba. ¿Qué tienen en común? ¿En qué se diferencian?

2. Si diseñaras el escenario para una representación de *La casa de Bernarda Alba,* ¿en qué elemento pondrías más énfasis: la iluminación, la utilería, el vestuario o el fondo? ¿Por qué escogerías ese elemento?

Composición

La casa de Bernarda Alba es un drama lleno de simbolismo. Busca en un diccionario de símbolos o un manual de literatura el significado metafórico de las siguientes palabras: el alba; las perlas; el caballo; la oveja; la sangre. Luego, en un ensayo bien organizado, explica la relación de cada palabra con el tema del drama.

LITERATURA DEL SIGLO XX

El autor y su obra

Carmen Martín Gaite (1925–2000)

Carmen Martín Gaite nació en Salamanca, España. Allí vivió durante la Guerra Civil Española (1936–1939), cursó la escuela secundaria, y en 1949 se licenció en Filosofía y Letras. Durante su vida universitaria hizo teatro y publicó sus primeros poemas en la revista *Trabajos y días*. En 1950 empezó a estudiar en la Universidad Complutense de Madrid, donde conoció a un grupo de jóvenes que querían hacerse escritores profesionales. Su amistad con este grupo le hizo abandonar el proyecto de enseñanza universitaria que tenía, para dedicarse de lleno a la literatura. En 1953, se casó con Rafael Sánchez Ferlosio, otro escritor de su grupo. Los dos ganaron numerosos premios literarios y tuvieron una hija que luego murió a los 29 años. Se integró al mundo literario de Madrid y empezó a escribir artículos en varios periódicos y revistas culturales madrileños sin abandonar sus estudios. Se doctoró en la Complutense en 1972. De su avanzada educación surgieron numerosos ensayos, críticas y libros de investigación histórica.

Carmen Martín Gaite es una representante significativa del grupo de escritores denominado «generación del medio siglo» o «los niños de la guerra». Algunos de los miembros destacados de esta generación son su marido, Rafael Sánchez Ferlosio, Juan Goytisolo, Ana María Matute y Miguel Delibes. Dichos escritores contribuyeron a la renovación de las letras españolas a partir de los años 50, y tuvieron que enfrentarse a una censura muy fuerte. Este grupo de amigos tenía como meta hacer que se tomara conciencia de la situación política en España en ese momento, y fomentar el cambio. Esta lucha tenía un enemigo común: el dictador Francisco Franco y su régimen opresivo.

La obra de Martín Gaite presenta una evolución paralela al desarrollo histórico de la posguerra y sus temas se basan en la experiencia de la mujer. *El balneario* (1954) y *Entre visillos* (1957) evocan el ambiente claustrofóbico para la mujer en la vida de provincia. *Las ataduras* (1960) y *Ritmo lento* (1963) tienen como tema principal la soledad y la falta de comunicación. Son temas existenciales sobre la identidad, en los que se ve la preferencia por el mundo de los sueños y el surrealismo. En *Retahílas* (1974) la autora presenta el asunto feminista al enfatizar la idea de que la mujer no consigue cambiar su posición. La última etapa de su producción literaria es prolífica y Martín Gaite recibe el reconocimiento de la crítica internacional. En *El cuarto de atrás* (1988) su escritura es psicologista y ensimismada, y en ella resalta la imaginación femenina. En sus libros narrativos de los años 90 el mundo de los sentimientos se acentúa, y es acompañado por la fantasía infantil: *Caperucita en Manhattan* (1991), *Nubosidad variable* (1992), *La reina de las nieves* (1994) y *Lo difícil es vivir* (1997). *Irse de casa* (1998) es un regreso al pasado y a su Salamanca natal.

El siguiente cuento, «Las ataduras», viene de la colección del mismo nombre. Aquí las ataduras son un símbolo de las restricciones en las relaciones entre un padre y su hija, la falta de libertad que impone el matrimonio a la mujer y los obstáculos que ella encuentra para realizarse plenamente como persona. El paso del tiempo y la dificultad de comunicación en la vida diaria son también temas importantes.

Literatura del Siglo XX

Actividades «Las ataduras»

Comprensión del texto

1. ¿Quiénes son Benjamín y Herminia? Al principio de «Las ataduras», ¿de dónde acaban de llegar? ¿Por qué está tan enojado Benjamín? ¿Cómo se siente Herminia? ¿Adónde se fue Benjamín? ¿Por qué?

2. ¿Quiénes son Alina y Philippe? ¿Qué conflicto hay entre ellos? ¿Por qué está tan enojada Alina al principio? ¿Qué piensa Philippe de la reacción de Alina? ¿Qué es lo que ella quiere? ¿Qué hace?

3. ¿Cómo era la relación de Alina con su padre cuando era niña? ¿Qué cosas le enseñó él?

4. ¿Cómo era la vida del abuelo? ¿Qué cosas le contaba a Alina? ¿De qué tenía miedo el abuelo? ¿Qué hacía Alina para ayudarlo? Según el abuelo, ¿cuáles eran las verdaderas ataduras?

5. ¿Quién era Eloy? ¿Qué planes tenía? ¿Qué esperanzas secretas tenía Alina? ¿Qué cambio sufrió cuando perdió al abuelo y a Eloy?

6. ¿Cuándo conoció Alina a Philippe? ¿Por qué no se lo presentó a sus padres al principio? ¿Cuándo lo conocieron finalmente? ¿Qué les escribió Alina a sus padres? ¿Por qué?

Análisis del texto

1. Enumera los aspectos positivos y negativos de la relación entre Alina y su padre en «Las ataduras». Describe la rivalidad entre el padre y el abuelo por el cariño de Alina. Apoya tus ideas con ejemplos del cuento.

2. ¿Cuál es el papel de Alina como hija y como esposa? ¿Cuál es el conflicto que tiene con Philippe en cuanto a la familia de ella?

3. Describe el paso del tiempo en «Las ataduras». ¿Qué paralelos se podrían trazar entre Benjamín y el abuelo?

Más allá del texto

1. Describe las ataduras que han tenido más influencia en tu vida. ¿Qué conflictos han causado?

2. ¿Crees que la falta de comunicación en «Las ataduras» es común hoy en día, o hay mejores posibilidades de establecer un diálogo abierto? Explica tu punto de vista.

3. ¿Qué conflictos existían en el matrimonio de Alina? ¿Qué consejos les darías tú para que solucionaran sus problemas?

Composición

En «Las ataduras» Martín Gaite describe la situación de la mujer y los obstáculos que encuentra en la vida. En un ensayo bien organizado, explica con ejemplos cómo se trata ese tema en «Las ataduras», y cómo reacciona la protagonista ante tal sentimiento de opresión.

El autor y su obra

Horacio Quiroga (1878–1937)

La vida del gran cuentista uruguayo Horacio Quiroga fue una verdadera tragedia. Siempre fue enfermizo y la muerte violenta parecía rondarle. Su padre murió de un balazo cuando Quiroga era muy niño, y en 1902, al disparársele una pistola, éste mató accidentalmente a un amigo. Su padrastro y la primera esposa del autor se suicidaron. Quiroga padecía de grandes depresiones y el abuso del licor lo llevó al alcoholismo. Cuando le informaron que tenía cáncer, se suicidó. Después de su muerte, sus dos hijos acabaron por suicidarse también. Sus experiencias personales se ven reflejadas en su prodigiosa obra literaria que consiste en poesía, algunas novelas, una obra de teatro y sobre todo en cuentos en los que predominan los temas patológicos. También escribió artículos periodísticos, y fue uno de los pioneros de la industria cinematográfica de la región del Río de la Plata.

Después de seguir algunos cursos universitarios, Quiroga se fue a París, donde se puso al tanto de las corrientes literarias del momento. De regreso a Uruguay, se convirtió en el centro de un grupo de jóvenes modernistas que publicaban sus trabajos en la *Revista nacional de literatura y ciencias sociales*. En esta época publicó su primer libro, *Los arrecifes de coral*, una colección de versos modernistas y prosa al estilo del norteamericano Edgar Allan Poe. Entre 1904 y 1908, escribió *El crimen del otro, Los perseguidos,* e *Historia de un amor turbio.* Después del suicidio de su primera esposa escribió *Cuentos de amor, de locura y de muerte.* En medio de todas estas tragedias, Quiroga se sentía seducido por la selva amazónica, sitio donde vivió en diferentes ocasiones. Este paisaje se ve reflejado en *Cuentos de la selva, El salvaje, Anaconda,* y *El regreso de Anaconda,* entre otras obras.

Las obras de Quiroga generalmente se pueden calificar de naturalistas, siguiendo una corriente literaria de fines del siglo XIX y de las primeras décadas del XX en que los escritores se enfocaban en los sinsabores de la vida y basaban las acciones de los personajes en un determinismo todopoderoso. Pensaban que tanto la herencia como el ambiente determinaban las acciones de los seres humanos, y sus personajes literarios reflejan esta idea. Los personajes, a semejanza de Quiroga, se sienten sin poder de determinar sus propias acciones. Paradójicamente, se observan en la prosa de Quiroga algunos elementos del movimiento modernista con el que se había ligado al comienzo de su carrera literaria. También se dice que en las narraciones de Quiroga se pueden ver las influencias de cuatro grandes maestros de la literatura occidental: Edgar Allan Poe, por su ambiente de misterio y de alucinaciones; el francés Guy de Maupassant, por su desarrollo del suspenso en la acción; el inglés Rudyard Kipling, por su gran amor a la naturaleza; y el ruso Antón Chéjov, por su tono agrio que se enfoca más en la narración y no tanto en la estructura ni el estilo.

Una gran contribución de este autor a la literatura en español fue su exposición de la teoría del cuento en *Ante el tribunal, La retórica del cuento,* y sobre todo, en *Decálogo del perfecto cuentista*. Según Quiroga, un escritor de cuentos debía estudiar el estilo de un gran cuentista a quien admirara y seguir su estilo fielmente. Así lo hizo Quiroga, pero se extendió al sintetizar los modelos de los cuatro escritores ya mencionados. Se podría decir que su segunda gran contribución a la literatura latinoamericana fue la introducción de las novedosas temáticas ya mencionadas. El cuento que aquí se presenta, «El hijo», es típico de Quiroga en cuanto al tema y al estilo.

«El hijo»
Horacio Quiroga

Es un poderoso día de verano en Misiones, con todo el sol, el calor y la calma que puede separar la estación. La naturaleza, plenamente abierta, se siente

Línea

(5) satisfecha de sí.

Como el sol, el calor y la calma ambiente, el padre abre también su corazón a la naturaleza.

—Ten cuidado, chiquito —dice a su

(10) hijo abreviando en esa frase todas las observaciones del caso y que su hijo comprende perfectamente.

—Sí, papá —responde la criatura, mientras coge la escopeta[1] y carga de car-

(15) tuchos[2] los bolsillos de su camisa, que cierra con cuidado.

—Vuelve a la hora de almorzar —observa aún el padre.

—Sí, papá —repite el chico.

(20) Equilibra[3] la escopeta en la mano, sonríe a su padre, lo besa en la cabeza y parte.

Su padre lo sigue un rato con los ojos y vuelve a su quehacer de ese día, feliz con la alegría de su pequeño.

(25) Sabe que su hijo, educado desde su más tierna[4] infancia en el hábito y la precaución del peligro, puede manejar un fusil[5] y cazar[6] no importa qué. Aunque es muy alto para su edad, no tiene sino trece

(30) años. Y parecería tener menos, a juzgar por la pureza de sus ojos azules, frescos aún de sorpresa infantil.

No necesita el padre levantar los ojos de su quehacer para seguir con la mente

(35) la marcha de su hijo: Ha cruzado la picada[7] roja y se encamina rectamente al monte a través del abra[8] de espartillo.

Para cazar en el monte —caza de pelo[9]— se requiere más paciencia de la

(40) que su cachorro puede rendir. Después de atravesar esa isla de monte, su hijo costeará[10] por la linde[11] de cactus hasta el bañado, en procura de palomas, tucanes o tal cual casal de garzas, como las que su

(45) amigo Juan ha descubierto días anteriores.

Solo ahora, el padre esboza una sonrisa al recuerdo de la pasión cinegética de las dos criaturas. Cazan sólo a veces un yacútoro, un surucuá —menos aún— y

(50) regresan triunfales, Juan a su rancho con el fusil de nueve milímetros que él le ha regalado, y su hijo a la meseta, con la gran escopeta Saint-Etienne, calibre 16, cuádruple cierre y pólvora blanca.

(55) El fué lo mismo. A los trece años hubiera dado la vida por poseer una escopeta. Su hijo, de aquella edad, la posee ahora; —y el padre sonríe.

No es fácil, sin embargo, para un padre

(60) viudo, sin otra fe ni esperanza que la vida de su hijo, educarlo como lo ha hecho él, libre en su corto radio de acción, seguro de sus pequeños pies y manos desde que tenía cuatro años, consciente de la inmen-

(65) sidad de ciertos peligros y de la escasez de sus propias fuerzas.

---

1 **escopeta:** arma de fuego portátil
2 **cartuchos:** balas, municiones
3 **Equilibra:** Balancea
4 **tierna:** *fig.* se dice de los niños de muy corta edad
5 **fusil:** rifle
6 **cazar:** perseguir animales para apresarlos o matarlos

7 **picada:** camino, sendero en la selva
8 **abra:** *Arg.* claro de un bosque
9 **caza de pelo:** caza de animales que están cubiertos de pelo como el venado, por ejemplo
10 **costeará:** irá por la orilla, rodeará
11 **linde:** límite de un territorio

Ese padre ha debido luchar fuertemente contra lo que él considera su
egoísmo. ¡Tan fácilmente una criatura cal
(70) cula[12] mal, sienta un pie en el vacío y se
pierde un hijo!

El peligro subsiste[13] siempre para el
hombre en cualquier edad; pero su amenaza amengua[14] si desde pequeño se
(75) acostumbra a no contar sino con sus
propias fuerzas.

De este modo ha educado el padre a
su hijo. Y para conseguirlo ha debido resistir no sólo a su corazón, sino a sus
(80) tormentos morales; porque ese padre, de
estómago y vista débiles, sufre desde hace
un tiempo de alucinaciones.

Ha visto, concretados en dolorosísima
ilusión, recuerdos de una felicidad que no
(85) debía surgir más de la nada en que se
recluyó.[15] La imagen de su propio hijo no
ha escapado a este tormento. Lo ha visto
una vez rodar envuelto en sangre cuando
el chico percutía en la morsa[16] del taller
(90) una bala de parabellum, siendo así que lo
que hacía era limar la hebilla de su cinturón de caza.

Horribles cosas... Pero hoy, con el
ardiente y vital día de verano, cuyo amor
(95) su hijo parece haber heredado, el padre
se siente feliz, tranquilo y seguro
del porvenir.

En ese instante, no muy lejos, suena
un estampido.

(100) —La Saint-Etienne... —piensa el padre
al reconocer la detonación. Dos palomas
menos en el monte...

Sin prestar más atención al nimio[17]
acontecimiento, el hombre se abstrae[18] de
(105) nuevo en su tarea.

El sol, ya muy alto, continúa ascendiendo. Adonde quiera que se mire
—piedras, tierra, árboles— el aire,
enrarecido como en un horno, vibra con
(110) el calor. Un profundo zumbido[19] que llena
el ser entero e impregna el ámbito[20] hasta
donde la vista alcanza, concentra a esa
hora toda la vida tropical.

El padre echa una ojeada a su muñeca:
(115) las doce. Y levanta los ojos al monte.

Su hijo debía estar ya de vuelta. En la
mutua confianza que depositan el uno en
el otro —el padre de sienes plateadas[21] y
la criatura de trece años,— no se engañan
(120) jamás. Cuando su hijo responde: —Sí,
papá, hará lo que dice. Dijo que volvería
antes de las doce, y el padre ha sonreído
al verlo partir.

Y no ha vuelto.

(125) El hombre torna a su quehacer,
esforzándose en concentrar la atención en
su tarea. ¡Es tan fácil, tan fácil perder la
noción de la hora dentro del monte, y
sentarse un rato en el suelo mientras se
(130) descansa inmóvil...

---

12 **calcula:** juzga, valora
13 **subsiste:** permanece
14 **amengua:** disminuye
15 **se recluyó:** se encerró
16 **morsa:** *Arg.* herramienta, máquina que sirve para redondear piezas de madera o metal

17 **nimio:** sin importancia
18 **se abstrae:** se concentra
19 **zumbido:** ruido o susurro continuado
20 **ámbito:** lugar, espacio
21 **de sienes plateadas:** *fig.* entrado en años

Bruscamente, la luz meridiana, el zumbido tropical y el corazón del padre se detienen a compás de lo que acaba de pensar: su hijo descansa inmóvil...

(135) El tiempo ha pasado; son las doce y media. El padre sale de su taller, y al apoyar la mano en el banco de mecánica sube del fondo de su memoria el estallido[22] de una bala de parabellum, e instantánea-

(140) mente, por primera vez en las tres horas transcurridas, piensa que tras el estampido de la Saint-Etienne no ha oído nada más. No ha oído rodar el pedregullo bajo un paso conocido. Su hijo no ha vuelto, y

(145) la naturaleza se halla detenida a la vera[23] del bosque, esperándolo...

¡Oh! No son suficientes un carácter templado y una ciega confianza en la educación de un hijo para ahuyentar el

(150) espectro[24] de la fatalidad que un padre de vista enferma ve alzarse desde la línea del monte. Distracción, olvido, demora fortuita: ninguno de estos nimios motivos que pueden retardar la llegada de su hijo, ha-

(155) llan cabida en aquel corazón.

Un tiro, un solo tiro ha sonado, y hace ya mucho. Tras él el padre no ha oído un ruido, no ha visto un pájaro, no ha cruzado el abra una sola persona a

(160) anunciarle que al cruzar un alambrado,[25] una gran desgracia...

La cabeza al aire y sin machete, el padre va. Corta el abra de espartillo, entra en el monte, costea la línea de cactus sin

(165) hallar el menor rastro[26] de su hijo.

Pero la naturaleza prosigue detenida. Y cuando el padre ha recorrido las sendas de caza conocidas y ha explorado el bañado[27] en vano, adquiere la seguridad de que cada

(170) paso que da en adelante lo lleva, fatal e inexorablemente, al cadáver de su hijo.

Ni un reproche que hacerse, el lamentable.[28] Sólo la realidad fría, terrible y consumada: Ha muerto su hijo al

(175) cruzar un...

¡Pero dónde, en qué parte! ¡Hay tantos alambrados allí, y es tan, tan sucio el monte!... ¡Oh, muy sucio!... Por poco que no se tenga cuidado al cruzar los hilos

(180) con la escopeta en la mano...

El padre sofoca[29] un grito. Ha visto levantarse en el aire... ¡Oh, no es su hijo, no!... Y vuelve a otro lado, y a otro y a otro...

(185) Nada se ganaría con ver el color de su tez y la angustia de sus ojos. Ese hombre aún no ha llamado a su hijo. Aunque su corazón clama por él a gritos, su boca continúa muda. Sabe bien que el solo acto

(190) de pronunciar su nombre, de llamarlo en voz alta, será la confesión de su muerte...

—¡Chiquito! —se le escapa de pronto. Y si la voz de un hombre de carácter es capaz de llorar, tapémonos de misericor-

(195) dia[30] los oídos ante la angustia que clama[31] en aquella voz.

Nadie ni nada ha respondido. Por las picadas rojas de sol, envejecido en diez años, va el padre buscando a su hijo que

(200) acaba de morir.

---

22 estallido: explosión
23 vera: al lado
24 espectro: imagen, fantasma
25 alambrado: cerca de alambres o hilos metálicos
26 rastro: señal o huella

27 bañado: terreno húmedo lleno de lodo
28 lamentable: que causa profunda tristeza y horror
29 sofoca: ahoga, reprime
30 misericordia: compasión, lástima
31 clama: se lamenta, gime

—¡Hijito mío!... ¡Chiquito mío!...

—clama en un diminutivo que se alza del fondo de sus entrañas.[32]

(205) Ya antes, en plena dicha y paz, ese padre ha sufrido la alucinación de su hijo rodando con la frente abierta por una bala al cromo níquel. Ahora, en cada rincón sombrío del bosque ve centelleos de alambre: y al pie de un poste, con la escopeta (210) descargada[33] al lado, va a su...

—¡Chiquito!... ¡Mi hijo!...

Las fuerzas que permiten entregar un pobre padre alucinado a la más atroz pesadilla[34] tienen también un límite. Y el (215) nuestro siente que las suyas se le escapan, cuando ve bruscamente desembocar de un pique lateral a su hijo.

A un chico de trece años bástale ver desde cincuenta metros la expresión de su (220) padre sin machete dentro del monte, para apresurar el paso con los ojos húmedos.

—Chiquito... —murmura el hombre. Y, exhausto, se deja caer sentado en la arena albeante,[35] rodeando con los brazos las (225) piernas de su hijo.

La criatura, así ceñida, queda de pie; y como comprende el dolor de su padre, le acaricia despacio la cabeza:

—Pobre papá...

(230) En fin, el tiempo ha pasado. Ya van a ser las tres. Juntos, ahora, padre e hijo emprenden[36] el regreso a casa.

—¿Cómo no te fijaste[37] en el sol para saber la hora?... —murmura aún (235) el primero.

—Me fijé papá... Pero cuando iba a volver vi las garzas[38] de Juan y las seguí...

—¡Lo que me has hecho pasar, chiquito!...

(240) —Piapiá... —murmura también el chico.

Después un largo silencio:

—Y las garzas, ¿las mataste? —pregunta el padre.

(245) —No...

Nimio detalle, después de todo. Bajo el cielo y el aire candentes,[39] a la descubierta por el abra de espartillo, el hombre vuelve a casa con su hijo, sobre cuyos (250) hombros casi del alto de los suyos, lleva pasado su feliz brazo de padre. Regresa empapado de sudor, y aunque quebrantado[40] de cuerpo y alma, sonríe de felicidad...

(255) Sonríe de alucinada felicidad... Pues ese padre va solo. A nadie ha encontrado, y su brazo se apoya en el vacío. Porque tras él, al pie de un poste y con las piernas en alto, enredadas[41] en el alambre de (260) púa, su hijo bien amado yace al sol, muerto desde las diez de la mañana.

From «El hijo» from *Cuentos: Tomo I* by Horacio Quiroga. Copyright 1937 by Horacio Quiroga. Reprinted by permission of the **Asociación General de Autores de Uruguay**.

---

32 sus entrañas: lo más íntimo de su ser
33 descargada: que ha sido disparada
34 pesadilla: sueño angustioso
35 albeante: blanca
36 emprenden: toman el camino, empiezan

---

37 te fijaste: te diste cuenta
38 garzas: aves de pico y extremidades largas y cuello alargado y flexible
39 candentes: *fig.* ardientes, que queman
40 quebrantado: afligido, con gran dolor o pena
41 enredadas: agarradas, trabadas, prendidas

Literatura del Siglo XX

· ·

Actividades «El hijo»

Práctica de selección múltiple

1. ¿Qué tienen en común Quiroga y el protagonista de «El hijo»?

(A) El suicidio.
(B) La muerte.
(C) El amor por la naturaleza.
(D) El amor por el arte.

2. ¿Dónde está la madre del hijo al principio del cuento?

(A) En la casa.
(B) En el campo.
(C) En la ciudad.
(D) Ha muerto.

3. ¿Por qué cuando se despide de su padre, el hijo repite una y otra vez, «Sí, papá»?

(A) Sabe que su padre se preocupa por él.
(B) No quiere seguir discutiendo.
(C) Está contento y no le importa nada.
(D) No conoce los peligros del monte.

4. ¿Cuál de las siguientes citas muestra las influencias del misterio y las alucinaciones al estilo de Poe?

(A) «... el hombre se abstrae de nuevo en su tarea».
(B) «Lo ha visto [a su hijo] una vez rodar envuelto en sangre... siendo así que lo que hacía era limar la hebilla...».
(C) «Para cazar en el monte —caza de pelo— se requiere más paciencia de la que su cachorro puede rendir».
(D) «En un poderoso día de verano en Misiones con todo el sol, el calor...».

5. ¿Cómo es que el padre se siente prisionero de sus propias circunstancias?

(A) Le dicen que su hijo va a morir joven.
(B) La muerte es inevitable.
(C) El padre se quiere suicidar.
(D) El padre teme perder a su hijo.

6. ¿Cuál de las siguientes citas es un ejemplo de la influencia del estilo de Maupassant con respecto al suspenso?

(A) «—Vuelve a la hora de almorzar—, observa aún el padre».
(B) «En ese instante, no muy lejos, suena un estampido».
(C) «Equilibra la escopeta en la mano, sonríe a su padre ... y parte».
(D) «No necesita el padre levantar los ojos de su quehacer para seguir con la mente la marcha de su hijo».

7. ¿Cuál es una indicación lógica que al hijo le pudo haber pasado algo malo?

(A) Un vecino le vino a avisar al padre.
(B) El cartero se veía nervioso.
(C) Sólo se había escuchado un tiro.
(D) Se habían oído muchos tiros.

8. ¿Cómo se presenta la naturaleza en «El hijo»?

(A) Como un reflejo de la libertad del hombre.
(B) Inesperadamente suave e idealizada.
(C) Personificada como algo devorador.
(D) Es un elemento de poca importancia.

9. ¿Cuál de las siguientes citas muestra la influencia de Chéjov en cuanto al tono amargo?

(A) «¿Cómo no te fijaste en el sol para saber la hora?».
(B) «Ha cruzado la picada roja y se encamina rectamente al monte...».
(C) «Sonríe de alucinada felicidad... Pues ese padre va solo».
(D) «... su hijo bienamado yace al sol muerto desde las diez de la mañana».

10. ¿Cuál de las siguientes frases concuerda con la tesis naturalista de «El hijo»?

(A) En la vida se sufre desesperadamente.
(B) El dolor purifica.
(C) No vale la pena tener hijos.
(D) La vida no vale nada.

Literatura del Siglo XX

Actividades «El hijo»

Comprensión del texto

1. ¿En qué idea se apoya el padre al principio para aliviar su miedo?

2. ¿Qué edad tiene el hijo? ¿Cómo se ve con respecto a su edad?

3. ¿Qué va a cazar el hijo?

4. ¿Qué interrumpe la tranquilidad del padre y cómo reacciona éste?

5. ¿Qué incidentes le hacen pensar al padre que a su hijo le ha ocurrido algo grave?

6. ¿Qué proceso patológico experimenta el padre cuando «ve» a su hijo al final?

Análisis del texto

1. ¿Cómo se nota, muy al principio, que hay un elemento siniestro y que el padre teme por la vida del hijo?

2. Explica el significado de la siguiente cita: «¡Hay tantos alambrados allí, y es tan sucio el monte!... Por poco que no se tenga cuidado al cruzar los hilos con la escopeta en la mano...».

3. Antes del último párrafo de «El hijo», ¿qué detalles indican que el padre está sufriendo una alucinación?

4. ¿Cuál es la diferencia entre un presentimiento y una alucinación? Explícala y da ejemplos de «El hijo».

Más allá del texto

1. ¿Has conocido en persona, en la televisión, en el cine o en la literatura a alguna persona que haya sufrido de alucinaciones? ¿De qué se trataban?

2. Escribe un poema en el que le des voz a la angustia del padre ante la pérdida de su hijo.

Composición

Tanto Cervantes en *Don Quijote* como Quiroga en «El hijo» se refieren a personajes que sufren de alucinaciones. Citando ejemplos específicos, escribe un ensayo bien organizado en el que analices cómo las diferentes perspectivas de los autores se manifiestan en la representación de los dos protagonistas.

El autor y su obra

Juan Rulfo (1917–1986)

Juan Nepomuceno Carlos Pérez Vizcaíno nació en Sayula, estado de Jalisco, México. Era hijo de Juan Nepomuceno Pérez Rulfo y María Vizcaíno Arias. Cuando empezó a escribir adoptó el nombre de Juan Rulfo. Pasó su infancia con sus abuelos maternos en San Gabriel, durante una época de lucha revolucionaria, de la cual fueron víctimas su padre y algunos tíos suyos. Su padre murió asesinado en 1923, y su madre murió de un paro cardíaco en 1927. En ese año Rulfo fue internado en un orfanato. Era un niño tranquilo y estudioso. Era de buen carácter, suave, un poco tímido y solitario y de una sensibilidad especial. El ambiente de violencia y muerte que vivió en su niñez le afectó profundamente y se ve reflejado más tarde en su obra literaria. En 1933 Rulfo llegó a la capital, donde estudió leyes y contabilidad en San Ildelfonso. A los dos años empezó a trabajar como agente de migración. En 1948 se casó y la pareja luego tuvo cuatro hijos. En 1953 publicó la colección de cuentos *El llano en llamas,* y en 1955 la novela *Pedro Páramo.* Después escribió guiones para el cine, y trabajó con diferentes compañías e instituciones educativas.

Juan Rulfo es uno de los iniciadores de la narrativa mexicana moderna. Es un prodigioso escritor que con sólo dos libros ha ganado un lugar entre los clásicos de la literatura universal. Rulfo trae a la prosa mexicana la inquietud del hombre moderno que se siente nacido de la tierra, y que quisiera agarrarse a ella mientras todo se desmorona en lo más profundo de su ser. En su tratamiento del tiempo y de los personajes presenta una visión subjetiva y lírica de la realidad. En los cuentos de *El llano en llamas* está dibujada la vida de los campesinos del sur de Jalisco, México. Su lenguaje es simple y auténtico, su prosa revela una sorda quietud, y una precisión pesada y casi onírica. Rulfo, con mano maestra, logra detener el tiempo, borrando a la vez toda apariencia exterior de los personajes, para darnos una monótona y extensa experiencia interior en la que la tragedia es inminente, intuida y aceptada. Su tono es directo, sencillo, cortado, para hablar de la crueldad como de un sentimiento cotidiano y común, y de la muerte que le puede suceder a cualquiera, en cualquier momento. En sus cuentos, el campesino mexicano se siente sumergido en un mundo indiferente y cruel en el que la vida no tiene valor.

El cuento «No oyes ladrar los perros», que pertenece a la colección *El llano en llamas,* es una conmovedora parábola del amor paternal. Igual que el pastor que salva a la oveja descarriada llevándola en sus hombros, se ve a un viejo cargando el cuerpo herido del hijo bandolero, mientras reniega de él por la vergüenza que le ha causado. La historia se reduce a la imagen terrible de dos cuerpos entrelazados en un penoso trayecto, cada uno con su propia aflicción pero con un doloroso lazo común. Los dos hombres forman un solo cuerpo, una figura contrahecha en la que el que va arriba ve pero no puede caminar, y el que va abajo camina sin poder ver bien. El paisaje desolador y hostil divide al mundo en dos partes: la luz espectral de la luna arriba, la tierra bañada en sombras abajo. En medio de esa desolación el sacrificio del padre que lleva a cuestas a su hijo moribundo adquiere una grandeza inusitada y enternecedora. La historia alcanza una enorme concentración dramática debida a la brevedad del relato y a la forma austera de su composición.

LITERATURA DEL SIGLO XX

«No oyes ladrar los perros»
Juan Rulfo

Tú que vas allá arriba, Ignacio, dime si no oyes alguna señal de algo o si ves alguna luz en alguna parte.

Línea

—No se ve nada.

(5) —Ya debemos estar cerca.

—Sí, pero no se oye nada.

—Mira bien.

—No se ve nada.

—Pobre de ti, Ignacio.

(10) La sombra larga y negra de los hombres siguió moviéndose de arriba abajo, trepándose[1] a las piedras, disminuyendo y creciendo según avanzaba por la orilla del arroyo.[2] Era una sola sombra, tam-

(15) baleante.[3]

La luna venía saliendo de la tierra, como una llamarada redonda.

—Ya debemos estar llegando a ese pueblo, Ignacio. Tú que llevas las orejas

(20) de fuera, fíjate a ver si no oyes ladrar los perros. Acuérdate que nos dijeron que Tonaya estaba detrasito del monte. Y desde qué horas que hemos dejado el monte. Acuérdate, Ignacio.

(25) —Si, pero no veo rastro de nada.

—Me estoy cansando.

—Bájame.

El viejo se fue reculando[4] hasta encontrarse con el paredón y se recargó[5] allí,

(30) sin soltar la carga de sus hombros. Aunque se le doblaban las piernas, no quería sentarse, porque después no hubiera podido levantar el cuerpo de su hijo, al que allá atrás, horas antes, le

(35) habían ayudado a echárselo a la espalda. Y así lo había traído desde entonces.

—¿Cómo te sientes?

—Mal.

Hablaba poco. Cada vez menos. En ratos

(40) parecía dormir. En ratos parecía tener frío. Temblaba. Sabía cuándo le agarraba a su hijo el temblor por las sacudidas que le daba, y porque los pies se le encajaban[6] en los ijares[7] como espuelas. Luego las manos del

(45) hijo, que traía trabadas[8] en su pescuezo, le zarandeaban la cabeza como si fuera una sonaja.

El apretaba los dientes para no morderse la lengua y cuando acababa

(50) aquello le preguntaba:

—¿Te duele mucho?

—Algo —contestaba él.

Primero le había dicho: «Apéame aquí... Déjame aquí... Vete tú solo. Yo te

(55) alcanzaré mañana o en cuanto me reponga[9] un poco». Se lo había dicho como cincuenta veces. Ahora ni siquiera eso decía.

Allí estaba la luna. Enfrente de ellos.

(60) Una luna grande y colorada que les llenaba de luz los ojos y que estiraba y oscurecía más su sombra sobre la tierra.

—No veo ya por dónde voy —decía él. Pero nadie le contestaba.

(65) El otro iba allá arriba, todo iluminado por la luna, con su cara descolorida, sin sangre, reflejando una luz opaca. Y él acá abajo.

—¿Me oíste, Ignacio? Te digo que no veo bien.

(70) Y el otro se quedaba callado. Siguió caminando a tropezones.[10]

---

1 **trepándose:** subiéndose

2 **arroyo:** río pequeño

3 **tambaleante:** como si fuera a caerse por falta de equilibrio

4 **reculando:** devolviendo, echando hacia atrás

5 **se recargó:** se recostó, se apoyó

6 **se le encajaban:** se le metían con fuerza, se le hincaban

7 **ijares:** espacios entre las costillas y los huesos de la cadera

8 **trabadas:** enlazadas, prendidas

9 **reponga:** mejore, sienta mejor

10 **a tropezones:** con dificultad

Encogía el cuerpo y luego se enderezaba
para volver a tropezar de nuevo.

    —Este no es ningún camino. Nos
(75) dijeron que detrás del cerro[11] estaba Tonaya.
Ya hemos pasado el cerro. Y Tonaya no se
ve, ni se oye ningún ruido que nos diga que
está cerca. ¿Por qué no quieres decirme qué
ves, tú que vas allá arriba, Ignacio?
(80)   —Bájame, padre.

    —¿Te sientes mal?

    —Si.

    —Te llevaré a Tonaya a como dé
lugar.[12] Allí encontraré quien te cuide.
(85) Dicen que allí hay un doctor. Yo te llevaré
con él. Te he traído cargando[13] desde hace
horas y no te dejaré tirado aquí para que
acaben contigo quienes sean.

    Se tambaleó un poco. Dio dos o tres
(90) pasos de lado y volvió a enderezarse.

    —Te llevaré a Tonaya.

    —Bájame.

    Su voz se hizo quedita,
apenas murmurada:
(95)   —Quiero acostarme un rato.

    —Duérmete allí arriba. Al cabo te llevo
bien agarrado.[14]

    La luna iba subiendo, casi azul, sobre
un cielo claro. La cara del viejo, mojada en
(100) sudor, se llenó de luz. Escondió los ojos
para no mirar de frente, ya que no podía
agachar la cabeza agarrotada[15] entre las
manos de su hijo.

    —Todo esto que hago, no lo hago por
(105) usted. Lo hago por su difunta[16] madre.
Porque usted fue su hijo. Por eso lo hago.
Ella me reconvendría[17] si yo lo hubiera dejado tirado allí, donde lo encontré, y no lo
hubiera recogido para llevarlo a que lo
(110) curen, como estoy haciéndolo. Es ella la que
me da ánimos, no usted. Comenzando
porque a usted no le debo más que puras
dificultades, puras mortificaciones, puras
vergüenzas.

(115)   Sudaba al hablar. Pero el viento de la
noche le secaba el sudor. Y sobre el sudor
seco, volvía a sudar.

    —Me derrengaré,[18] pero llegaré con
usted a Tonaya, para que le alivien esas
(120) heridas que le han hecho. Y estoy seguro
de que, en cuanto se sienta usted bien,
volverá a sus malos pasos. Eso ya no me
importa. Con tal que se vaya lejos, donde
yo no vuelva a saber de usted. Con tal de
(125) eso... Porque para mí usted ya no es mi
hijo. He maldecido[19] la sangre que usted
tiene de mí. La parte que a mí me tocaba la
he maldecido. He dicho: «¡Que se le pudra[20]
en los riñones la sangre que yo le di!» Lo
(130) dije desde que supe que usted andaba traji-
nando por los caminos, viviendo del robo
y matando gente... Y gente buena. Y si no,
allí está mi compadre Tranquilino. El que
lo bautizó a usted. El que le dio su nombre.

---

11 cerro: zona de tierra menos alta que una montaña
12 a como dé lugar: como sea necesario
13 cargando: alzado, en brazos
14 agarrado: prendido, asido
15 agarrotada: rígida, tiesa

16 difunta: muerta
17 reconvendría: recriminaría, regañaría
18 derrengaré: lastimaré la espalda o el cuello
19 maldecido: detestado, renegado de, odiado
20 se le pudra: se le eche a perder

(135) A él también le tocó la mala suerte de encontrarse con usted. Desde entonces dije: «Ese no puede ser mi hijo».

—Mira a ver si ya ves algo. O si oyes algo. Tú que puedes hacerlo desde allá (140) arriba, porque yo me siento sordo.

—No veo nada.

—Peor para ti, Ignacio.

—Tengo sed.

—¡Aguántate![21] Ya debemos estar cer- (145) ca. Lo que pasa es que ya es muy noche y han de haber apagado la luz en el pueblo. Pero al menos debías de oír si ladran los perros. Haz de oír.

—Dame agua.

(150) —Aquí no hay agua. No hay más que piedras. Aguántate. Y aunque la hubiera, no te bajaría a tomar agua. Nadie me ayudaría a subirte otra vez y yo solo no puedo.

—Tengo mucha sed y mucho sueño.

(155) —Me acuerdo cuando naciste. Así eras entonces. Despertabas con hambre y comías para volver a dormirte. Y tu madre te daba agua, porque ya te habías acabado la leche de ella. No tenías llenadero. Y eras muy (160) rabioso.[22] Nunca pensé que con el tiempo se te fuera a subir aquella rabia a la cabeza... Pero así fue. Tu madre, que descanse en paz, quería que te criaras[23] fuerte. Creía que cuando tú crecieras irías a ser su sostén.[24]

(165) No te tuvo más que a ti. El otro hijo que iba a tener la mató. Y tú la hubieras matado otra vez si ella estuviera viva a estas alturas.[25]

Sintió que el hombre aquel que lleva- ba sobre sus hombros dejó de apretar[26] (170) las rodillas y comenzó a soltar los pies, balanceándolos de un lado para otro. Y le pareció que la cabeza, allá arriba, se sacudía como si sollozara.

Sobre su cabello sintió que caían grue- (175) sas gotas, como de lágrimas.

—¿Lloras, Ignacio? Lo hace llorar a usted el recuerdo de su madre, ¿verdad? Pero nunca hizo usted nada por ella. Nos pagó siempre mal. Parece que, en lugar (180) de cariño, le hubiéramos retacado[27] el cuerpo de maldad. ¿Y ya ve? Ahora lo han herido. ¿Qué pasó con sus amigos? Los mataron a todos. Pero ellos no tenían a nadie. Ellos bien hubieran podido decir: (185) «No tenemos a quién darle nuestra lásti- ma». ¿Pero usted, Ignacio?

Allí estaba ya el pueblo. Vio brillar los tejados bajo la luz de la luna. Tuvo la impresión de que lo aplastaba[28] el peso (190) de su hijo al sentir que las corvas[29] se le doblaban en el último esfuerzo. Al llegar al primer tejabán, se recostó sobre el pretil de la acera y soltó el cuerpo, flojo, como si lo hubieran descoyuntado.

(195) Destrabó[30] difícilmente los dedos con que su hijo había venido sosteniéndose de su cuello y, al quedar libre, oyó cómo por todas partes ladraban los perros.

—¿Y tú no los oías, Ignacio? —dijo—. (200) No me ayudaste ni siquiera con esta esperanza.

«No oyes ladrar los perros» by Juan Rulfo from *El llano en llamas*. Copyright © 1953 by Juan Rulfo and Heirs of Juan Rulfo. Reprinted by permission of **Agencia Literaria Carmen Balcells, S. A.**

---

21 Aguántate: Resiste, Espera
22 rabioso: lleno de rabia y de enojo
23 criaras: crecieras
24 sostén: apoyo
25 a estas alturas: en este momento

---

26 apretar: oprimir, hacer fuerza con
27 retacado: llenado
28 aplastaba: aplanaba, tumbaba
29 corbas: lado de atrás de las rodillas
30 Destrabó: Apartó

Literatura del Siglo XX

· ·

Actividades «No oyes ladrar los perros»

Comprensión del texto

1. ¿En «No oyes ladrar los perros», qué representa la sombra larga y tambaleante? ¿Quiénes son las dos personas? ¿Adónde van?

2. ¿Cuánto tiempo llevan andando, y por qué no quiere detenerse el padre?

3. ¿Por qué está mal Ignacio? ¿Qué le ha pasado?

4. ¿Por qué está angustiado el padre y qué quiere hacer de todas formas? ¿Por qué?

5. ¿Cómo son los recuerdos que el padre tiene del hijo? ¿Por qué deja de tutearlo?

6. ¿Cuál es la actitud del hijo ante las quejas de su padre? ¿Qué recuerdo le trae al padre cuando el hijo le pide agua?

7. ¿Qué oye el padre al soltar el cuerpo de su hijo? ¿Qué nos indica esto?

8. ¿Crees que al final Ignacio se ha desmayado o muerto? ¿Qué te hace llegar a esa conclusión?

Análisis del texto

1. El padre en «No oyes ladrar los perros» maldecía la sangre que de él había en su hijo, y al mismo tiempo se preocupaba por no dejarlo morir. Explica esta contradicción. ¿Qué sentimientos están en juego en esta situación?

2. Por todo el cuento hay dos perspectivas, la del hijo y la del padre. Explica cuál es la experiencia interior de cada uno de ellos, y qué dice esto de su psicología, o de su personalidad.

3. ¿Cómo es el tratamiento del tiempo en este cuento? ¿Es un tiempo cronológico, o circular? ¿Qué efecto tiene sobre el lector?

4. ¿«No oyes ladrar los perros» habla más de la realidad exterior o de la realidad interior de los personajes? Explica tu punto de vista dando ejemplos del cuento.

5. Describe el tratamiento de la naturaleza, y la conexión que tiene con el estado de ánimo y las experiencias de los personajes.

Más allá del texto

1. ¿Con qué personaje simpatizas más, con Ignacio o con el padre? Explica tu punto de vista.

2. Al leer «No oyes ladrar los perros», ¿qué idea te formas de la vida de los campesinos mexicanos de aquel entonces?

3. ¿Es fácil o difícil identificarse con una situación parecida a la de este cuento? ¿Has conocido a alguien semejante a uno de estos personajes? ¿Cuál crees que sea el mensaje de Rulfo?

Composición

La imagen visual del padre cargando al hijo sugiere la idea del hijo como «carga» en la vida de sus padres, y no como ayuda o sostén. El tema del viaje como metáfora de la vida es esencial en la imaginación de Rulfo, y aparece en varios de sus relatos. Escribe un ensayo bien organizado en el que expliques el desarrollo de estos dos temas y la relación del uno con el otro en «No oyes ladrar los perros».

El autor y su obra

Jorge Luis Borges (1899–1986)

Jorge Luis Borges nació en Buenos Aires, Argentina. Aunque su abuela paterna era inglesa, sus otros antepasados eran argentinos, entre ellos su abuelo el Coronel Borges, quien luchó en las guerras de la independencia en el siglo XIX. Borges aprendió a leer con su abuela, quien le inculcó la idea de que el inglés era el idioma de la cultura.

En 1914, el mismo año en que estalló la Primera Guerra Mundial, la familia Borges se mudó a Ginebra, Suiza, y allí Borges asistió al liceo hasta 1918. Conoció las obras clásicas de la literatura francesa, al igual que las de la literatura inglesa. En 1919 se trasladó a España, donde inició su carrera literaria, y donde permaneció por tres años. Sus antecedentes familiares, sus experiencias en Europa, sobre todo en España, le ayudaron a crear un nuevo enfoque en su obra literaria.

En España se unió al grupo ultraísta, que reaccionaba a la sonoridad hueca a que habían llegado algunos modernistas. Los ultraístas proponían romper con el pasado y querían hacer desaparecer los adornos superfluos y la musicalidad y sonoridad de los seguidores de Darío y reducir la poesía a su elemento fundamental, la metáfora. Al regresar a Buenos Aires en 1921, Borges trabajó en la creación y publicación de varias revistas y diarios que promovían la difusión de la literatura y se convirtió en el líder del ultraísmo en Buenos Aires. Sin embargo para 1923, ya se había alejado de este movimiento como se puede apreciar en *Fervor de Buenos Aires,* una colección de poemas que con un estilo sobrio celebra la ciudad natal de Borges. Hacia 1930 apareció la revista *Sur* y en ella Borges publicó numerosos ensayos sobre la poesía gauchesca, entre los cuales sobresale el estudio sobre el extenso poema *Martín Fierro.*

La publicación de *Ficciones* en 1944 y *El Aleph* en 1949 estableció a Borges como genio literario. Estas dos colecciones de cuentos se caracterizan por la precisión del lenguaje, los giros de argumento sorprendentes, el humor burlón y el realismo mágico, el cual impone al lector lo fantástico en un escenario de personajes realistas. En los años sesenta fue reconocido internacionalmente. Viajó a Gran Bretaña, a otros países europeos y a Estados Unidos como profesor visitante. Continuó publicando colecciones de cuentos. Recibió condecoraciones internacionales y siguió buscando su identidad en la confluencia de sus dos culturas y en su ciudadanía mundial. Murió en Ginebra en 1986.

Uno de los temas principales en la obra de Borges es lo argentino, inspirado en el heroísmo militar de sus propios antepasados y en la idealización de la pampa y los gauchos. El tema de lo argentino y otros como el tiempo, la identidad y lo fantástico, son siempre presentados de forma intelectual y filosófica. Sus colecciones de póesía incluyen *Fervor de Buenos Aires* (1923), *Cuaderno San Martín* (1929), en el cual define al poeta, y *La cifra* (1981), donde Borges parece estar arreglando cosas que lamenta haber hecho. También publicó numerosos ensayos. En *Inquisiciones* (1925) establece la función del lector, a quien hace partícipe en resolver y analizar la obra. El mundo de Borges es el mundo de las ideas. Aunque en muchos cuentos el escenario sea el campo argentino, o el mundo de los «compadritos», hombres de Buenos Aires que arreglaban sus dilemas peleando con el cuchillo, los temas siempre terminan siendo universales y metafísicos.

Literatura del Siglo XX

Actividades «El sur»

Comprensión del texto

1. ¿En «El sur», quién es Dahlmann? ¿Quién era su abuelo y cómo murió?

2. ¿Por qué ocurre el accidente? ¿Qué libro va a leer Dahlmann en ese momento? ¿Por qué tiene que ir al sanatorio?

3. ¿Por qué decide ir por fin a la estancia de su familia? ¿Cómo viaja?

4. ¿Qué ocurre que le extraña un poco? ¿Hacia dónde va cuando llega a la estación?

5. ¿Por qué decide comer en el almacén? ¿Quién comienza a molestarlo? ¿Cómo reacciona el patrón?

6. ¿Quién le ofrece una daga para que se defienda?

7. ¿Por qué se ve obligado a pelear Dahlmann?

8. ¿Cómo termina el cuento?

Análisis del texto

1. ¿Cuál es la importancia de la avenida Rivadavia y la calle Ecuador en «El sur»?

2. El narrador dice que mientras va en el tren se siente dos hombres: el que recorre la pampa y la planicie en el tren y el otro, el que todavía está en el sanatorio, sujeto a la rutina de un hospital. ¿Qué te sugiere este comentario?

3. El viejo gaucho, quien está en un rincón, está vestido de un atuendo típico de un gaucho del siglo XIX. ¿Qué podría representar esta figura en el cuento?

4. El patrón del almacén sabe el nombre del protagonista, aunque éste nunca estuvo allí. Además, se parece a un empleado del hospital. ¿Cómo se explican estas coincidencias?

5. ¿De qué manera es ambiguo el final de «El sur»?

6. En las palabras del narrador, hay dos criaturas que parecen no estar atadas al tiempo cronológico: el gato en la estación Constitución y el viejo gaucho en el almacén. En tu opinión, ¿qué papel desempeñan?

Más allá del texto

1. La repetición de *Las mil y una noches* a través de «El sur» indica que hay una relación entre lo que pasa en los dos relatos. En tu opinión, ¿cuál podría ser la conexión?

Composición

«El sur» es un cuento que nos obliga a pensar en muchos detalles para interpretarlo. Escribe un ensayo bien organizado en el que analices la estructura del cuento y los temas que encuentres. Habla también del personaje Dahlmann, un intelectual de Buenos Aires que representa al porteño por su argentinidad, su amor al país y su fascinación con la vida del campo, que no conoce bien pero que anhela.

El autor y su obra

Julio Cortázar (1914-1984)

Nació en Bruselas, Bélgica, de padres argentinos. Como la ciudad estaba ocupada por los alemanes, la familia Cortázar se instaló en Suiza, donde esperó el fin de la Primera Guerra Mundial. En 1918 viajaron a la Argentina y se instalaron en Buenos Aires. En 1936 Cortázar ingresó a la Facultad de Filosofía y Letras. Sin embargo, como la familia necesitaba dinero, abandonó sus estudios para trabajar como profesor. Luego se trasladó a Cuyo, Mendoza, donde dio clases de literatura francesa en la universidad. En 1946 al ganar Juan Domingo Perón las elecciones presidenciales, Cortázar renunció a su puesto. También en ese año publicó el cuento «Casa tomada» en la revista *Los anales de Buenos Aires,* dirigida por Jorge Luis Borges. En 1951 publicó su primer libro de cuentos *Bestiario* pero éste pasó casi inadvertido. En 1961 hizo su primera visita a Cuba, y en 1966 decidió asumir públicamente su compromiso político con la lucha de liberación latinoamericana. En 1970 viajó a Chile como invitado cuando asumió el poder Salvador Allende. Publicó en 1978 el *Libro de Manuel,* en el expresa públicamente los continuos abusos y la intensificación de las violaciones de los derechos humanos por las juntas militares que gobiernan a Argentina en ese momento. También trató hechos semejantes en otros países latinoamericanos. Murió en 1984 y fue enterrado en París. A pesar de haber vivido mucho tiempo en Europa, Cortázar muestra en su obra una gran argentinidad, tanto en el lenguaje como en el contenido.

Publicó dos novelas, *Los premios* en 1960 y *Rayuela* en 1963, y de ésta se vendieron cinco mil ejemplares en el primer año. Indudablemente es su novela más famosa. Repite técnicas que se reiteran en otras de sus obras, por ejemplo, la figura de una víctima que es la antítesis de los personajes heroicos. Sus personajes no entienden sus circunstancias y son simplemente objetos movidos por una fuerza extraña. Así también, mansamente aceptan su destino. El opresor o la fuerza enemiga nunca se conoce ni se identifica y las instituciones de la sociedad donde se mueven no hacen nada para ayudarlos. La presencia del mundo real es irónica ya que la realidad se tiñe de fantasía. Estos tres elementos—una víctima, una presencia extraña y un mundo indiferente—forman la esencia de la literatura de Cortázar y la intención del autor es principalmente mostrar al lector que también es una víctima que comparte el destino de sus personajes. Lo innovador de *Rayuela* es la estructura. La novela está dividida en capítulos que se desarrollan en París y otros que están situados en Buenos Aires. Tiene capítulos numerados que se pueden leer según las instrucciones que trae la novela, o de la manera tradicional. La participación del lector es necesaria ya que el autor espera que éste haga una lectura activa, que se envuelva en la trama y ayude a resolver las circunstancias de sus personajes. En cualquier caso, se podría describir esta novela como un rompecabezas en cuya lectura se emprende un viaje de autoconocimiento.

Cortázar es un verdadero maestro de la sorpresa y lo inaudito, y es capaz de descubrir situaciones inverosímiles en el ambiente cotidiano. Su cuento «Continuidad de los parques» pertenece a la colección *Final del juego,* publicada en 1956. Como puede observarse en «Continuidad de los parques», otro elemento característico de la obra de Cortázar es el «doble». En este cuento, el protagonista se encuentra leyendo una novela cuya trama tiene que ver con un hombre que resulta ser la víctima de un asesinato. Este hombre es el doble de nuestro protagonista y por tanto se convierte él mismo en la víctima del crimen.

«Continuidad de los parques»
Julio Cortázar

Había empezado a leer la novela unos días antes. La abandonó por negocios urgentes, volvió a abrirla cuando regresaba en tren a
Línea la finca; se dejaba interesar lentamente por
(5) la trama, por el dibujo de los personajes. Esa tarde, después de escribir una carta a su apoderado y discutir con el mayordomo una cuestión de aparcerías,[1] volvió al libro en la tranquilidad del estudio que miraba hacia el
(10) parque de los robles. Arrellanado en su sillón favorito de espaldas a la puerta que lo hubiera molestado como una irritante posibilidad de intrusiones, dejó que su mano izquierda acariciara una y otra vez el ter-
(15) ciopelo verde y se puso a leer los últimos capítulos. Su memoria retenía sin esfuerzo los nombres y las imágenes de los protagonistas; la ilusión novelesca lo ganó casi enseguida. Gozaba del placer casi perverso
(20) de irse desgajando línea a línea de lo que lo rodeaba, y sentir a la vez que su cabeza descansaba cómodamente en el terciopelo del alto respaldo, que los cigarrillos seguían al alcance de la mano, que más allá de los ven-
(25) tanales danzaba el aire del atardecer bajo los robles. Palabra a palabra, absorbido por la sórdida disyuntiva[2] de los héroes, dejándose ir hacia las imágenes que se concertaban y adquirían color y movimiento, fue testigo
(30) del último encuentro en la cabaña del monte. Primero entraba la mujer, recelosa; ahora llegaba el amante, lastimada la cara por el chicotazo de una rama. Admirablemente restañaba[3] ella la sangre con sus
(35) besos, pero él rechazaba las caricias, no había venido para repetir las ceremonias de una pasión secreta, protegida por un mundo de hojas secas y senderos furtivos. El puñal[4] se entibiaba contra su pecho, y deba-
(40) jo latía la libertad agazapada.[5] Un diálogo anhelante corría por las páginas como un arroyo de serpientes, y se sentía que todo estaba decidido desde siempre. Hasta esas caricias que enredaban el cuerpo del
(45) amante como queriendo retenerlo y disuadirlo, dibujaban abominablemente la figura de otro cuerpo que era necesario destruir. Nada había sido olvidado: coartadas,[6] azares, posibles errores. A partir de esa hora
(50) cada instante tenía su empleo minuciosamente atribuido. El doble repaso despiadado se interrumpía apenas para que una mano acariciara una mejilla. Empezaba a anochecer.
(55) Sin mirarse ya, atados rígidamente a la tarea que los esperaba, se separaron en la puerta de la cabaña. Ella debía seguir por la senda que iba al norte. Desde la senda opuesta él se volvió un instante para verla
(60) correr con el pelo suelto. Corrió a su vez, parapetándose[7] en los árboles y los setos, hasta distinguir en la bruma malva del crepúsculo la alameda que entraba a la casa. Los perros no debían ladrar, y no ladraron.
(65) El mayordomo no estaría a esa hora, y no estaba. Subió los tres peldaños del porche y entró. Desde la sangre galopando en sus oídos le llegaban las palabras de la mujer: primero una sala azul, después una galería,
(70) una escalera alfombrada. En lo alto, dos puertas. Nadie en la primera habitación, nadie en la segunda. La puerta del salón, y entonces el puñal en la mano, la luz de los ventanales, el alto respaldo de un sillón
(75) de terciopelo verde, la cabeza del hombre en el sillón leyendo una novela.

1 **aparcerías:** contratos por medio de los cuales se cede temporalmente el uso de ciertos bienes a otra persona a cambio de una parte en las utilidades que éstos produzcan
2 **disyuntiva:** alternativa, opción
3 **restañaba:** detenía, estancaba
4 **puñal:** cuchillo
5 **agazapada:** escondida, oculta
6 **coartadas:** disculpas, excusas
7 **parapetándose:** protegiéndose

Literatura del Siglo XX

Actividades «Continuidad de los parques»

Comprensión del texto

1. ¿En «Continuidad de los parques», cuándo había empezado el hombre del sillón a leer la novela? ¿Por qué la había abandonado?

2. ¿Qué actividades había hecho el hombre esa tarde?

3. ¿Por qué acariciaba el terciopelo verde del sillón mientras leía los últimos capítulos?

4. ¿Quién llegó primero a la cabaña del monte?

5. ¿Quién llegó después y cómo era su aspecto? ¿Qué hacía la mujer para demostrarle su amor?

6. ¿Por qué se separaron los amantes? ¿Qué rumbo llevaba cada uno?

Análisis del texto

1. ¿Por qué llama el narrador «sórdida disyuntiva» a lo que están viviendo los amantes en «Continuidad de los parques»?

2. El narrador describe el diálogo sobre lo que los amantes tienen planeado hacer, como «un arroyo de serpientes». ¿Cuál piensas que es su intención al describirlo de esta forma?

3. Explica qué indican la falta del ladrido de los perros y la ausencia del mayordomo.

4. ¿Qué piensas del hecho de que la mujer también conoce la casa?

5. Al leer las últimas palabras del cuento, se ve que la función del protagonista cambia. Explica este cambio.

6. ¿Qué propósito tiene el final de este cuento?

7. En tu opinión, quién es el asesino? ¿Por qué habrá matado al protagonista?

Más allá del texto

1. ¿Cómo habrías terminado tú «Continuidad de los parques»?

2. ¿Alguna vez te ha entusiasmado un libro o una película hasta el punto en que el límite entre lo real y lo irreal se haya vuelto borroso? Explica qué pasó.

Composición

¿Qué significa el título de «Continuidad de los parques»? ¿De qué manera se relaciona con la narración? Citando ejemplos específicos, escribe un ensayo bien organizado en el que analices la estructura del cuento.

El autor y su obra

Carlos Fuentes (n. 1928)

Aunque nació en Panamá y ha vivido en muchos países, Carlos Fuentes se considera a sí mismo totalmente mexicano no sólo porque su padre lo inscribió como tal en el registro civil de nacimiento, sino también porque siempre le inculcó un gran amor por su patria. Fuentes pasó los años 30, su niñez, en la ciudad de Washington hablando inglés y deslumbrado por las maravillas de la cultura norteamericana. Sin embargo, la nacionalización en México de las compañías petroleras en 1938, compañías que eran en su mayoría norteamericanas, fue considerada como una medida comunista y de pronto, el niño que se había sentido en Washington como en casa, se sintió ahora rechazado como extranjero.

Junto con su familia, Fuentes se trasladó a Chile, primer país latinoamericano en que vivió y donde creció su afición por escribir en español. De allí los Fuentes pasaron a Argentina y finalmente, a los diecisiete años, lo llevaron a vivir a México, lugar donde encontró las respuestas a sus inquietudes culturales y lingüísticas. Allí llegó a la conclusión de que la cultura consistía en conexiones, no en separaciones; conexiones con la cultura de la familia, pero también con las culturas del resto del mundo.

Carlos Fuentes, ávido lector y conocedor tanto de la literatura norteamericana como de la latinoamericana y la europea, se distinguió como uno de los líderes del «boom», un movimiento literario que se caracteriza por presentar una realidad latinoamericana que a veces se entremezcla con lo mágico y lo mítico. Dicho movimiento se inició en los años 60 y gracias a éste, por primera vez se dio a conocer la novela latinoamericana a nivel internacional. Con su libro de ensayos, *La nueva novela latinoamericana* (1969), Fuentes ayudó a definir esta tendencia artística integrada por escritores como Gabriel García Márquez y Mario Vargas Llosa.

La primera novela de Fuentes, *La región más transparente,* fue publicada en 1958. Desde entonces han aparecido *Aura* (1962), *La muerte de Artemio Cruz* (1962), *Cambio de piel* (1967) y *Una familia lejana* (1980), entre muchas otras. En 1985 se publicó *Gringo viejo,* novela que se convirtió en el primer *best seller* latinoamericano en Estados Unidos y fue posteriormente adaptada al cine. Fuentes ha escrito obras de teatro como «Ceremonias del alba» y varias colecciones de cuentos, entre ellas, *Los días enmascarados* (1954), libro de donde proviene el cuento «Chac Mool» que aquí se presenta.

Fuentes se ha dado a conocer fuera del mundo literario como analista de la historia y la cultura en libros como *El espejo enterrado* (1992), obra que sirvió de guía para un documental que salió en la televisión tanto en español como en inglés. El autor trae la perspectiva del «otro», el de «afuera», con respecto a Latinoamérica, México y Estados Unidos. Fuentes ha sido embajador, catedrático y escritor, y ha recibido numerosos premios literarios. Es también una figura muy mexicana, pero muy cosmopolita e internacional a la vez. En la novela *Una familia lejana,* el narrador describe a un personaje que «poseía esa característica de los latinoamericanos cultos: sentirse obligados a saberlo todo, leerlo todo, no darle al europeo cuartel ni pretexto, conocer igualmente bien lo que el europeo ignora y lo que considera propio, el Popol Vuh y Descartes». Es posible que ésta sea la mejor descripción de Carlos Fuentes.

«Chac Mool»
Carlos Fuentes

Hace poco tiempo, Filiberto murió ahogado en Acapulco. Sucedió en Semana Santa. Aunque despedido de su empleo en la Secretaría, Filiberto no pudo resistir la
(5) tentación burocrática de ir, como todos los años, a la pensión alemana, comer el *chou-crout* endulzado por el sudor de la cocina tropical, bailar el sábado de gloria en La Quebrada, y sentirse «gente conocida» en el
(10) oscuro anonimato[1] vespertino[2] de la playa de Hornos. Claro, sabíamos que en su juventud había nadado bien, pero ahora, a los cuarenta, y tan desmejorado como se le veía, ¡intentar salvar,[3] y a medianoche, un
(15) trecho tan largo! Frau Müller no permitió que se velara —cliente tan antiguo— en la pensión; por el contrario, esa noche organizó un baile en la terracita sofocada, mientras Filiberto esperaba, muy pálido en
(20) su caja, a que saliera el camión matutino[4] de la terminal, y pasó acompañado de hua-cales y fardos la primera noche de su nueva vida. Cuando llegué, temprano, a vigilar el embarque del féretro,[5] Filiberto estaba bajo
(25) un túmulo de cocos; el chofer dijo que lo acomodáramos rápidamente en el toldo y lo cubriéramos de lonas, para que no se espantaran los pasajeros, y a ver si no le habíamos echado la sal al viaje.
(30) Salimos de Acapulco, todavía en la brisa. Hasta Tierra Colorada nacieron el calor y la luz. Con el desayuno de huevos y chorizo, abrí el cartapacio de Filiberto, recogido el día anterior, junto con sus otras
(35) pertenencias, en la pensión de los Müller. Doscientos pesos. Un periódico viejo;

cachos de la lotería; el pasaje de ida —¿sólo
(40) de ida?—, y el cuaderno barato, de hojas cuadriculadas y tapas de papel mármol.

Me aventuré a leerlo, a pesar de las cur-vas, el hedor a vómito, y cierto sentimiento natural de respeto a la vida privada de mi
(45) difunto amigo. Recordaría —sí, empezaba con eso— nuestra cotidiana labor en la ofici-na; quizá, sabría por qué fue declinando,[6] olvidando sus deberes, por qué dictaba ofi-cios sin sentido, ni número, ni «sufragio
(50) efectivo.» Por qué, en fin, fue corrido,[7] olvi-dada la pensión, sin respetar los escalafones.[8]

«Hoy fui a arreglar lo de mi pensión. El licenciado, amabilísimo. Salí tan contento
(55) que decidí gastar cinco pesos en un café. Es el mismo al que íbamos de jóvenes y al que ahora nunca concurro, porque me recuer-da que a los veinte años podía darme más lujos que a los cuarenta. Entonces todos
(60) estábamos en un mismo plano, hubiéramos rechazado con energía cualquier opinión peyorativa[9] hacia los compañeros; de hecho librábamos la batalla por aquellos a quienes en la casa discutían la baja extrac-
(65) ción o falta de elegancia. Yo sabía que muchos (quizás los más humildes) llegarían muy alto, y aquí, en la escuela, se iban a for-jar las amistades duraderas en cuya compañía cursaríamos el mar bravío. No,
(70) no fue así. No hubo reglas. Muchos de los humildes quedaron allí, muchos llegaron más arriba de lo que pudimos pronosticar en aquellas fogosas, amables tertulias.[10]

---

1 **anonimato:** condición de anónimo, desconocido
2 **vespertino:** de la tarde
3 **salvar:** recorrer una distancia
4 **matutino:** de la mañana
5 **féretro:** ataúd, caja en que se mete el cadáver que se va a enterrar

(75) 6 **declinando:** desmejorando
7 **corrido:** despedido, destituido de un cargo
8 **escalafones:** categorías de antigüedad y méritos que determinan los ascensos y aumentos de suel-do en una corporación
9 **peyorativa:** despectiva, ofensiva
10 **tertulias:** reuniones donde se charla sobre varios temas

Otros, que parecíamos prometerlo todo,
quedamos a la mitad del camino, destripa-
dos en un examen extracurricular, aislados

(80) por una zanja invisible de los que triun-
faron y de los que nada alcanzaron. En fin,
hoy volví a sentarme en las sillas, moder-
nizadas —también, como barricada de una
invasión, la fuente de sodas—, y pretendí

(85) leer expedientes.[11] Vi a muchos, cambia-
dos, amnésicos, retocados de luz neón,
prósperos. Con el café que casi no
reconocía, con la ciudad misma, habían ido
cincelándose[12] a ritmo distinto del mío. No,

(90) ya no me reconocían, o no me querían
reconocer. A lo sumo —uno o dos— una
mano gorda y rápida en el hombro. *Adiós,
viejo, qué tal.* Entre ellos y yo, mediaban[13]
los dieciocho agujeros del Country Club.

(95) Me disfracé en los expedientes. Desfilaron
los años de las grandes ilusiones, de los
pronósticos felices, y, también, todas las
omisiones que impidieron su realización.
Sentí la angustia de no poder meter los

(100) dedos en el pasado y pegar los trozos de
algún rompecabezas abandonado; pero el
arcón[14] de los juguetes se va olvidando, y al
cabo, quién sabrá a dónde fueron a dar los
soldados de plomo, los cascos, las espadas

(105) de madera. Los disfraces tan queridos, no
fueron más que eso. Y, sin embargo, había
habido constancia, disciplina, apego al
deber. ¿No era suficiente, o sobraba? No
dejaba, en ocasiones, de asaltarme el

(110) recuerdo de Rilke. La gran recompensa de
la aventura de juventud debe ser la muerte;
jóvenes, debemos partir con todos nuestros
secretos. Hoy, no tendría que volver la vista
a las ciudades de sal. ¿Cinco pesos? Dos

(115) de propina».

«Pepe, aparte de su pasión por el derecho mercantil, gusta de teorizar. Me vio
salir de Catedral, y juntos nos encaminamos
a Palacio. El es descreído,[15] pero no le bas-

(120) ta: en media cuadra tuvo que fabricar una
teoría. Que si no fuera mexicano, no ado-
raría a Cristo, y —No, mira, parece
evidente. Llegan los españoles y te propo-
nen adores a un Dios, muerto hecho un

(125) coágulo, con el costado herido, clavado en
una cruz. Sacrificado. Ofrendado. ¿Qué
cosa más natural que aceptar un sentimiento tan cercano a todo tu ceremonial, a toda
tu vida...? Figúrate, en cambio, que México

(130) hubiera sido conquistado por budistas o
mahometanos. No es concebible que nuestros indios veneraran a un individuo que
murió de indigestión. Pero un Dios al que
no le basta que se sacrifiquen por él, sino

(135) que incluso va a que le arranquen el
corazón, ¡caramba, jaque mate a
Huitzilopochtli![16] El cristianismo, en su sentido cálido, sangriento, de sacrificio y
liturgia, se vuelve una prolongación natural

(140) y novedosa de la religión indígena. Los
aspectos de caridad, amor, y la otra mejilla,
en cambio, son rechazados. Y todo en
México es eso: hay que matar a los hombres para poder creer en ellos».

(145) «Pepe conocía mi afición, desde joven,
por ciertas formas del arte indígena mexicano. Yo colecciono estatuillas,[17] ídolos,
cacharros. Mis fines de semana los paso en
Tlaxcala, o en Teotihuacán. Acaso por esto

(150) le guste relacionar todas las teorías que
elabora para mi consumo con estos temas.
Por cierto que busco una réplica[18] razo-
nable del Chac Mool[19] desde hace tiempo,
y hoy Pepe me informa de un lugar en la

(155) Lagunilla donde venden uno de piedra,
y parece que barato. Voy a ir el domingo».

«Un guasón[20] pintó de rojo el agua del
garrafón en la oficina, con la consiguiente
perturbación de las labores. He debido

(160) consignarlo al director, a quien sólo le dio

---

11 **expediente:** conjunto de documentos
12 **cincelándose:** *fig.* creándose
13 **mediaban:** estaban de por medio
14 **arcón:** baúl, caja de madera, cofre
15 **descreído:** incrédulo, falto de fe

16 **Huitzilopochtli:** el dios azteca de la guerra
17 **estatuillas:** pequeñas estatuas, figuras
18 **réplica:** copia
19 **Chac Mool:** escultura de una divinidad tolteca
   o maya
20 **guasón:** bromista, payaso

mucha risa. El culpable se ha valido de esta circunstancia para hacer sarcasmos a mis costillas el día entero, todo en torno al agua. ¡Ch...!»

(165) «Hoy, domingo, aproveché para ir a la Lagunilla. Encontré el Chac Mool en la tienducha que me señaló Pepe. Es una pieza preciosa, de tamaño natural, y aunque el marchante[21] asegura su originalidad, lo
(170) dudo. La piedra es corriente, pero ello no aminora la elegancia de la postura o lo macizo del bloque. El desleal vendedor le ha embarrado[22] salsa de tomate en la barriga para convencer a los turistas de la
(175) autenticidad sangrienta de la escultura.

«El traslado a la casa me costó más que su adquisición. Pero ya está aquí, por el momento en el sótano mientras reorganizo mi cuarto de trofeos a fin de darle cabida.[23]
(180) Estas figuras necesitan sol, vertical y fogoso; ése fue su elemento y condición. Pierde mucho en la oscuridad del sótano, como simple bulto agónico, y su mueca parece reprocharme que le niegue la luz. El comer-
(185) ciante tenía un foco exactamente vertical a la escultura, que recortaba todas las aristas, y le daba una expresión más amable a mi Chac Mool. Habrá que seguir su ejemplo».

«Amanecí[24] con la tubería descompues-
(190) ta. Incauto, dejé correr el agua de la cocina, y se desbordó, corrió por el suelo y llegó hasta el sótano, sin que me percatara.[25] El Chac Mool resiste la humedad, pero mis maletas sufrieron; y todo esto, en día de labores, me
(195) ha obligado a llegar tarde a la oficina».

«Vinieron, por fin, a arreglar la tubería. Las maletas, torcidas. Y el Chac Mool, con lama en la base».

«Desperté a la una: había escuchado
(200) un quejido terrible. Pensé en ladrones. Pura imaginación».

«Los lamentos nocturnos han seguido.

No sé a qué atribuirlo, pero estoy nervioso. Para colmo de males, la tubería volvió a
(205) descomponerse, y las lluvias se han colado, inundando el sótano».

«El plomero no viene, estoy desesperado. Del Departamento del Distrito Federal, más vale no hablar. Es la primera vez que el
(210) agua de las lluvias no obedece a las coladeras y viene a dar a mi sótano. Los quejidos[26] han cesado: vaya una cosa por otra».

«Secaron el sótano, y el Chac Mool está cubierto de lama.[27] Le da un aspecto
(215) grotesco, porque toda la masa de la escultura parece padecer de una erisipela verde, salvo los ojos, que han permanecido de piedra. Voy a aprovechar el domingo para raspar el musgo. Pepe me ha recomendado
(220) cambiarme a un apartamento, y en el último piso, para evitar estas tragedias acuáticas. Pero no puedo dejar este caserón, ciertamente muy grande para mí solo, un poco lúgubre en su arquitectura
(225) porfiriana, pero que es la única herencia y recuerdo de mis padres. No sé qué me daría ver una fuente de sodas con sinfonola en el sótano y una casa de decoración en la planta baja».

(230) «Fuí a raspar[28] la lama del Chac Mool con una espátula. El musgo parecía ya parte de la piedra; fue labor de más de una hora, y sólo a las seis de la tarde pude terminar. No era posible distinguir en la penumbra, y
(235) al dar fin al trabajo, con la mano seguí los contornos de la piedra. Cada vez que raspaba el bloque parecía reblandecerse.[29] No quise creerlo: era ya casi una pasta. Este mercader de la Lagunilla me ha timado.[30]
(240) Su escultura precolombina es puro yeso, y la humedad acabará por arruinarla. Le he puesto encima unos trapos, y mañana la pasaré a la pieza de arriba, antes de que

---

21 **marchante:** persona que comercia con obras de arte
22 **embarrado:** untado, manchado
23 **cabida:** lugar, puesto
24 **amanecí:** me desperté
25 **me percatara:** me diera cuenta

26 **quejidos:** lamentos, gemidos
27 **lama:** moho, sustancia verdosa que se adhiere a los objetos debido a la humedad
28 **raspar:** quitar la capa superficial de algo con un instrumento
29 **reblandecerse:** volverse blando, suave
30 **timado:** engañado

(245) sufra un deterioro total».

«Los trapos están en el suelo. Increíble.
Volví a palpar el Chac Mool. Se ha endureci-
do, pero no vuelve a la piedra. No quiero
escribirlo: hay en el torso algo de la textura
(250) de la carne, lo aprieto como goma, siento
que algo corre por esa figura recostada...
Volví a bajar en la noche. No cabe duda: el
Chac Mool tiene vello[31] en los brazos».

«Esto nunca me había sucedido.
(255) Tergiversé[32] los asuntos en la oficina: giré
una orden de pago que no estaba autoriza-
da, y el director tuvo que llamarme la
atención. Quizás me mostré hasta descortés
con los compañeros. Tendré que ver a un
(260) médico, saber si es imaginación, o delirio, o
qué, y deshacerme[33] de ese maldito Chac
Mool».

Hasta aquí, la escritura de Filiberto era
la vieja, la que tantas veces vi en memoran-
(265) da y formas, ancha y ovalada. La entrada del
25 de agosto, parecía escrita por otra persona. A veces como niño, separando
trabajosamente cada letra; otras, nerviosa,
hasta diluirse en lo ininteligible. Hay tres
(270) días vacíos, y el relato continúa:

«Todo es tan natural; y luego, se cree en
lo real..., pero esto no lo es, más que lo creí-
do por mí. Si es real un garrafón, y más,
porque nos damos mejor cuenta de su exis-
(275) tencia, o estar, si un bromista pinta de rojo
el agua... Real bocanada de cigarro efímera,
real imagen monstruosa en un espejo de circo, reales, ¿no lo son todos los muertos,
presentes y olvidados...? Si un hombre atra-
(280) vesara el Paraíso en un sueño, y le dieran
una flor como prueba de que había estado
allí, y si al despertar encontrara esa flor en
su mano..., ¿entonces qué...? Realidad: cierto día la quebraron[34] en mil pedazos, la
(285) cabeza fue a dar allá, la cola aquí, y nosotros
no conocemos más que uno de los trozos
desprendidos[35] de su gran cuerpo. Oceáno

libre y ficticio, sólo real cuando se le apri-
siona en un caracol. Hasta hace tres días, mi
(290) realidad lo era al grado de haberse borrado
hoy: era movimiento reflejo, rutina, memoria, cartapacio. Y luego, como la tierra que
un día tiembla para que recordemos su
poder, o la muerte que llegará, recriminan-
(295) do mi olvido de toda la vida, se presenta
otra realidad que sabíamos estaba allí,
mostrenca,[36] y que debe sacudirnos para
hacerse viva y presente. Creía, nuevamente,
que era imaginación: el Chac Mool, blando
(300) y elegante, había cambiado de color en una
noche; amarillo, casi dorado, parecía indi-
carme que era un Dios, por ahora laxo, con
las rodillas menos tensas que antes, con la
sonrisa más benévola. Y ayer, por fin, un
(305) despertar sobresaltado, con esa seguridad
espantosa de que hay dos respiraciones en
la noche, de que en la oscuridad laten[37] más
pulsos que el propio. Sí, se escuchaban
pasos en la escalera. Pesadilla. Vuelta a
(310) dormir... No sé cuánto tiempo pretendí
dormir. Cuando volví a abrir los ojos, aún
no amanecía. El cuarto olía a horror, a
incienso y sangre. Con la mirada negra,
recorrí la recámara, hasta detenerme en dos
(315) orificios de luz parpadeante, en dos flámulas[38] crueles y amarillas».

«Casi sin aliento encendí la luz».

«Allí estaba Chac Mool, erguido,[39] son-
riente, ocre, con su barriga encarnada. Me
(320) paralizaban los dos ojillos, casi bizcos,
muy pegados a la nariz triangular. Los
dientes inferiores, mordiendo el labio
superior, inmóviles; sólo el brillo del casquetón[40] cuadrado sobre la cabeza
(325) anormalmente voluminosa, delataba vida.
Chac Mool avanzó hacia la cama;
entonces empezó a llover».

Recuerdo que a fines de agosto,
Filiberto fue despedido de la Secretaría, con

---

31 vello: pelo suave y corto de algunas partes del cuerpo
32 tergiversé: confundí
33 deshacerme: prescindir, desprenderme
34 quebraron: partieron, rompieron
35 desprendidos: separados, desunidos

36 mostrenca: abandonada, desconocida
37 laten: palpitan, golpe que produce el movimiento
de contracción y dilatación del corazón
38 flámulas: llamitas
39 erguido: parado, de pie
40 casquetón: gorro del Chac Mool

(330) una recriminación pública del director, y
rumores de locura y aun robo. Esto no lo
creía. Sí vi unos oficios descabellados, pre-
guntando al Oficial Mayor si el agua podía
olerse, ofreciendo sus servicios al

(335) Secretario de Recursos Hidráulicos para
hacer llover en el desierto. No supe qué
explicación darme; pensé que las lluvias
excepcionalmente fuertes, de ese verano,
lo habían enervado.[41] O que alguna depre-

(340) sión moral debía producir la vida en aquel
caserón antiguo, con la mitad de los cuartos bajo llave y empolvados, sin criados ni
vida de familia. Los apuntes siguientes son
de fines de septiembre:

(345) «Chac Mool puede ser simpático cuando quiere..., un gluglu de agua
embelesada... Sabe historias fantásticas
sobre los monzones,[42] las lluvias ecuato-
riales, el castigo de los desiertos; cada

(350) planta arranca de su paternidad mítica: el
sauce, su hija descarriada; los lotos, sus
mimados; su suegra: el cacto. Lo que no
puedo tolerar es el olor, extrahumano, que
emana de esa carne que no lo es, de las

(355) chanclas flameantes de ancianidad. Con
risa estridente, el Chac Mool revela cómo
fue descubierto por Le Plongeon,[43] y
puesto, físicamente, en contacto con hombres de otros símbolos. Su espíritu ha

(360) vivido en el cántaro y la tempestad, natural;
otra cosa es su piedra, y haberla arrancado
al escondite es artificial y cruel. Creo que
nunca lo perdonará el Chac Mool. El sabe
de la inminencia del hecho estético».

(365) «He debido proporcionarle sapolio[44]
para que se lave el estómago que el mercader le untó de *ketchup* al creerlo azteca.
No pareció gustarle mi pregunta sobre su
parentesco con Tláloc,[45] y, cuando se eno-

(370) ja, sus dientes, de por sí repulsivos, se afilan
y brillan. Los primeros días, bajó a dormir al

41 enervado: debilitado, puesto nervioso
42 monzones: vientos que soplan en las regiones
   tropicales
43 Le Plongeon: investigador de las ruinas mayas
44 sapolio: jabón usado para pulir objetos no metálicos
45 Tláloc: dios azteca de la lluvia

sótano; desde ayer, en mi cama».

«Ha empezado la temporada seca. Ayer,
desde la sala en la que duermo ahora,
(375) comencé a oír los mismos lamentos roncos
del principio, seguidos de ruidos terribles.
Subí y entreabrí la puerta de la recámara: el
Chac Mool estaba rompiendo las lámparas,
los muebles; saltó hacia la puerta con las
(380) manos arañadas,[46] y apenas pude cerrar e
irme a esconder al baño... Luego, bajó
jadeante y pidió agua; todo el día tiene corriendo las llaves, no queda un centímetro
seco en la casa. Tengo que dormir muy abri-
(385) gado, y le he pedido no empapar la sala más».

«El Chac Mool inundó hoy la sala.
Exasperado, dije que lo iba a devolver a la
Lagunilla. Tan terrible como su risilla —ho-
rrorosamente distinta a cualquier risa de
(390) hombre o animal— fue la bofetada[47] que
me dio, con ese brazo cargado de braza-
letes pesados. Debo reconocerlo: soy su
prisionero. Mi idea original era distinta: yo
dominaría al Chac Mool, como se domina a
(395) un juguete; era, acaso, una prolongación de
mi seguridad infantil; pero la niñez —
¿quién lo dijo?— es fruto comido por los
años, y yo no me he dado cuenta...Ha tomado mi ropa, y se pone las batas cuando
(400) comienza a brotarle musgo verde. El Chac
Mool está acostumbrado a que se le obe-
dezca, por siempre; yo, que nunca he
debido mandar, sólo puedo doblegarme.[48]
Mientras no llueva —¿y su poder mágico?—
(405) vivirá colérico o irritable».

«Hoy descubrí que en las noches el Chac
Mool sale de la casa. Siempre, al obscurecer,
canta una canción chirriona[49] y anciana,
más vieja que el canto mismo. Luego, cesa.
(410) Toqué varias veces a su puerta, y cuando no
me contestó, me atreví a entrar. La recámara, que no había vuelto a ver desde el día
en que intentó atacarme la estatua, está en

46 arañadas: con heridas leves, causadas con las uñas
47 bofetada: golpe dado en la cara con la palma
   de la mano
48 doblegarme: cumplir la voluntad de quien
   manda, ceder
49 chirriona: aguda

ruinas, y allí se concentra ese olor a incienso
(415) y sangre que ha permeado la casa. Pero,
detrás de la puerta, hay huesos: huesos de
perros, de ratones y gatos. Esto es lo que
roba en la noche el Chac Mool para sustentarse.[50] Esto explica los ladridos espantosos
(420) de todas las madrugadas».

«Febrero, seco. Chac Mool vigila cada
paso mío; ha hecho que telefonee a una
fonda para que me traigan diariamente
arroz con pollo. Pero lo sustraído de la ofi-
(425) cina ya se va a acabar. Sucedió lo inevitable:
desde el día primero, cortaron el agua y la
luz por falta de pago. Pero Chac ha descubierto una fuente pública a dos cuadras de
aquí; todos los días hago diez o doce viajes
(430) por agua, y él me observa desde la azotea.
Dice que si intento huir me fulminará;[51]
también es Dios del Rayo. Lo que él no
sabe es que estoy al tanto de sus correrías[52]
nocturnas… Como no hay luz, debo
(435) acostarme a las ocho. Ya debería estar acostumbrado al Chac Mool, pero hace poco,
en la obscuridad, me topé con él en la
escalera, sentí sus brazos helados, las escamas de su piel renovada, y quise gritar».

(440) «Si no llueve pronto, el Chac Mool va a
convertirse en piedra otra vez. He notado
su dificultad reciente para moverse; a veces
se reclina durante horas, paralizado, y
parece ser, de nuevo un ídolo. Pero estos
(445) reposos[53] sólo le dan nuevas fuerzas para
vejarme,[54] arañarme, como si pudiera
arrancar algún líquido de mi carne. Ya no
tienen lugar aquellos intermedios amables
en que relataba viejos cuentos; creo notar
(450) un resentimiento concentrado. Ha habido
otros indicios que me han puesto a pensar:
se está acabando mi bodega; acaricia la
seda de las batas; quiere que traiga una cria-
da a la casa; me ha hecho enseñarle a usar
(455) jabón y lociones. Creo que el Chac Mool
está cayendo en tentaciones humanas;

---

50 sustentarse: alimentarse
51 fulminará: matará
52 correrías: paseos, andanzas
53 reposos: momentos de descanso
54 vejarme: maltratarme, hacerme sufrir

---

incluso hay algo viejo en su cara que antes
parecía eterna. Aquí puede estar mi salvación: si el Chac se humaniza, posiblemente
(460) todos sus siglos de vida se acumulen en un
instante y caiga fulminado. Pero también,
aquí, puede germinar mi muerte: el Chac
no querrá que asista a su derrumbe,[55] es
posible que desee matarme».

(465) «Hoy aprovecharé[56] la excursión noc-
turna de Chac para huir. Me iré a Acapulco;
veremos qué puede hacerse para adquirir
trabajo, y esperar la muerte del Chac Mool:
sí, se avecina;[57] está canoso, abotagado.[58]
(470) Necesito asolearme, nadar, recuperar
fuerza. Me quedan cuatrocientos pesos. Iré
a la Pensión Müller, que es barata y cómoda. Que se adueñe[59] de todo el Chac Mool:
a ver cuánto dura sin mis baldes de agua».

(475) Aquí termina el diario de Filiberto. No
quise volver a pensar en su relato; dormí
hasta Cuernavaca. De ahí a México pretendí dar coherencia al escrito, relacionarlo
con exceso de trabajo, con algún motivo
(480) sicológico. Cuando a las nueve de la noche
llegamos a la terminal, aún no podía conce-
bir la locura de mi amigo. Contraté una
camioneta para llevar el féretro a casa de
Filiberto y desde allí ordenar su entierro.

(485) Antes de que pudiera introducir la llave
en la cerradura, la puerta se abrió. Apareció
un indio amarillo, en bata de casa, con
bufanda. Su aspecto no podía ser más
repulsivo; despedía un olor a loción barata;
(490) su cara, polveada, quería cubrir las arrugas;
tenía la boca embarrada de lápiz labial mal
aplicado, y el pelo daba la impresión de
estar teñido.

—Perdone…, no sabía que Filiberto
(495) hubiera…

—No importa; lo sé todo. Dígales a los
hombres que lleven el cadáver al sótano.

From «Chac Mool» by Carlos Fuentes from *Los días enmascarados.* Copyright © 1954 by Carlos Fuentes. Reprinted by
permission of **Agencia Literaria Carmen Balcells, S. A.**

---

55 derrumbe: destrucción
56 aprovecharé: sacaré provecho, ventaja
57 se avecina: se acerca
58 abotagado: hinchado
59 se adueñe: se apodere, se haga el dueño

Literatura del Siglo XX

Actividades «Chac Mool»

Práctica de selección múltiple

1. ¿Dónde murió Filiberto?

(A) En Acapulco.
(B) En la Ciudad de México.
(C) En Yucatán.
(D) En una playa desconocida.

2. ¿Cómo respondió frau Müller a la muerte de su huésped Filiberto?

(A) Mandó que lo pusieran en una caja.
(B) Llevó un grupo a La Quebrada.
(C) Organizó un baile.
(D) Lloró amargamente.

3. En la antigüedad, el Chac Mool fue un dios...

(A) maya.
(B) azteca.
(C) teotihuacano.
(D) tlaxcalo.

4. ¿Por qué tenía Filiberto figuras indígenas?

(A) Las había heredado.
(B) Eran parte de su trabajo.
(C) Se las había regalado Pepe.
(D) Eran su afición.

5. Aunque el lector no se da cuenta hasta después, ¿cuál fue la primera incursión de la fantasía en el cuento?

(A) Filiberto se despertó a medianoche cuando oyó un quejido.
(B) El Chac Mool estaba cubierto de lama o musgo.
(C) Las lluvias inundaron el sótano.
(D) La piedra del Chac Mool parecía reblandecerse.

6. Casi todas las irregularidades que partían del Chac Mool estaban relacionadas con...

(A) la depresión.
(B) el pasado indígena.
(C) el agua.
(D) la colección de estatuillas de Filiberto.

7. La vida de Filiberto antes de que el Chac Mool apareciera podría describirse como una vida de...

(A) trabajo.
(B) diversión.
(C) rutina.
(D) privilegio.

8. Es posible que casi todos los elementos fantásticos que se presentan en el cuento sean sencillamente el producto de la autosugestión de Filiberto, excepto...

(A) los cambios de actitud del Chac Mool.
(B) las escamas de la piel del Chac Mool.
(C) los quejidos en la noche.
(D) el indio amarillo.

9. ¿Cuál es la conexión entre la muerte de Filiberto y el Chac Mool?

(A) El Chac Mool es el dios de la muerte.
(B) El Chac Mool le había advertido a Filiberto que si huía, lo iba a matar.
(C) Filiberto quiere imitar al Chac Mool.
(D) No existe conexión alguna.

10. Al final del cuento...

(A) Filiberto y el Chac Mool intercambian sus puestos.
(B) la historia se repite.
(C) la realidad triunfa sobre la fantasía.
(D) Filiberto vive por medio del indio amarillo.

Literatura del Siglo XX

Actividades «Chac Mool»

Comprensión del texto

1. ¿Qué edad tenía Filiberto y cuál era su historia familiar?

2. ¿Qué le interesaba hacer a Filiberto?

3. ¿Dónde trabajaba y dónde vivía?

4. ¿Quién era Pepe? ¿Qué ideas tenía?

5. ¿Por qué despidieron a Filiberto de su trabajo?

6. Según el diario de Filiberto, ¿qué clase de transformación sufre Chac Mool a través del cuento? Da ejemplos específicos.

7. ¿Por qué decidió Filiberto irse de vacaciones?

8. ¿Cómo terminó el Chac Mool?

Análisis del texto

1. ¿Qué indicaciones se dan del triste estado de ánimo de Filiberto?

2. ¿Por medio de qué voz narrativa se dan a conocer principalmente las acciones y los pensamientos de Filiberto?

3. ¿Cómo se da cuenta el lector de que la fantasía se entremezcla con la realidad?

4. ¿Qué piensas que Pepe quería decir con las siguientes palabras: «El cristianismo, en su sentido cálido, sangriento, de sacrificio y liturgia, se vuelve una prolongación natural y novedosa de la religión indígena»?

5. Al final del cuento, ¿quién pudiera haber dicho las palabras siguientes: «Perdone… no sabía que Filiberto hubiera…»? Explica tu respuesta.

Más allá del texto

1. ¿Quién es Chac Mool en la historia mexicana? ¿Qué simbolismo tiene?

2. Busca La Quebrada en un mapa de Acapulco. ¿Por qué es tan famosa esa atracción?

3. ¿Has tenido alguna vez una experiencia en que las fronteras entre la realidad y la fantasía parecieran disolverse? Describe las circunstancias y tus reacciones al evento.

Composición

Escribe un ensayo bien organizado en el que expliques con ejemplos específicos cómo Carlos Fuentes mezcla lo mítico con la realidad en «Chac Mool». ¿Qué efecto produce esta mezcla en el lector?

El autor y su obra

Gabriel García Márquez (n. 1927)

Gabriel García Márquez nació en Aracataca, un pueblo en la costa del Caribe colombiano. Sus padres lo dejaron allí con sus abuelos maternos durante los primeros ocho años de su vida. La atención especial que García Márquez recibió de ellos, y la excelente biblioteca que tenía disponible fueron factores determinantes en su vocación de escritor. Las historias de política que le contaba su abuelo, liberal veterano de la Guerra de los Mil Días, y la forma en que su abuela hablaba de las cosas sobrenaturales como si fueran reales, inspiraron muchos de sus cuentos y novelas, e influyeron en el estilo que habría de caracterizar más tarde al escritor. García Márquez cursó la secundaria en un colegio cerca de Bogotá, y estudió Derecho en Bogotá y Cartagena, pero sus verdaderos intereses eran la literatura y el periodismo. Comenzó a escribir, y en 1949 publicó su primer cuento. Por esa época se fue a Barranquilla, donde se hizo miembro de una sociedad literaria, «El grupo de Barranquilla». Con ese grupo empezó a descubrir a los escritores que más influencia tendrían en su obra: Ernest Hemingway, James Joyce, Virginia Woolf, Franz Kafka, y sobre todo William Faulkner. Los clásicos griegos también impresionaron mucho al joven escritor. García Márquez empezó su carrera de periodista escribiendo para *El Universal* de Cartagena, *El Heraldo* de Barranquilla y *El Espectador* de Bogotá. En 1955 este diario lo mandó como corresponsal a Europa, donde vivió por tres años. En 1958 volvió a Colombia a casarse, y en 1959 trabajó como corresponsal para *La Prensa Latina* en Bogotá, La Habana y Nueva York. Durante esos años publicó tres novelas y una colección de cuentos. En 1960 se instaló con su familia en México. En 1967 publicó *Cien años de soledad,* obra traducida a muchos idiomas, y considerada como la novela más importante que se ha escrito en Latinoamérica. En 1982 García Márquez recibió el Premio Nóbel por el conjunto de su obra literaria.

Después de *Cien años de soledad,* escribió *La increíble y triste historia de la cándida Eréndira y su abuela desalmada* (1972), *El otoño del patriarca* (1975), *Crónica de una muerte anunciada* (1981), *El amor en los tiempos del cólera* (1985), *El general en su laberinto* (1989), *Doce cuentos peregrinos* (1992), *Del amor y otros demonios* (1994) y *Noticia de un secuestro* (1996). También ha publicado libros de crónicas, guiones cinematográficos, varios volúmenes de sus artículos periodísticos y otros que constituyen su autobiografía.

García Márquez es uno de los pioneros del «boom», el grupo que impulsó el desarrollo estilístico de la literatura latinoamericana del siglo XX, y cuyos rasgos más importantes son la experimentación formal, una preocupación sociopolítica y una visión de la realidad que trasciende las fronteras nacionales. El estilo de García Márquez ha sido caracterizado como realismo mágico. Es decir, sus obras transportan al lector a un mundo donde lo exótico y lo sobrenatural son parte de la realidad, donde la línea divisoria entre la vida y la muerte es inexistente, y donde el amor tiene misteriosos poderes. García Márquez usa un lenguaje evocador y preciso que convierte lo inverosímil en lo verídico y poético. Usa la hipérbole para crear un ambiente mágico, pero siempre basado en la realidad. Usa los mitos latinoamericanos como lo que son para esta cultura: una parte integral de la realidad.

Como en la literatura de Borges, el tiempo en las obras de García Márquez no es cronológico, es circular o simplemente puede paralizarse y no transcurrir. Los temas principales son la soledad, la falta de amor y de comunicación, la injusticia social, la violencia, la decadencia, la corrupción y la muerte. En muchas de sus obras se ve una profunda preocupación por los problemas políticos y sociales de su país, que adquieren dimensiones universales al ser aplicados a otras sociedades. Estos temas son presentados con un gran sentido del humor y una belleza poética que captan la atención del lector y lo introducen en la realidad del pueblo latinoamericano.

Un ejemplo del realismo mágico se encuentra en «El ahogado más hermoso del mundo», de la colección *La increíble y triste historia de la cándida Eréndira y de su abuela desalmada*. Es un relato corto y gráfico en el que García Márquez lleva al lector desde la realidad física (el cuerpo del ahogado), hasta una realidad relacionada con el poder de la imaginación a través de los sentimientos que el ahogado despierta, primero en las mujeres, para luego extenderse a toda la comunidad. La desproporción física del ahogado es la primera indicación de una desproporción con la realidad. Esto desarrolla una animosidad en las mujeres que va aumentando a lo largo de la historia, y que finalmente toma proporciones sobrenaturales. El poder de la imaginación y de las creencias religiosas es tan grande como para cambiar la vida de todo el pueblo, y darles a todos una nueva ilusión. La realidad creada por todos para Esteban (el ahogado y el nombre del santo patrón de los marineros), es el producto de la conciencia colectiva, y refleja los deseos de las mujeres del pueblo. García Márquez une los deseos de todas las mujeres para crear una identidad para Esteban, y luego hace pensar al lector en lo que representan esos deseos.

Otro cuento de la misma colección, que también se categoriza como realismo mágico, es «Un señor muy viejo con unas alas enormes». Además de reflejar algunos de los mismos temas que se observan en «El ahogado más hermoso del mundo», se nos da, por medio de acontecimientos irreales, una perspectiva de la soledad que resulta del descuido de la sociedad hacia los menos favorecidos. Los protagonistas son Pelayo y Elisenda, una pareja pobre que se encuentra obligada a cuidar a un hombre viejo, víctima de un supuesto naufragio. Puesto que el hombre tiene alas, hay gran especulación entre los habitantes del pueblo sobre el origen del viejo. Aunque no pueden comunicarse con él, Pelayo y Elisenda se aprovechan de la novedad del hombre para enriquecerse. Después de un largo tiempo con la familia, durante el cual le toca al viejo vivir en el gallinero, éste recupera la habilidad de volar y por fin los deja. Por medio de estos dos cuentos, entre otros, García Márquez revela el interior del alma de estas personas y el dinamismo de la colectividad. En un plano más profundo describe la idiosincrasia del pueblo latinoamericano, y en general del ser humano.

El cuento «Un día de éstos», presentado aquí, fue publicado en 1962 en la colección *Los funerales de la Mamá Grande*. Esta colección es representativa de otro estilo narrativo que marca la etapa temprana de la obra de García Márquez, en la cual predominan temas políticos y un estilo realista. «Un día de estos» refleja las luchas entre liberales y conservadores en los años 40 y 50. Es un relato breve, considerado como uno de los cuentos más ingeniosos de la literatura por la perfección con que comunica el ambiente y la tensión política en tan corto espacio. Al mismo tiempo que refleja un humor sardónico, presenta el tema del triunfo de la integridad profesional sobre la venganza política, y muestra la frustración del individuo honrado que se ve forzado a vivir en un régimen autoritario y corrupto y el deseo de vengarse ante tal opresión.

«Un día de éstos»

Gabriel García Márquez

El lunes amaneció tibio y sin lluvia. Don Aurelio Escobar, dentista sin título y buen madrugador, abrió su gabinete[1] a las seis.

Línea

(5) Sacó de la vidriera una dentadura postiza montada aún en el molde de yeso y puso sobre la mesa un puñado de instrumentos que ordenó de mayor a menor, como en una exposición. Llevaba una camisa a rayas, sin cuello, cerrada arriba con un

(10) botón dorado, y los pantalones sostenidos con cargadores elásticos. Era rígido, enjuto,[2] con una mirada que raras veces correspondía a la situación, como la mirada de los sordos.

(15) Cuando tuvo las cosas dispuestas sobre la mesa, rodó la fresa[3] hacia el sillón de resortes y se sentó a pulir la dentadura postiza. Parecía no pensar en lo que hacía, pero trabajaba con obstinación,

(20) pedaleando en la fresa incluso cuando no se servía de ella.

Después de las ocho hizo una pausa para mirar el cielo por la ventana y vio dos gallinazos pensativos que se secaban

(25) al sol en el caballete[4] de la casa vecina. Siguió trabajando con la idea de que antes del almuerzo volvería a llover. La voz destemplada[5] de su hijo de once años lo sacó de su abstracción.

(30) —Papá.

—Qué.

—Dice el alcalde que si le sacas una muela.

—Dile que no estoy aquí.

(35) Estaba puliendo un diente de oro. Lo retiró a la distancia del brazo y lo examinó con los ojos a medio cerrar. En la salita de espera volvió a gritar su hijo.

—Dice que sí estás porque te

(40) está oyendo.

El dentista siguió examinado el diente. Sólo cuando lo puso en la mesa con los trabajos terminados, dijo:

—Mejor.

(45) Volvió a operar la fresa. De una cajita de cartón donde guardaba las cosas por hacer, sacó un puente de varias piezas y empezó a pulir[6] el oro.

—Papá.

(50) —Qué.

Aún no había cambiado de expresión.

—Dice que si no le sacas la muela te pega un tiro.[7]

Sin apresurarse, con un movimiento

(55) extremadamente tranquilo, dejó de pedalear en la fresa, la retiró del sillón y abrió por completo la gaveta[8] inferior de la mesa. Allí estaba el revólver.

—Bueno —dijo—. Dile que venga

(60) a pegármelo.

Hizo girar el sillón hasta quedar de frente a la puerta, la mano apoyada en el borde de la gaveta. El alcalde apareció en el umbral.[9] Se había afeitado la mejilla

(65) izquierda, pero en la otra, hinchada y dolorida, tenía una barba de cinco días. El dentista vio en sus ojos marchitos[10] muchas noches de desesperación. Cerró la gaveta con la punta de los dedos y dijo suavemente.

---

1 **gabinete:** consultorio, oficina
2 **enjuto:** delgado, fig. parco, moderado
3 **fresa:** instrumento que usan los dentistas
4 **caballete:** parte de una chimenea cubierta de tejas o ladrillos
5 **destemplada:** desafinada, sin armonía

6 **pulir:** suavizar
7 **pega un tiro:** dispara, da un balazo
8 **gaveta:** cajón de un escritorio
9 **umbral:** entrada
10 **marchitos:** cansados, opacos

—Siéntese.

—Buenos días —dijo el alcalde.

—Buenos —dijo el dentista.

(70)   Mientras hervían los instrumentos, el alcalde apoyó el cráneo en el cabezal de la silla y se sintió mejor. Respiraba un olor glacial. Era un gabinete pobre: una vieja silla de madera, la fresa de pedal y una

(75)   vidriera con pomos[11] de loza. Frente a la silla, una ventana con un cancel de tela hasta la altura de un hombre. Cuando sintió que el dentista se acercaba, el alcalde afirmó los talones[12] y abrió la boca.

(80)   Don Aurelio Escobar le movió la cara hacia la luz. Después de observar la muela dañada, ajustó la mandíbula con una cautelosa presión de los dedos.

—Tiene que ser sin anestesia —dijo.

(85)   —¿Por qué?

—Porque tiene un absceso.[13]

El alcalde lo miró a los ojos.

—Está bien —dijo, y trató de sonreír.

El dentista no le correspondió. Llevó a la

(90)   mesa de trabajo la cacerola con los instrumentos hervidos y los sacó del agua con unas pinzas frías, todavía sin apresurarse. Después rodó la escupidera con la punta del zapato y fue a lavarse las manos en el

(95)   aguamanil. Hizo todo sin mirar al alcalde. Pero el alcalde no lo perdió de vista.

Era una cordal inferior. El dentista abrió las piernas y apretó la muela con el gatillo caliente. El alcalde se aferró[14] a las

(100)   barras de la silla, descargó toda su fuerza en los pies y sintió un vacío helado en los riñones, pero no soltó un suspiro. El dentista sólo movió la muñeca. Sin rencor,[15] más bien con una amarga ternura, dijo:

(105)   —Aquí nos paga veinte muertos, teniente.

---

11 **pomos:** frascos pequeños
12 **talón:** parte posterior del pie
13 **absceso:** inflamación
14 **se aferró:** se agarró con fuerza
15 **rencor:** odio, resentimiento

El alcalde sintió un crujido de huesos en la mandíbula y sus ojos se llenaron de lágrimas. Pero no suspiró hasta que no

(110)   sintió salir la muela. Entonces la vio a través de las lágrimas. Le pareció tan extraña a su dolor, que no pudo entender la tortura de sus cinco noches anteriores. Inclinado sobre la escupidera, sudoroso,

(115)   jadeante,[16] se desabotonó la guerrera[17] y buscó a tientas el pañuelo en el bolsillo del pantalón. El dentista le dio un trapo limpio.

—Séquese las lágrimas —dijo.

(120)   El alcalde lo hizo. Estaba temblando. Mientras el dentista se lavaba las manos, vio el cielorraso desfondado y una telaraña polvorienta con huevos de araña e insectos muertos. El dentista regresó

(125)   secándose las manos. «Acuéstese —dijo— y haga buches[18] de agua de sal.» El alcalde se puso de pie, se despidió con un displicente[19] saludo militar, y se dirigió a la puerta estirando las piernas, sin

(130)   abotonarse la guerrera.

—Me pasa la cuenta —dijo.

—¿A usted o al municipio?

El alcalde no lo miró. Cerró la puerta, y dijo, a través de la red metálica:

(135)   —Es la misma vaina.[20]

«Un día de éstos» by Gabriel García Márquez from *Los funerales de la Mamá Grande*. Copyright © 1962 by Gabriel García Márquez. Reprinted by permission of **Agencia Literaria Carmen Balcells, S. A.**

---

16 **jadeante:** fatigado, sofocado
17 **guerrera:** chaqueta del uniforme de algunos ejércitos
18 **hacer buches:** pasar una cantidad de líquido de lado a lado de la boca
19 **displicente:** indiferente, desagradable
20 **es la misma vaina:** da lo mismo, es la misma cosa

Literatura del Siglo XX

Actividades «Un día de éstos»

Comprensión del texto

1. En «Un día de éstos», ¿quién era don Aurelio Escobar? ¿Qué hacía, y cómo era?

2. ¿Quién llegó al gabinete? ¿Qué quería, y cómo reaccionó don Aurelio?

3. ¿Qué tenía don Aurelio en la gaveta, y qué pensaba hacer?

4. ¿Cómo era el aspecto del cliente, y qué hizo don Aurelio al verlo?

5. ¿Qué condición le puso el dentista al alcalde para sacarle la muela y por qué? ¿Cómo respondió éste?

6. ¿Qué debía pagar el alcalde con su sufrimiento?

Análisis del texto

1. En «Un día de éstos», ¿por qué daba lo mismo que la cuenta le llegara al alcalde o al municipio?

2. Busca tres o más momentos de tensión en el cuento y explica qué tipo de tensión representa cada uno.

3. Según las descripciones del dentista y del alcalde identifica algunos rasgos de la personalidad de cada uno de ellos. ¿Con cuál de los dos hombres crees que simpatiza el narrador? ¿Por qué?

4. Este cuento puede interpretarse como la lucha política de un pueblo. ¿Cuál crees que es el conflicto principal?

Más allá del texto

1. Desde el punto de vista de un paciente, es posible que el lector se identifique con la situación del alcalde. Desde el punto de vista político, es posible que el lector se identifique más con el dentista. Indica si estás de acuerdo con este comentario y explica por qué.

2. Haz una investigación sobre la época de «la violencia» en Colombia, y describe cómo se refleja dicha época en «Un día de éstos».

Composición

Un tema importante en «Un día de éstos» es la lucha que hay entre los que poseen el poder y los que carecen de él. En un ensayo bien organizado, compara la lucha por el poder que se lleva a cabo en este cuento, con el mismo tema en otro cuento u obra que conozcas.

El autor y su obra

Pablo Neruda (1904–1973)

Neftalí Ricardo Reyes nació en Parral, Chile, de una familia humilde. Su padre era empleado del ferrocarril y su madre murió cuando Reyes era recién nacido. Tenía catorce años cuando comenzó a escribir para el diario *La mañana*. Comenzó sus estudios en 1920 en el Instituto Pedagógico de la Universidad de Chile en Santiago. En 1921 adoptó su nombre literario, Pablo Neruda, y publicó su primer libro de versos, *La canción de la fiesta*. Publicó la colección de poesía *Crepusculario* en 1923. Como otros grandes de la literatura latinoamericana, fue cónsul de su país en distintos lugares como Buenos Aires, Madrid, México y el Lejano Oriente, de 1927 a 1945. En España conoció a los integrantes de la Generación de 1927, un grupo poético que se enfocaba más en el lenguaje que en el mensaje de la poesía. Allí hizo amistad con poetas liberales como Federico García Lorca, Rafael Alberti, Luis Cernuda y Vicente Aleixandre. Estas figuras literarias influyeron no sólo en su adaptación de ciertas técnicas estilísticas, sino también en sus ideas políticas. En 1945 fue senador en Chile, pero por su ideología y actividades comunistas fue retirado del cargo.

Sus experiencias personales y su desarrollo político se reflejan en los temas y los estilos de sus obras. En la primera etapa de su producción literaria el estilo proviene de la influencia modernista y aunque sus versos son casi adolescentes, hay ya en ellos un toque personal y una madurez que permite vislumbrar su gran don poético, como por ejemplo en *Crepusculario*. La segunda etapa exhibe un sentido personal, sincero e íntimo, como se ve en *Veinte poemas de amor y una canción desesperada* (1924). Una tercera etapa surrealista incluye *Tentativa del hombre infinito* (1925), *Residencia en la tierra I* (1933) y *Residencia II* (1935), colecciones que ejemplifican lo hermético, lo oscuro y lo onírico, lo que está en el fondo de la conciencia. La cuarta etapa, de la cual *Residencia III* (1947) es representativa, tiene que ver con lo militante y con lo político, definitivamente dirigido a lo social y a la condición del hombre. El poeta abraza el comunismo y en esa ideología tiene la esperanza de remediar o al menos dar a conocer las causas de opresión del hombre. La quinta etapa se dirige a lo americanista con *Canto general de Chile* (1950) donde se encuentran los ecos de la España conquistadora y a veces brutal, y de los otros gobiernos extranjeros que han desempeñado un papel en la historia de Latino-américa. La última etapa está representada por *Odas elementales* (1954) y *Cien sonetos de amor* (1959) entre otros, en los que aparece el gran lírico otra vez y en donde la metáfora surge nítida e iluminada.

La obra de Neruda ha merecido numerosos premios literarios. Entre ellos se puede citar el Premio Nacional de Literatura (1945), el Premio Internacional de la Paz otorgado por la Unión Soviética (1950), el Premio Stalin (1953) y el Premio Nobel (1971). *Veinte poemas de amor y una canción desesperada* (1924) es probablemente su libro más leído en Latinoamérica. Su poesía apasionada y a veces atrevida lo hizo muy popular en los círculos intelectuales. Fue un hombre que vivió una vida intensa que está reflejada fielmente en su obra. Después de su muerte se publicaron *Jardín de invierno* (1974) y *Confieso que he vivido* (1974). Los poemas «Oda a la alcachofa» y «Walking around» pertenecen a *Odas elementales* y *Residencia II*, respectivamente.

«Oda a la alcachofa»
Pablo Neruda

La alcachofa
de tierno[1] corazón
se vistió de guerrero,
Línea erecta, construyó
(5) una pequeña cúpula,[2]
se mantuvo
impermeable[3]
bajo
sus escamas,[4]
(10) a su lado
los vegetales locos
se encresparon,[5]
se hicieron
zarcillos,[6] espadañas,[7]
(15) bulbos conmovedores,
en el subsuelo
durmió la zanahoria
de bigotes rojos,
la viña
(20) resecó los sarmientos
por donde sube el vino,

la col
se dedicó
a probarse faldas,
(25) el orégano
a perfumar el mundo,
y la dulce
alcachofa
allí en el huerto
(30) vestida de guerrero,[8]
bruñida[9]
como una granada,[10]
orgullosa,
y un día
(35) una con otra
en grandes cestos
de mimbre, caminó
por el mercado
a realizar su sueño:
(40) la milicia.[11]
En hileras[12]
nunca fue tan marcial
como en la feria,

---

1 **tierno:** blando, delicado
2 **cúpula:** *fig.* coraza, escudo de protección
3 **impermeable:** *fig.* impenetrable
4 **escamas:** *fig.* sus hojas resistentes se pueden comparar a la placa que cubre el cuerpo de algunos animales como los reptiles o los peces
5 **se encresparon:** se erizaron, se enroscaron
6 **zarcillos:** tallos frágiles de una planta, retoños
7 **espadaña:** hierba parecida a la caña que da una flor en forma de espiga.

---

8 **vestida de guerrero:** *fig.* con su capa de protección
9 **bruñida:** pulida
10 **granada:** fruto del granado con granos rojos en su interior. Bola llena de pólvora
11 **milicia:** servicio o profesión militar
12 **hileras:** filas

los hombres
(45) entre las legumbres
con sus camisas blancas
eran
mariscales[13]
de las alcachofas,
(50) las filas apretadas,[14]
las voces de comando,
y la detonación
de una caja que cae,
pero
(55) entonces
viene
María
con su cesto,[15]
escoge
(60) una alcachofa,
no le teme,
la examina, la observa
contra la luz como si fuera un huevo,

la compra,
(65) la confunde[16]
en su bolsa
con un par de zapatos,
con un repollo[17] y una
botella
(70) de vinagre
hasta
que entrando a la cocina
la sumerge en la olla.
Así termina
(75) en paz
esta carrera
del vegetal armado[18]
que se llama alcachofa,
luego
(80) escama por escama
desvestimos
la delicia
y comemos
la pacífica pasta
(85) de su corazón verde.

«Oda a la alcachofa» by Pablo Neruda from *Odas elementales*. Copyright © 1954 by Pablo Neruda and Fundación Pablo Neruda. Reprinted by permission of **Agencia Literaria Carmen Balcells, S. A.**

---

13 mariscales: jefes del más alto grado del ejército
14 apretadas: unas al lado de las otras, estrechas
15 cesto: canasto

---

16 confunde: mezcla
17 repollo: planta comestible de tallo corto y hojas voluminosas
18 vegetal armado: *fig.* como si llevara armas

«Walking around»
Pablo Neruda

Sucede que me canso de ser hombre.

Sucede que entro en las sastrerías y en
[los cines
marchito, impenetrable, como un cisne
[de fieltro[1]
Línea navegando en un agua de origen y ceniza.[2]

(5) El olor de las peluquerías me hace llorar
[a gritos.

Sólo quiero un descanso de piedras o de
[lana,[3]
sólo quiero no ver establecimientos ni
[jardines,
ni mercaderías, ni anteojos, ni ascensores.

Sucede que me canso de mis pies y de
[mis uñas
(10) y mi pelo y mi sombra.

Sucede que me canso de ser hombre.

Sin embargo sería delicioso
asustar a un notario con un lirio cortado
o dar muerte a una monja con un golpe
[de oreja.

(15) Sería bello
ir por las calles con un cuchillo verde
y dando gritos hasta morir de frío.

No quiero seguir siendo raíz en las
[tinieblas,[4]
vacilante, extendido, tiritando de sueño,
(20) hacia abajo, en las tripas mojadas de la
[tierra,
absorbiendo y pensando, comiendo cada
[día.

No quiero para mí tantas desgracias.

No quiero continuar de raíz y de tumba,
de subterráneo solo, de bodega con
[muertos

(25) ateridos, muriéndome de pena.

Por eso el día lunes arde como el
[petróleo
cuando me ve llegar con mi cara de cárcel,[5]
y aúlla en su transcurso como una rueda
[herida,[6]
y da pasos de sangre caliente[7] hacia la
[noche.

(30) Y me empuja a ciertos rincones, a ciertas
[casas húmedas,
a hospitales donde los huesos salen por
[la ventana,
a ciertas zapaterías con olor a vinagre,
a calles espantosas como grietas.

Hay pájaros de color de azufre y
[horribles intestinos
(35) colgando de las puertas de las casas que
[odio,
hay dentaduras olvidadas en una cafetera,
hay espejos
que debieran haber llorado de vergüenza
y espanto,
(40) hay paraguas en todas partes, y venenos,
[y ombligos.

Yo paseo con calma, con ojos, con
[zapatos,
con furia, con olvido,
paso, cruzo oficinas y tiendas de ortopedia,
y patios donde hay ropas colgadas de un
[alambre:
(45) calzoncillos, toallas y camisas que lloran
lentas lágrimas sucias.[8]

From «Walking Around» by Pablo Neruda from *Residencia
en la tierra*. Copyright © 1933 by Pablo Neruda and
Fundación Pablo Neruda. Reprinted by permission of
Agencia Literaria Carmen Balcells, S. A.

1 **fieltro:** especie de paja similar a la caña seca
2 **agua ... ceniza:** *fig.* agua contaminada
3 **descanso ... lana:** *fig.* estar en contacto con la
naturaleza
4 **raíz en las tinieblas:** *fig.* vivir como un vegetal,
cuya raíz crece en la oscuridad, debajo de la tierra

5 **cara de cárcel:** *fig.* con cara de quien está allí
contra su voluntad
6 **aúlla ... herida:** *fig.* el paso del tiempo se siente
como el desagradable chirrido de una rueda
descompuesta
7 **pasos de sangre caliente:** *fig.* a medida que se
acerca la noche, le va volviendo la vida
8 **lloran ... sucias:** les escurre, a gotas, agua sucia

Literatura del Siglo XX

Actividades «Oda a la alcachofa» y «Walking around»

Práctica de selección múltiple

1. En «Oda a la alcachofa», Neruda usa ciertos adjetivos para describir los vegetales — tierno, pequeña, impermeable, locos, conmovedores, entre otros. ¿Qué recurso literario constituyen estos adjetivos?

   (A) La metáfora.
   (B) El símil.
   (C) El epíteto.
   (D) La prosopopeya.

2. ¿Qué recurso literario se usa en «caminó por el mercado a realizar su sueño: la milicia»?

   (A) La aliteración.
   (B) La personificación.
   (C) El polisíndeton.
   (D) La sinécdoque.

3. ¿Qué tipo de recurso literario se ve en «la col se dedicó a probarse faldas» y «el orégano a perfumar el mundo»?

   (A) La imagen.
   (B) El símil.
   (C) La paradoja.
   (D) La ironía.

4. ¿Qué tipo de recurso literario representa «La alcachofa de tierno corazón se vistió de guerrero»?

   (A) El asíndeton.
   (B) La aliteración.
   (C) La anáfora.
   (D) La paradoja.

5. Los versos de «Oda a la alcachofa» pueden caracterizarse como versos...

   (A) libres.
   (B) blancos.
   (C) asonantados.
   (D) regulares.

6. ¿Cómo se llama la repetición de ciertas palabras que se encuentra a través de varios versos de «Walking around»?

   (A) La anáfora
   (B) El apóstrofe.
   (C) La metáfora.
   (D) El símil.

7. ¿De qué recurso literario es un ejemplo «me canso de mis pies y mis uñas y mi pelo y mi sombra»?

   (A) El símil.
   (B) La reticencia.
   (C) La antítesis.
   (D) El polisíndeton.

8. ¿Qué quiere expresar el poeta con «navegando en un agua de origen y ceniza»?

   (A) La desintegración.
   (B) La ironía.
   (C) La paradoja.
   (D) La esperanza.

9. ¿De qué recurso literario es un ejemplo «Sin embargo sería delicioso asustar... con un lirio cortado»?

   (A) La personificación.
   (B) La ironía.
   (C) La sinécdoque.
   (D) El símil.

10. ¿Cuál de los siguientes elementos se puede observar en «Walking around»?

    (A) Lo cómico.
    (B) Lo triste.
    (C) Lo difícil.
    (D) Lo amable.

11. En «Yo paseo con calma, con ojos, con zapatos, con furia, con olvido, paso, cruzo oficinas...» ¿qué frustración de la vida urbana moderna expresa el poeta?

    (A) La descortesía.
    (B) La enajenación.
    (C) La automatización.
    (D) La contaminación.

Literatura del Siglo XX

Actividades «Oda a la alcachofa» y «Walking around»

Comprensión del texto

1. Escribe una descripción detallada de la alcachofa de «Oda a la alcachofa».

2. ¿Qué hace la zanahoria? ¿Qué hace la viña? ¿A qué se dedica la col? ¿Qué hace el orégano?

3. ¿Por dónde camina la alcachofa? ¿Cuál es su sueño?

4. ¿Qué son los hombres? ¿Quién viene al mercado? ¿Qué hace? ¿Dónde pone la alcachofa?

5. ¿Cómo termina la carrera «el vegetal armado»? ¿Cómo es su corazón después?

6. ¿En «Walking around», qué le «hace llorar a gritos» al poeta? ¿Qué sería delicioso?

7. ¿Qué no quiere el poeta? ¿Cómo arde el lunes? ¿Cómo aúlla?

8. ¿Qué hay en «esos rincones»? ¿Qué hace la ropa?

Análisis del texto

1. En «Oda a la alcachofa», Neruda personifica a la alcachofa como un soldado y la compara con una granada; también usa el adjetivo «marcial» y a los hombres los llama «mariscales». ¿Por qué emplea Neruda este conjunto de imágenes?

2. Los otros vegetales, a pesar de estar personificados, cumplen las funciones que normalmente debieran cumplir, pero la alcachofa tiene un sueño que no corresponde a su función. ¿Cuál es el papel de los otros vegetales en este poema?

3. En «Walking around» se ve a un hombre que está deambulando sin rumbo y sin destino tratando de hacer que pase el terrible día lunes. Describe el estado de ánimo de este hombre.

4. El hombre parece representar la separación de la persona moderna de algo. ¿Qué crees que es lo que le falta?

5. En el desorden y la fealdad que se ven en este poema hay un elemento de desintegración. ¿Qué crees que ha ocasionado esta desintegración?

Más allá del texto

1. ¿Por qué crees que Neruda usa los vegetales en «Oda a la alcachofa» para expresar el tema del poema? Si escribieras un poema sobre el mismo tema, ¿qué tipo de imágenes usarías?

2. ¿En qué momentos te sientes como el hombre de «Walking around»?

Composición

La angustia y la enajenación del ser humano moderno es un tema que se ha discutido y debatido constantemente. Expresa tus ideas al respecto, dando tus razones y usando ejemplos del poema «Walking around». Puedes mencionar algún libro que hayas leído, como «The Outsiders» de S.E. Hinton, o una película que hayas visto, como «What's Eating Gilbert Grape?» Explica por qué los personajes se sienten tan solos o apartados y relaciónalos con el poema.

LITERATURA DEL SIGLO XX

El autor y su obra

Nicolás Guillén (1902–1989)

La obra de Nicolás Guillén es una expresión importante de la influencia africana en la cultura de Cuba. Cuando se leen sus poemas, por ejemplo «Sensemayá», en voz alta, casi se puede sentir el ritmo de los tambores. Sus trabajos posteriores ofrecen una perspectiva crítica de la situación del afrocubano. Sus técnicas sonoras y sus perspectivas tan originales al principio crearon consternación en las clases sociales más prósperas, pero los intelectuales lo aplaudieron, y Guillén ha tenido gran éxito no sólo en Cuba, sino en el mundo entero. Su poesía ha sido traducida a más de veinticinco idiomas.

Guillén nació en Cuba en 1902, el mismo año en que se estableció la república. Aunque estudió en la Universidad de La Habana, no se graduó. Se sintió más llamado a la práctica del periodismo y a la poesía, actividades que lo llevaron a muchos países de las Américas y Europa. En 1930 publicó *Motivos del son,* un libro que llamó la atención ya que la música más popular en Cuba en esa década era el son. Su siguiente libro, *Sóngoro cosongo,* se publicó al año siguiente. «Sensemayá», el poema que aquí se presenta, está incluido en *West Indies Limited* (1934) que, a pesar de su título, fue escrito en español. Guillén siguió publicando hasta los años setenta. *La Antología mayor* recoge sus trabajos publicados hasta 1964. El poeta murió en 1989.

Para apreciar más la poesía de Nicolás Guillén, hay que conocer un poco la historia de Cuba. Los primeros esclavos africanos llegaron a la isla en 1512. A partir de entonces, lo que comenzó a gotas se convirtió en un torrente a principios el siglo XVIII. La emancipación de los esclavos fue un proceso gradual que cobró vigor en 1868 cuando Carlos Manuel de Céspedes, héroe de la frustrada primera guerra de independencia, liberó a sus esclavos. En 1870 el gobierno español se vio obligado a publicar un decreto que le daba la libertad a los esclavos nacidos después de 1868, pero no fue hasta 1886 que todos los esclavos lograron su libertad. El impacto de estos acontecimientos en la obra de Guillén se hace más comprensible si se considera que él se crió en esta cultura que sólo veinte años antes se había liberado de la opresión.

Al igual que en otros países de las Américas, las personas de ascendencia africana sufrieron y siguen sufriendo humillación y discriminación, ya abiertamente, ya de forma más disimulada. Hacia los años 30, surgió en Cuba una clase intelectual progresista que por primera vez estimaba importante incluir la herencia africana en la naciente identidad nacional. Esta inclusión evolucionó a una interpretación más crítica de los problemas socioculturales experimentados por este segmento de la población. La producción literaria de Guillén refleja este desarrollo.

La poesía afrocubana debe ser vista dentro del contexto de los diferentes movimientos de vanguardia que mostraban un nuevo interés por lo exótico en general. Como la historia de los afrocubanos se ha mantenido principalmente en la tradición oral, se dificulta la traducción al español de las canciones y ritos. En algunas ocasiones, los investigadores han tenido que recurrir a las lenguas habladas por los esclavos. Guillén se sirve de varias voces africanas o pseudoafricanas para inventar palabras onomatopéyicas que puedan evocar la «africanidad». Se sabe que «sensemayá» es una palabra africana que significa «culebra» y «mayombe» es una localidad del oeste de África. En Cuba, un «mayombero» o un «santero» es uno que sigue o practica los ritos de esa región. Al leer el siguiente poema, lo más importante es recordar que tanto las palabras como el ritmo del poema reflejan la herencia africana de Cuba.

«Sensemayá»
Nicolás Guillén

Canto para matar a una culebra.

¡Mayombe –bombe –mayombé!

¡Mayombe –bombe –mayombé!

¡Mayombe –bombe –mayombé!

Línea La culebra[1] tiene los ojos de vidrio;

(5) la culebra viene y se enreda[2] en un palo;
con sus ojos de vidrio, en un palo,
con sus ojos de vidrio.

La culebra camina sin patas;
la culebra se esconde en la yerba;[3]

(10) caminando se esconde en la yerba,
caminando sin patas.

¡Mayombe –bombe –mayombé!

¡Mayombe –bombe –mayombé!

¡Mayombe –bombe –mayombé!

(15) Tú le das con el hacha[4] y se muere:
¡dale ya!
¡No le des con el pie, que te muerde,
no le des con el pie, que se va!

Sensemayá, la culebra,

(20) sensemayá.

Sensemayá, con sus ojos,
sensemayá.

Sensemayá, con su lengua,
sensemayá.

(25) Sensemayá, con su boca,
sensemayá.

La culebra muerta no puede comer,
la culebra muerta no puede silbar,[5]
no puede caminar,

(30) no puede correr.

La culebra muerta no puede mirar,
la culebra muerta no puede beber,
no puede respirar,
no puede morder.[6]

(35) ¡Mayombe –bombe –mayombé!

Sensemayá, la culebra...

¡Mayombe –bombe –mayombé!

Sensemayá, no se muere...

¡Mayombe –bombe –mayombé!

(40) *Sensemayá, la culebra...*

¡Mayombe –bombe –mayombé!

Sensemayá, se murió.

From *Sensemayá* by Nicolás Guillén. Copyright 1934 by Heirs of Nicolás Guillén. Reprinted by permission of **Agencia Literaria Latinoamericana for Heirs of Nicolás Guillén.**

1 **culebra:** especie de serpiente
2 **se enreda:** se trepa, se enrosca
3 **yerba:** hierba, pasto, zacate
4 **hacha:** herramienta que sirve para cortar

5 **silbar:** producir un sonido agudo similar al que produce el aire
6 **morder:** apretar con los dientes y clavarlos

Literatura del Siglo XX

Actividades «Sensemayá»

Comprensión del texto

1. El cuarto verso de «Sensemayá» se refiere a una culebra que tiene ojos de vidrio. ¿Qué significa esta imagen?

2. Según el poema, ¿cómo se debe matar a la culebra?

3. ¿Qué tres aspectos de la culebra le llaman la atención al narrador a partir del verso 21?

4. Empezando con el verso 27, Guillén se refiere a ocho acciones que la culebra ya no puede ejecutar. ¿Cuáles son?

5. ¿Qué le pasa a la culebra al final?

Análisis del texto

1. ¿Por qué la palabra «mayombe» se presenta también como «mayombé»?

2. ¿Por qué se repiten los patrones de ritmo en «Sensemayá»?

3. La onomatopeya es el uso de palabras que imitan sonidos reales. ¿Qué palabras en el poema pudieran ser interpretadas como onomatopeya? ¿Qué efecto tiene este uso de onomatopeya?

4. La palabra «trama» usualmente se utiliza con relación a cuentos y novelas, pero es también posible extender el uso y utilizarla con respecto a poemas. ¿Cuál es la trama de «Sensemayá»?

Más allá del texto

1. Apréndete de memoria «Sensemayá» y recítala solo, o con uno o dos compañeros, teniendo en cuenta la musicalidad del poema. Escoge alguna música para acompañar tu presentación.

2. En la introducción sobre Guillén, se han mencionado datos sobre la historia de la población de origen africano en Cuba. Investiga más detalladamente cómo ha sido la experiencia de este segmento de la población en la isla y cuál es su situación actualmente.

3. Wilfredo Lam fue uno de los grandes pintores cubanos del siglo XX. Prepara un informe, ya sea oral o escrito, sobre su producción artística. Incluye una descripción de su estilo, sus temas y también unas muestras de sus obras. ¿Qué semejanzas tiene su obra con la de Guillén?

Composición

Miguel de Unamuno le escribió una carta a Nicolás Guillén en la que le decía, «He vuelto a leer su libro... y he oído hablar de usted a García Lorca. No he de ponderarle la profunda impresión que me produjo... Me penetró como poeta y como lingüista.» Por lógica, ¿a qué elementos del tema y del estilo dirías que se refería Unamuno? Escribe un ensayo bien organizado en el que expliques tus respuestas con relación al poema «Sensemayá».

LITERATURA DEL SIGLO XX

El autor y su obra

Antonio Machado (1875–1939)

Antonio Machado y Ruiz nació en Sevilla, España. A la edad de ocho años se trasladó con su familia a Madrid, donde estudió en el Instituto Libre de Enseñanza para luego seguir su carrera de Filosofía y Letras hasta completar el doctorado. En 1907 obtuvo una cátedra de francés en el Instituto de Soria, ciudad castellana donde conoció a su futura esposa. Juntos disfrutaron de una vida feliz, pero ésta duró poco pues ella murió en 1912. Desolado por la muerte de su esposa, de la cual nunca se pudo recuperar, Machado se dedicó a su carrera tanto de poeta como de dramaturgo. Al terminar la Guerra Civil Española en 1939, Machado, junto con su familia, huyó a Francia, donde el poeta falleció poco después.

Los temas que prevalecen en sus obras muchas veces abarcan e incorporan sus recuerdos personales. La primera etapa de su poesía es de influencia modernista, aun así Machado no deja de preocuparse por completo de su amado medio ambiente, como en muchos pasajes de *Soledades* (1903) y *Soledades, Galerías y otros poemas* (1907). *Campos de Castilla* (1912) representa una etapa de plenitud en la cual el poeta parece haber eliminado lo externo, omitiendo toda palabra innecesaria o poco expresiva, lo cual resulta en una poesía meditada y muy elaborada. En la tercera etapa, representada por *Nuevas canciones* (1925), Machado vuelve a las tierras de Andalucía y Castilla, y también a sus paseos solitarios por Madrid. En sus últimos años se hace aparente su esfuerzo por explorar lo conceptual como en *Proverbios y cantares*. En su poesía hay dos temas principales: la patria y la tierra. Dentro de estos temas se encuentra Machado en el centro interpretando y a la vez transmitiendo sus temores y alegrías. Otro tema que se puede apreciar en su poesía es el de la paradoja del poeta atrapado en un tiempo que lo devora pero del que no puede escapar. Estos tres temas se ven claramente en «La primavera besaba» y «He andado muchos caminos», que pertenecen a *Soledades* y *Galerías* respectivamente.

• •

«He andado muchos caminos» y «La primavera besaba»
Antonio Machado

II de *Galerías*

He andado muchos caminos,
he abierto muchas veredas;[1]
he navegado en cien mares,
Línea y atracado[2] en cien riberas.

(5)   En todas partes he visto
caravanas de tristeza,
soberbios y melancólicos
borrachos de sombra negra,

   y pedantones[3] al paño
(10) que miran, callan, y piensan
que saben, porque no beben
el vino de las tabernas.

   Mala gente que camina
y va apestando[4] la tierra...

(15)   Y en todas partes he visto
gentes que danzan o juegan,
cuando pueden, y laboran
sus cuatro palmos de tierra.

   Nunca, si llegan a un sitio,
(20) preguntan adónde llegan.
Cuando caminan, cabalgan
a lomos de[5] mula vieja,

   y no conocen la prisa
ni aun en los días de fiesta.
(25) Donde hay vino, beben vino;
donde no hay vino, agua fresca.

   Son buenas gentes que viven,
laboran, pasan y sueñan,
y en un día como tantos,
(30) descansan bajo la tierra.

1 **veredas:** caminos estrechos formados generalmente por el paso de personas y ganado
2 **atracado:** tocado tierra
3 **pedantones:** personas engreídas que hacen
alarde de su conocimiento aunque no lo tengan
4 **apestando:** *fig.* corrompiendo, pervirtiendo
5 **a lomos de:** montados en

LXXXV de *Soledades*

La primavera besaba
suavemente la arboleda,[1]
y el verde nuevo brotaba[2]
Línea como una verde humareda.[3]

(5)   Las nubes iban pasando
sobre el campo juvenil...
Yo vi en las hojas temblando
las frescas lluvias de abril.

   Bajo ese almendro[4] florido,
(10) todo cargado de flor
—recordé—, yo he maldecido
mi juventud sin amor.

   Hoy, en mitad de la vida,
me he parado a meditar...
(15) ¡juventud nunca vivida,
quién te volviera a soñar![5]

1 **arboleda:** sitio poblado de árboles
2 **brotaba:** nacía, salía
3 **como ... humareda:** *fig.* como una nube
de humo
4 **almendro:** árbol frutal de flores blancas
5 **¡Quién te volviera a soñar!:** *expresa el deseo, ya
imposible, de volver a ser joven*

Literatura del Siglo XX

Actividades «He andado muchos caminos» y «La primavera besaba»

Comprensión del texto

1. ¿Qué se describe en los cuatro primeros versos de «He andado muchos caminos»? En la segunda y tercera estrofas, ¿cómo se refiere Machado a las personas que ha visto, y qué hacen estas personas?

2. El poeta también ha conocido a otro tipo de gente. ¿Cómo son esas personas y cómo viven?

3. En «La primavera besaba», ¿qué manifestaciones típicas de la primavera se pueden observar en el poema? Cita ejemplos específicos.

4. ¿En qué etapa de su vida se encuentra el poeta y cuál es la razón de sus meditaciones?

Análisis del texto

1. En cuanto a su contenido, «He andado muchos caminos» podría dividirse en tres partes. Explica en detalle a qué se refiere cada parte.

2. Identifica y describe la versificación y la rima de este poema.

3. ¿Mediante qué recurso literario se describe lo que ha hecho el poeta?

4. ¿Cómo es el tono del poema?

5. En «La primavera besaba», ¿qué recurso literario se utiliza en los dos primeros versos?

6. ¿Qué significado tiene la metáfora «el campo juvenil»?

7. El apóstrofe es un recurso literario mediante el cual el poeta se dirige a algo o alguien, pidiéndole ayuda o explicaciones. ¿A quién se dirige el poeta y por qué?

8. ¿Por qué crees que Machado escribió estos dos poemas en versos octosilábicos?

Más allá del texto

1. ¿Qué otros poemas conoces que traten de la naturaleza? ¿Cómo se comparan las imágenes de la naturaleza de ésos con las que aparecen en los poemas de Machado? ¿Qué relación se puede observar entre la forma en que se describe la naturaleza y los temas de los poemas?

2. Escribe dos o tres cuartetos describiendo una experiencia personal y usando el plan de rima que se encuentra en «La primavera besaba» o en «He andado muchos caminos».

Composición

El amor, la juventud perdida y el viaje como jornada de autoconocimiento, son temas frecuentes en la literatura. Analiza cómo aparecen estos temas en la obra de Machado, usando ejemplos de los poemas leídos.

LITERATURA DEL SIGLO XX

La autora y su obra

Julia de Burgos (1914–1953)

La poeta Julia de Burgos nació en Puerto Rico en 1914, la mayor de una familia de 14 hermanos. Aunque en esos tiempos las mujeres de familias de pocos recursos generalmente no recibían mucha instrucción formal, ella se graduó de maestra. El mundo intelectual y la poesía la atraían y por lo tanto, estudió varios cursos en universidades de Puerto Rico, Cuba y Estados Unidos. En los años 40, sus problemas amorosos y el desempleo la llevaron a un profundo estado depresivo que ella trató de aliviar con el alcohol, lo cual le causó cirrosis. Debido a su estado enfermizo, tuvo que ir a vivir a la casa de unos familiares. Unos años después fue hallada moribunda en una calle, y fue llevada de urgencia a un hospital donde falleció enseguida. Tenía sólo 39 años. En Puerto Rico le hicieron un entierro con honores que fue seguido por numerosos homenajes póstumos. Hoy en día es una poeta respetada tanto en el mundo de las letras como en el mundo feminista.

El proceso creativo de la poeta se puede dividir en cuatro periodos. De 1914 a 1940, cuando vivía en Puerto Rico, sus temas principales fueron la situación política de la isla y la búsqueda afanosa del amor. Su primer libro, *Poemas exactos a mí misma* (1937), fue escrito a máquina, reproducido y vendido de uno en uno por la autora misma. *Poemas en veinte surcos* (1938) y *Canción de la verdad sencilla* (1939) fueron publicados por imprentas pequeñas. La segunda etapa de su proceso creativo ocurrió de enero a junio de 1940 cuando se fue a vivir a Nueva York. En ese tiempo publicó poemas en diarios y revistas, y se presentaron sus trabajos en un recital. El tercer periodo, el de su plenitud como poeta, tuvo de marco su estancia en Cuba de 1940 a 1942. Allí terminó su libro, *El mar y tú.* El cuarto periodo fue marcado por una gran inestabilidad emocional. Trató que le publicaran *El mar y tú,* pero no tuvo ningún éxito. Ese libro no salió a la luz hasta 1954, un año después de su muerte.

El poema «A Julia de Burgos» muestra la lucha interna de la poeta, que es a la vez una representación del debate entre un mundo de valores tradicionales y un mundo de igualdad entre los hombres y las mujeres.

«A Julia de Burgos»
Julia de Burgos

Ya las gentes murmuran que yo soy tu enemiga
porque dicen que en verso doy al mundo tu yo.
Mienten, Julia de Burgos. Mienten, Julia de Burgos.
Línea La que se alza en mis versos no es tu voz: es mi voz;
(5)   porque tú eres ropaje y la esencia soy yo;
y el más profundo abismo se tiende entre las dos.
Tú eres fría muñeca de mentira social,
y yo, viril destello de la humana verdad.
Tú, miel de cortesanas hipocresías; yo no;
(10)   que en todos mis poemas desnudo el corazón.
Tú eres como tu mundo, egoísta; yo no;
que todo me lo juego a ser lo que soy yo.
Tú eres sólo la grave señora señorona;
yo no; yo soy la vida, la fuerza, la mujer.
(15)   Tú eres de tu marido, de tu amo; yo no;
yo de nadie, o de todos, porque a todos, a todos,
en mi limpio sentir y en mi pensar me doy.
Tú te rizas el pelo y te pintas; yo no;
a mí me riza el viento; a mí me pinta el sol.
(20)   Tú eres dama casera, resignada, sumisa,
atada a los prejuicios de los hombres; yo no;
que yo soy Rocinante corriendo desbocado
olfateando horizontes de justicia de Dios.
Tú en ti misma no mandas; a ti todos te mandan;
(25) en ti mandan tu esposo, tus padres, tus parientes,
el cura, la modista, el teatro, el casino,
el auto, las alhajas, el banquete, el champán,
el cielo y el infierno, y el qué dirán social.
En mí no, que en mí manda mi solo corazón,
(30) mi solo pensamiento; quien manda en mí soy yo.
Tú, flor de aristocracia; y yo la flor del pueblo.
Tú en ti lo tienes todo y a todos se lo debes,
mientras que yo, mi nada a nadie se la debo.
Tú, clavada al estático dividendo ancestral,
(35)   y yo, un uno en la cifra del divisor social,
somos el duelo a muerte que se acerca fatal.
Cuando las multitudes corran alborotadas
dejando atrás cenizas de injusticias quemadas,
y cuando con la tea de las siete virtudes,
(40)   tras los siete pecados, corran las multitudes,
contra ti, y contra todo lo injusto y lo inhumano,
yo iré en medio de ellas con la tea en la mano.

«A Julia de Burgos» from _Julia de Burgos, Amor y soledad_ by Manuel de la Puebla. Copyright © 1994
by herederos de Julia de Burgos. Reprinted by permission of **Ediciones Torremozas, L.S.**

Literatura del Siglo XX

Actividades «A Julia de Burgos»

Comprensión del texto

1. En «A Julia de Burgos», ¿por qué murmura la gente?

2. ¿A qué se refiere la poeta al decir «mienten, Julia Burgos»? ¿Por qué lo repite?

3. ¿Quién es el «tú» y cómo se describe?

4. ¿De quién es propiedad el ser de «tú»?

5. ¿Quién es el «yo» de «A Julia de Burgos» y cómo es?

6. ¿Ante quién se rinde el «yo» del poema?

7. ¿Qué significa la última estrofa del poema?

Análisis del texto

1. En «A Julia de Burgos», ¿qué relación existe entre el «tú» y el «yo»? ¿Cómo determina esta relación la estructura del poema?

2. Si bien se puede decir que la voz del «yo» desdeña al ser del «tú», ¿qué citas del texto expresan ese desdén y a qué se deberá esta actitud?

3. ¿Quién es Rocinante y en qué famosa obra española aparece? ¿Por qué crees que Burgos hace alusión a él?

Más allá del texto

1. Los poemas de Julia de Burgos muchas veces tienen que ver con las relaciones entre las mujeres y los hombres. ¿Qué otros poetas o autores del siglo XX han tratado el mismo tema? Escoge uno de esos autores y una de sus obras y compárala con una de Julia de Burgos.

2. Al igual que Julia de Burgos, todos tenemos un «yo» externo, el aspecto de nuestra personalidad que todos conocen, y un «yo» interno, ese aspecto que sólo nosotros conocemos y guardamos con recelo. Desde el punto de vista de tu «yo» externo, escríbele una carta a tu «yo» interno, o viceversa. Ten en cuenta las diferencias y similitudes entre estos dos aspectos de tu personalidad.

Composición

Escribe un ensayo bien organizado en el que compares las actitudes de Julia de Burgos en «A Julia de Burgos» con las de Rosario Castellanos en «Autorretrato». Explica en qué se parecen las dos obras y en qué se diferencian y a qué se deberán esas semejanzas y diferencias.

La autora y su obra

Isabel Allende (n. 1942)

Isabel Allende nació en Lima, Perú, pero creció en Chile cerca de sus abuelos maternos. Vivió en varios países debido al cargo que su padre desempeñaba como diplomático, pero regresó y se estableció otra vez en Chile. Se hizo periodista y escribió artículos para algunas revistas al igual que tres obras de teatro que al ser representadas tuvieron cierto éxito. Durante ese tiempo se casó y tuvo dos hijos. Al deteriorarse la situación política en Chile, y tras el golpe militar de 1973, en el cual murió el presidente Salvador Allende, primo de su padre, la escritora y su familia se trasladaron a Venezuela. En Caracas, Allende colaboró en el periódico *El Nacional*, trabajó en una escuela secundaria y en 1982 publicó su primera novela *La casa de los espíritus,* la cual tuvo un éxito rotundo. Esta novela comenzó como una carta a su abuelo que se estaba muriendo en Chile, y terminó siendo la historia de una familia y de una sociedad en evolución. En los años posteriores Allende siguió publicando novelas y cuentos, entre los cuales se destacan las novelas *De amor y de sombra* (1984) y *Eva Luna* (1987). En 1988 se casó con un norteamericano, y se fue a vivir a San Francisco, California. Siguió escribiendo, y publicó *Cuentos de Eva Luna* (1989). Desde entonces sus libros se han publicado en español y en inglés e incluyen *El plan infinito* (1993), *Paula* (1994), *Afrodita* (1997), *La hija de la fortuna* (1999), *Retrato en sepia* (2000), y *La ciudad y las bestias* (2000).

Hoy en día Isabel Allende es conocida como una novelista de la generación del posboom. Las protagonistas en sus historias son siempre mujeres de una gran fuerza interior y un espíritu de lucha comparables con los de los grandes héroes de la literatura universal. Para Allende las mujeres representan la fuerza vital y son dueñas de una poderosa energía femenina que las conecta con la madre universal. La importancia de la maternidad como el símbolo de la vida ha sido muy estudiada en sus obras.

En la obra de Allende se ven tres características principales: el realismo mágico, la historia y el feminismo. Se destacan su gran habilidad como cuentista y narradora de historias y su estilo directo, interesante y lleno de humor, el cual cautiva al lector y lo transporta a un mundo especial e imaginativo. En «Dos palabras» se demuestra claramente la importancia que tiene el conocimiento y el uso experto de las palabras. Para la protagonista, el uso del lenguaje como arte es su sustento, su salvación, y le traerá la promesa de una vida mejor, y tal vez la felicidad.

«Dos palabras»
Isabel Allende

Tenía el nombre de Belisa
Crepusculario, pero no por fe de bautismo
o acierto de su madre, sino porque ella
Línea misma lo buscó hasta encontrarlo y se vis-
(5) tió con él. Su oficio era vender palabras.
Recorría el país, desde las regiones más
altas y frías hasta las costas calientes,
instalándose en las ferias y en los merca-
dos, donde montaba cuatro palos con un
(10) toldo de lienzo, bajo el cual se protegía del
sol y de la lluvia para atender a su clientela.
No necesitaba pregonar[1] su mercadería,
porque de tanto caminar por aquí y por
allá, todos la conocían. Había quienes la
(15) aguardaban[2] de un año para el otro, y
cuando aparecía por la aldea con su atado[3]
bajo el brazo hacían cola frente a su tenderete. Vendía a precios justos. Por cinco
centavos entregaba versos de memoria,
(20) por siete mejoraba la calidad de los sueños,
por nueve escribía cartas de enamorados,
por doce inventaba insultos para enemigos
irreconciliables. También vendía cuentos,
pero no eran cuentos de fantasía, sino
(25) largas historias verdaderas que recitaba de
corrido,[4] sin saltarse nada. Así llevaba las
nuevas de un pueblo a otro. La gente le
pagaba por agregar una o dos líneas: nació
un niño, murió fulano, se casaron nuestros
(30) hijos, se quemaron las cosechas. En cada
lugar se juntaba una pequeña multitud a su
alrededor para oírla cuando comenzaba a
hablar y así se enteraban de las vidas de
otros, de los parientes lejanos, de los por-
(35) menores[5] de la Guerra Civil. A quien le

comprara cincuenta centavos, ella le rega-
(40) laba una palabra secreta para espantar[6] la
melancolía. No era la misma para todos,
por supuesto, porque eso habría sido un
engaño colectivo. Cada uno recibía la suya
con la certeza de que nadie más la emplea-
(45) ba para ese fin en el universo y más allá.

Belisa Crepusculario había nacido en
una familia tan mísera, que ni siquiera
poseía nombres para llamar a sus hijos.
Vino al mundo y creció en la región más
(50) inhóspita,[7] donde algunos años las lluvias
se convierten en avalanchas de agua que se
llevan todo, y en otros no cae ni una gota
del cielo, el sol se agranda hasta ocupar el
horizonte entero y el mundo se convierte
(55) en un desierto. Hasta que cumplió doce
años no tuvo otra ocupación ni virtud que
sobrevivir al hambre y la fatiga de siglos.
Durante una interminable sequía[8] le tocó
enterrar a cuatro hermanos menores y
(60) cuando comprendió que llegaba su turno,
decidió echar a andar por las llanuras en
dirección al mar, a ver si en el viaje lograba
burlar a la muerte. La tierra estaba erosiona-
da, partida en profundas grietas, sembrada
(65) de piedras, fósiles de árboles y de arbustos
espinados, esqueletos de animales blan-
queados por el calor. De vez en cuando
tropezaba con familias que, como ella, iban
hacia el sur siguiendo el espejismo[9] del
(70) agua. Algunos habían iniciado la marcha llevando sus pertenencias al hombro o en
carretillas,[10] pero apenas podían mover sus
propios huesos y a poco andar debían aban-

---

1 **pregonar:** difundir públicamente y en voz alta
2 **aguardaban:** esperaban
3 **atado:** paquete
4 **de corrido:** hábilmente y con rapidez
5 **pormenores:** detalles

6 **espantar:** hacer huir, ahuyentar
7 **inhóspita:** que no ofrece seguridad ni refugio
8 **sequía:** tiempo seco de larga duración
9 **espejismo:** *fig.* ilusión de la imaginación
10 **carretillas:** carrito con una rueda delante y dos
palos detrás para conducirlo

(75) donar sus cosas. Se arrastraban[11] penosa-
mente, con la piel convertida en cuero de
lagarto y los ojos quemados por la rever-
beración de la luz. Belisa los saludaba con
un gesto al pasar, pero no se detenía,
(80) porque no podía gastar sus fuerzas en ejerci-
cios de compasión. Muchos cayeron por el
camino, pero ella era tan tozuda[12] que consiguió atravesar el infierno y arribó por fin a
los primeros manantiales, finos hilos de
(85) agua, casi invisibles, que alimentaban una
vegetación raquítica, y que más adelante se
convertían en riachuelos y esteros.[13]

Belisa Crepusculario salvó la vida y
además descubrió por casualidad la escritu-
(90) ra. Al llegar a una aldea en las proximidades
de la costa, el viento colocó a sus pies una
hoja de periódico. Ella tomó aquel papel
amarillo y quebradizo y estuvo largo rato
observándolo sin adivinar su uso, hasta
(95) que la curiosidad pudo más que su
timidez. Se acercó a un hombre que lavaba
un caballo en el mismo charco[14] donde ella
saciara su sed.

—¿Qué es esto? —preguntó.
(100) —La página deportiva del periódico
—replicó el hombre sin dar muestras de
asombro ante su ignorancia.

La respuesta dejó atónita a la
muchacha, pero no quiso parecer descara-
(105) da[15] y se limitó a inquirir el significado de
las patitas de mosca dibujadas sobre el
papel.

—Son palabras, niña. Allí dice que
Fulgencio Barba noqueó al Negro Tiznao
(110) en el tercer round.

Ese día Belisa Crepusculario se enteró
que las palabras andan sueltas sin dueño y
cualquiera con un poco de maña[16] puede
apoderárselas para comerciar con ellas.

(115) Consideró su situación y concluyó que
aparte de prostituirse o emplearse como
sirvienta en las cocinas de los ricos, eran
pocas las ocupaciones que podía desempeñar. Vender palabras le pareció una
(120) alternativa decente. A partir de ese momento ejerció esa profesión y nunca le interesó
otra. Al principio ofrecía su mercancía sin
sospechar que las palabras podían también
escribirse fuera de los periódicos. Cuando
(125) lo supo calculó las infinitas proyecciones
de su negocio, con sus ahorros le pagó
veinte pesos a un cura para que le enseñara
a leer y escribir y con los tres que le
sobraron se compró un diccionario. Lo
(130) revisó desde la A hasta la Z y luego lo lanzó
al mar, porque no era su intención estafar[17]
a los clientes con palabras envasadas.[18]

Varios años después, en una mañana de
agosto, se encontraba Belisa Crepusculario
(135) en el centro de una plaza, sentada bajo su
toldo vendiendo argumentos de justicia a
un viejo que solicitaba su pensión desde
hacía diecisiete años. Era día de mercado y
había mucho bullicio[19] a su alrededor. Se
(140) escucharon de pronto galopes y gritos, ella
levantó los ojos de la escritura y vio
primero una nube de polvo y enseguida un
grupo de jinetes que irrumpió en el lugar.
Se trataba de los hombres del Coronel, que
(145) venían al mando del Mulato, un gigante
conocido en toda la zona por la rapidez de
su cuchillo y la lealtad hacia su jefe. Ambos,
el Coronel y el Mulato, habían pasado sus
vidas ocupados en la Guerra Civil y sus
(150) nombres estaban irremisiblemente[20] unidos
al estropicio[21] y la calamidad. Los guerreros
entraron al pueblo como un rebaño en
estampida, envueltos en ruido, bañados de
sudor y dejando a su paso un espanto de

---

11 **se arrastraban:** caminaban con dificultad, casi
   tocando el suelo
12 **tozuda:** obstinada, terca, testaruda
13 **esteros:** lagunas
14 **charco:** agua estancada en un hoyo o hueco en la tierra
15 **descarada:** atrevida, que actúa con insolencia
16 **maña:** astucia, habilidad

17 **estafar:** engañar
18 **palabras envasadas:** palabras que pueden
   parecer artificiales
19 **bullicio:** ruido y alboroto
20 **irremisiblemente:** sin perdón
21 **estropicio:** destrozo, estrago, destrucción

(155) huracán. Salieron volando las gallinas, dispararon a perderse los perros, corrieron las mujeres con sus hijos y no quedó en el sitio del mercado otra alma viviente que Belisa Crepusculario, quien no había visto jamás

(160) al Mulato y por lo mismo le extrañó que se dirigiera a ella.

—A ti te busco —le gritó señalándola con su látigo enrollado y antes que terminara de decirlo, dos hombres cayeron

(165) encima de la mujer atropellando el toldo[22] y rompiendo el tintero, la ataron de pies y manos y la colocaron atravesada como un bulto de marinero sobre la grupa[23] de la bestia del Mulato. Emprendieron galope en

(170) dirección a las colinas.

Horas más tarde, cuando Belisa Crepusculario estaba a punto de morir con el corazón convertido en arena por las sacudidas del caballo, sintió que se

(175) detenían y cuatro manos poderosas la depositaban en tierra. Intentó ponerse de pie y levantar la cabeza con dignidad, pero le fallaron las fuerzas y se desplomó[24] con un suspiro, hundiéndose en un sueño ofus-

(180) cado. Despertó varias horas después con el murmullo de la noche en el campo, pero no tuvo tiempo de descifrar esos sonidos, porque al abrir los ojos se encontró ante la mirada impaciente del Mulato, arrodillado

(185) a su lado.

—Por fin despiertas, mujer —dijo alcanzándole su cantimplora[25] para que bebiera un sorbo de aguardiente[26] con pólvora y acabara de recuperar la vida.

(190) Ella quiso saber la causa de tanto maltrato y él le explicó que el Coronel necesitaba sus servicios. Le permitió mojarse la cara y enseguida la llevó a un extremo del campamento, donde el hom-

(195) bre más temido del país reposaba en una hamaca colgada entre dos árboles. Ella no pudo verle el rostro, porque tenía encima la sombra incierta del follaje y la sombra imborrable de muchos años viviendo

(200) como un bandido, pero imaginó que debía ser de expresión perdularia[27] si su gigantesco ayudante se dirigía a él con tanta humildad. Le sorprendió su voz, suave y bien modulada como la de un profesor.

(205) —¿Eres la que vende palabras? —preguntó.

—Para servirle —balbuceó ella oteando[28] en la penumbra[29] para verlo mejor.

El Coronel se puso de pie y la luz de

(210) la antorcha que llevaba el Mulato le dio de frente. La mujer vio su piel oscura y sus fieros ojos de puma y supo al punto que estaba frente al hombre más solo de este mundo.

(215) —Quiero ser presidente —dijo él.

Estaba cansado de recorrer esa tierra maldita en guerras inútiles y derrotas que ningún subterfugio podía transformar en victorias. Llevaba muchos años durmiendo

(220) a la intemperie,[30] picado de mosquitos, alimentándose de iguanas y sopa de culebra, pero esos inconvenientes menores no constituían razón suficiente para cambiar su destino. Lo que en verdad le fastidiaba era

(225) el terror en los ojos ajenos.[31] Deseaba entrar a los pueblos bajo arcos de triunfo, entre banderas de colores y flores, que lo aplaudieran y le dieran de regalo huevos

---

22 toldo: pabellón o cubierta de lona que se tiende para dar sombra

23 grupa: lomo

24 se desplomó: se desmayó

25 cantimplora: frasco metálico que sirve para llevar agua u otra bebida en un viaje

26 aguardiente: bebida alcohólica bastante fuerte que se obtiene del anís, planta oriental de fruto aromático

---

27 perdularia: dícese de una persona de un vicio incorregible

28 oteando: mirando con cuidado, escudriñando

29 penumbra: sombra, lugar poco iluminado

30 a la intemperie: a cielo descubierto

31 ajenos: de los demás

frescos y pan recién horneado. Estaba har-
(230) to de comprobar cómo a su paso huían los
hombres, abortaban de susto las mujeres y
temblaban las criaturas, por eso había decidido ser presidente. El mulato le sugirió
que fueran a la capital y entraran galopan-
(235) do al Palacio para apoderarse del gobierno,
tal como tomaron tantas otras cosas sin
pedir permiso, pero al Coronel no le
interesaba convertirse en otro tirano, de
ésos ya habían tenido bastantes por allí y,
(240) además, de ese modo no obtendría el afec-
to de las gentes. Su idea consistía en ser
elegido por votación popular en los comicios[32] de diciembre.

—Para eso necesito hablar como un
(245) candidato. ¿Puedes venderme las palabras
para un discurso? —preguntó el Coronel a
Belisa Crepusculario.

Ella había aceptado muchos encargos,[33] pero ninguno como ése, sin
(250) embargo no pudo negarse, temiendo que
el Mulato le metiera un tiro entre los ojos
o, peor aún, que el Coronel se echara a llorar. Por otra parte, sintió el impulso de
ayudarlo, porque percibió un palpitante[34]
(255) calor en su piel, un deseo poderoso de
tocar a ese hombre, de recorrerlo con sus
manos, de estrecharlo entre sus brazos.

Toda la noche y buena parte del día
siguiente estuvo Belisa Crepusculario bus-
(260) cando en su repertorio[35] las palabras
apropiadas para un discurso presidencial,
vigilada de cerca por el Mulato, quien no
apartaba los ojos de sus firmes piernas de
caminante y sus senos virginales.
(265) Descartó[36] las palabras ásperas y secas, las

demasiado floridas,[37] las que estaban
desteñidas[38] por el abuso, las que ofrecían
promesas improbables, las carentes[39] de
(270) verdad y las confusas, para quedarse sólo
con aquellas capaces de tocar con certeza
el pensamiento de los hombres y la intui-
ción de las mujeres. Haciendo uso de los
conocimientos comprados al cura por
(275) veinte pesos, escribió el discurso en una
hoja de papel y luego hizo señas al Mulato
para que desatara la cuerda con la cual la
había amarrado por los tobillos a un árbol.
La condujeron nuevamente donde el
(280) Coronel y al verlo ella volvió a sentir la misma palpitante ansiedad del primer
encuentro. Le pasó el papel y aguardó,
mientras él lo miraba sujetándolo con la
punta de los dedos.

(285) —¿Qué carajo[40] dice aquí? —preguntó
por último.

—¿No sabes leer?

—Lo que yo sé hacer es la guerra
—replicó él.

(290) Ella leyó en alta voz el discurso. Lo
leyó tres veces, para que su cliente pudiera
grabárselo en la memoria. Cuando terminó
vio la emoción en los rostros de los hombres de la tropa que se juntaron para
(295) escucharla y notó que los ojos amarillos
del Coronel brillaban de entusiasmo,
seguro de que con esas palabras el sillón
presidencial sería suyo.

—Si después de oírlo tres veces los
(300) muchachos siguen con la boca abierta, es
que esta vaina[41] sirve, Coronel —aprobó
el Mulato.

---

32 comicios: votaciones, actos electorales
33 encargos: pedidos, mandados
34 palpitante: *fig.* vehemente, apasionado
35 repertorio: lista, colección
36 descartó: desechó, rechazó

---

37 floridas: afectadas, de estilo muy adornado
o retórico
38 desteñidas: que han perdido su color, su poder
39 carentes: faltas de
40 ¿Qué carajo...? expresión que denota enfado,
fastidio, sorpresa o alegría
41 vaina: tontería, necedad

—¿Cuánto te debo por tu trabajo, mujer? —preguntó el jefe.

(305)   —Un peso, Coronel.

—No es caro —dijo él abriendo la bolsa que llevaba colgada del cinturón con los restos del último botín.[42]

—Además tienes derecho a una ñapa.[43]

(310) Te corresponden dos palabras secretas —dijo Belisa Crepusculario.

—¿Cómo es eso?

Ella procedió a explicarle que por cada cincuenta centavos que pagaba un cliente,
(315) le obsequiaba una palabra de uso exclusivo. El jefe se encogió de hombros, pues no tenía ni el menor interés en la oferta, pero no quiso ser descortés con quien lo había servido tan bien. Ella se aproximó sin prisa
(320) al taburete[44] de suela donde él estaba sentado y se inclinó para entregarle su regalo. Entonces el hombre sintió el olor de animal montuno[45] que se desprendía de esa mujer, el calor de incendio que irradiaban
(325) sus caderas, el roce terrible de sus cabellos, el aliento de yerbabuena susurrando en su oreja las dos palabras secretas a las cuales tenía derecho.

—Son tuyas, Coronel —dijo ella al reti-
(330) rarse.—. Puedes emplearlas cuanto quieras.

El Mulato acompañó a Belisa hasta el borde del camino, sin dejar de mirarla con ojos suplicantes de perro perdido, pero cuando estiró la mano para tocarla, ella lo
(335) detuvo con un chorro de palabras[46] inventadas que tuvieron la virtud de espantarle el deseo, porque creyó que se trataba de alguna maldición irrevocable.

En los meses de septiembre, octubre y
(340) noviembre el Coronel pronunció su discurso tantas veces, que de no haber sido hecho con palabras refulgentes y durables

el uso lo habría vuelto ceniza. Recorrió el país en todas direcciones, entrando a las
(345) ciudades con aire triunfal y deteniéndose también en los pueblos más olvidados, allá donde sólo el rastro de basura indicaba la presencia humana, para convencer a los electores que votaran por él. Mientras
(350) hablaba sobre una tarima[47] al centro de la plaza, el Mulato y sus hombres repartían caramelos y pintaban su nombre con escarcha dorada en las paredes, pero nadie prestaba atención a esos recursos de mer-
(355) cader, porque estaban deslumbrados[48] por la claridad de sus proposiciones y la lucidez poética de sus argumentos, contagiados de su deseo tremendo de corregir los errores de la historia y alegres por
(360) primera vez en sus vidas. Al terminar la arenga[49] del Candidato, la tropa lanzaba pistoletazos al aire y encendía petardos y cuando por fin se retiraban, quedaba atrás una estela[50] de esperanza que perduraba
(365) muchos días en el aire, como el recuerdo magnífico de un cometa. Pronto el Coronel se convirtió en el político más popular. Era un fenómeno nunca visto, aquel hombre surgido de la guerra civil, lleno de cicatri-
(370) ces y hablando como un catedrático, cuyo prestigio se regaba por el territorio nacional conmoviendo el corazón de la patria. La prensa se ocupó de él. Viajaron de lejos los periodistas para entrevistarlo y
(375) repetir sus frases, y así creció el número de sus seguidores y de sus enemigos.

—Vamos bien, Coronel —dijo el Mulato al cumplirse doce semanas de éxito.

Pero el candidato no lo escuchó. Estaba
(380) repitiendo sus dos palabras secretas, como hacía cada vez con mayor frecuencia. Las

---

42 botín: saqueo, lo que se obtiene de cualquier fechoría

43 ñapa: propina

44 taburete: asiento sin brazos ni respaldo

45 montuno: perteneciente o relativo al monte

46 chorro de palabras: una serie de palabras dichas una tras otra y de forma atropellada

47 tarima: tablado o plataforma

48 deslumbrados: maravillados, impresionados

49 arenga: discurso solemne y de tono elevado que se pronuncia en especial para exaltar los ánimos

50 estela: rastro, huella, impresión profunda y duradera en el ánimo

decía cuando lo ablandaba[51] la nostalgia, las murmuraba dormido, las llevaba consigo sobre su caballo, las pensaba antes de pro-
(385) nunciar su célebre discurso y se sorprendía saboreándolas en sus descuidos.[52] Y en toda ocasión en que esas dos palabras venían a su mente, evocaba la presencia de Belisa Crepusculario y se le alborotaban[53]
(390) los sentidos con el recuerdo del olor montuno, el calor de incendio, el roce terrible y el aliento de yerbabuena, hasta que empezó a andar como un sonámbulo y sus propios hombres comprendieron que se le termi-
(395) naría la vida antes de alcanzar el sillón de los presidentes.

—¿Qué es lo que te pasa, Coronel? —le preguntó muchas veces el Mulato, hasta que por fin un día el jefe no pudo
(400) más y le confesó que la culpa de su ánimo eran esas dos palabras que llevaba clavadas en el vientre.

—Dímelas, a ver si pierden su poder —le pidió su fiel ayudante.
(405) —No te las diré, son sólo mías —replicó el Coronel.

Cansado de ver a su jefe deteriorarse[54] como un condenado a muerte, el Mulato se echó el fusil al hombro y partió en busca de
(410) Belisa Crepusculario. Siguió sus huellas por toda esa vasta geografía hasta encontrarla en un pueblo del sur, instalada bajo el toldo de su oficio, contando su rosario de noticias. Se le plantó delante con las piernas
(415) abiertas y el arma empuñada.

—Tú te vienes conmigo —ordenó.

Ella lo estaba esperando. Recogió su tintero, plegó[55] el lienzo de su tenderete, se echó el chal sobre los hombros y en
(420) silencio trepó[56] al anca del caballo. No cruzaron ni un gesto en todo el camino, porque al Mulato el deseo por ella se le había convertido en rabia y sólo el miedo que le inspiraba su lengua le impedía
(425) destrozarla a latigazos.[57] Tampoco estaba dispuesto a comentarle que el Coronel andaba alelado,[58] y que lo que no habían logrado tantos años de batallas lo había conseguido con un encantamiento[59]
(430) susurrado al oído. Tres días después llegaron al campamento y de inmediato condujo a su prisionera hasta el candidato, delante de toda la tropa.

—Te traje a esta bruja para que le
(435) devuelvas sus palabras, Coronel, y para que ella te devuelva la hombría —dijo apuntando el cañón de su fusil a la nuca de la mujer.

El Coronel y Belisa Crepusculario se
(440) miraron largamente, midiéndose desde la distancia. Los hombres comprendieron entonces que ya su jefe no podía deshacerse del hechizo de esas dos palabras endemoniadas, porque todos pudieron ver
(445) los ojos carnívoros del puma tornarse mansos[60] cuando ella avanzó y le tomó la mano.

«Dos palabras» by Isabel Allende from *Cuentos de Eva Luna.* Copyright © 1989 by Isabel Allende. Reprinted by permission of **Agencia Literaria Carmen Balcells, S. A.**

---

51 ablandaba: acobardaba, volvía débil, blando
52 descuidos: momentos de olvido, inadvertencia o desatención
53 alborotaban: alteraban, perturbaban
54 deteriorarse: desmejorarse, empeorar
55 plegó: dobló haciendo pliegues

56 trepó: se encaramó, se subió
57 latigazos: golpes dados con un látigo o con un instrumento semejante
58 alelado: embobado, atontado
59 encantamiento: hechizo, brujería
60 tornarse mansos: volverse benignos, apacibles

Literatura del Siglo XX

. . . .

Actividades «Dos palabras»

Práctica de selección múltiple

1. El nombre de Belisa Crepusculario...

(A) se lo pusieron sus padres.
(B) se lo puso ella misma.
(C) lo leyó en un periódico.
(D) lo recibió en un orfanato.

2. Belisa recorría el país para...

(A) recetar a los enfermos.
(B) dar discursos políticos.
(C) ofrecer sus consejos.
(D) vender las palabras.

3. Las palabras secretas que regalaba como ñapa eran para...

(A) espantar la melancolía.
(B) castigar a las personas tristes.
(C) proteger a los niños.
(D) curar las enfermedades.

4. Belisa se fue de su casa a los doce años porque...

(A) deseaba conocer el mundo.
(B) se la llevaba mal con sus padres.
(C) no quería morirse de hambre.
(D) sus padres habían muerto.

5. Para salvarse de la muerte, Belisa huyó y tuvo que atravesar...

(A) una selva.
(B) un mar.
(C) un desierto.
(D) una cordillera.

6. La página del periódico le reveló...

(A) la escritura.
(B) las noticias.
(C) la vida social.
(D) la situación política.

7. La primera inversión de Belisa fue...

(A) comprarse ropa buena.
(B) alquilar una casa donde vivir.
(C) establecer un negocio de comestibles.
(D) aprender a leer y a escribir.

8. El Coronel era famoso porque...

(A) era un gran político.
(B) era el alcalde del pueblo.
(C) se había pasado la vida haciendo la guerra.
(D) era muy bueno con la gente.

9. El Mulato secuestró a Belisa para...

(A) meterla presa.
(B) llevarla donde el coronel.
(C) devolverla a sus padres.
(D) hacerla pagar por sus crímenes.

10. El Coronel le pidió ayuda a Belisa porque...

(A) quería ser presidente.
(B) no sabía leer.
(C) creía que ella era bruja.
(D) se sentía muy solo.

LITERATURA DEL SIGLO XX

Literatura del Siglo XX

Actividades «Dos palabras»

Comprensión del texto

1. En el cuento «Dos palabras», ¿cómo fue la niñez de Belisa Crepusculario? ¿Qué acontecimientos tristes marcaron su infancia? ¿Cómo reaccionó ella?

2. ¿Qué negocio decidió establecer Belisa? ¿Por qué?

3. ¿Cuál era la reacción de la gente cuando llegaban el Mulato y el Coronel? ¿Por qué reaccionaban así?

4. ¿Qué contradicción inesperada encontró Belisa en el Coronel? ¿Cuál fue la reacción de ella ante dicha contradicción?

5. ¿Qué intuyó Belisa al hablar con el Coronel? ¿Qué sintió al acercarse a él?

6. ¿De qué estaba harto el Coronel? ¿Qué cambios deseaba?

7. ¿Qué descubrió Belisa al entregarle el discurso al Coronel?

8. ¿Cuál fue la ñapa que le dio Belisa al Coronel? ¿Qué pasó en el momento de entregársela?

9. ¿Qué resultado tuvo la campaña política del Coronel? ¿Por qué?

10. ¿Qué pasó al final de la historia?

Análisis del texto

1. Compara y contrasta las personalidades de Belisa, el Coronel y el Mulato de «Dos palabras».

2. Busca cinco ejemplos de realismo mágico en esta historia. ¿Por qué son significativos?

3. En tu opinión, ¿presenta este cuento una etapa de la historia de la humanidad, o es simplemente una anécdota? Explica tu respuesta con ejemplos.

4. ¿Cuál crees que sea el mensaje de esta historia? ¿Crees que haya un significado especial en el título? Explica tu respuesta con ejemplos.

Más allá del texto

1. Compara esta historia con cualquier otra que conozcas en la que la protagonista haya tenido que vencer muchos obstáculos para lograr un fin.

2. ¿Crees que una persona es capaz de hacer todo lo que hizo Belisa Crepusculario? ¿Con qué persona de la vida real podrías compararla? ¿De qué forma?

3. En grupos de tres, traten de adivinar las dos palabras que Belisa le dio como ñapa al Coronel. Comparen sus respuestas y expliquen el por qué de su elección.

Composición

«Dos palabras», además de ser una historia sobre las relaciones entre tres personas, puede ser interpretada como una alegoría para el acto de escribir. En un ensayo bien organizado, comenta esta interpretación, citando dos o tres ejemplos del texto que muestren la actitud de Allende sobre la escritura y el proceso de escribir.

El autor y su obra

Sabine Ulibarrí (1919–2003)

Sabine Ulibarrí nació en Tierra Amarilla, un pueblo en las montañas del norte de Nuevo México. Desde chico recibió una rica formación literaria, leyendo literatura del suroeste de Estados Unidos, de Latinoamérica y de España. Asistió a la Universidad de Nuevo México donde obtuvo una maestría en Literatura Española. Al estallar la Segunda Guerra Mundial se inscribió en la fuerza aérea. Después de volver a Estados Unidos en 1945, Ulibarrí se doctoró en la Universidad de California de Los Ángeles, y luego regresó a enseñar en la Universidad de Nuevo México, donde se convirtió en lingüista, crítico y escritor famoso. Ha publicado cuentos, poesías y ensayos, y ha llegado a ser uno de los escritores chicanos más distinguidos de Estados Unidos. Escribe en español y en inglés, y basa sus historias en las leyendas y tradiciones familiares de la rica herencia hispana, establecida en el suroeste de Estados Unidos desde la llegada de los españoles hace más de 400 años.

Su primer libro fue una colección de cuentos *Tierra Amarilla: Cuentos de Nuevo México* (1964). En 1966 publicó un libro de poemas, *Al cielo se sube a pie,* cuyos temas son el amor, la importancia de conocerse, la belleza, la vida y el deseo de lograr la comunión con el mundo espiritual. En sus otros libros se encuentran los aspectos más tradicionales conservados de la sociedad rural de Nuevo México. Son historias de una gran sensibilidad donde se puede apreciar el orgullo, el respeto, la lealtad a la familia y el amor al trabajo, a la tierra y al ambiente rústico de Tierra Amarilla. De estas obras se destacan *Amor y Ecuador* (1971), *Alma de la raza* (1972), *Mi abuela fumaba puros y otros cuentos de Tierra Amarilla* (1977), *Primeros encuentros* (1982), *El gobernador Glu Glu y otros cuentos* (1988), *El Cóndor, and other stories* (1989), y *Memorias de un veterano* (1997).

«Mi caballo mago» es la historia de un caballo que representa el ideal de lo salvaje para un adolescente. En esta historia se muestran claramente los valores de la sociedad patriarcal, donde el hombre tiene el derecho de controlar sin que se cuestione su comportamiento, o al menos ésa es su ilusión. El protagonista sacrifica sus ilusiones juveniles de ser el dueño de un caballo poderoso por el bienestar y la libertad de esta criatura de la naturaleza. Con su falta de egoísmo y al renunciar a sus propios deseos, el adolescente da su primer paso hacia la madurez.

«Mi caballo mago»
Sabine Ulibarrí

Era blanco. Blanco como el olvido. Era libre. Libre como la alegría. Era la ilusión, la libertad y la emoción. Poblaba y dominaba las serranías y las llanuras de las

Línea

(5) cercanías. Era un caballo blanco que llenó mi juventud de fantasía y poesía.

Alrededor de las fogatas del campo y en las resolanas[1] del pueblo los vaqueros de esas tierras hablaban de él con entu-

(10) siasmo y admiración. Y la mirada se volvía turbia y borrosa de ensueño.[2] La animada charla se apagaba. Todos atentos a la visión evocada. Mito del reino animal. Poema del mundo viril.

(15) Blanco y arcano.[3] Paseaba su harén por el bosque de verano en regocijo imperial. El invierno decretaba el llano y la ladera para sus hembras. Veraneaba como rey de oriente en su jardín silvestre.

(20) Invernaba como guerrero ilustre que celebra la victoria ganada.

Era leyenda. Eran sin fin las historias que se contaban del caballo brujo. Unas verdad, otras invención. Tantas trampas,[4]

(25) tantas redes, tantas expediciones. Todas venidas a menos. El caballo siempre se escapaba, siempre se burlaba, siempre se alzaba por encima del dominio de los hombres. ¡Cuánto valedor[5] no juró poner-

(30) le su jáquima[6] y su marca para confesar después que el brujo había sido más hombre que él!

Yo tenía quince años. Y sin haberlo visto nunca el brujo me llenaba ya la

(35) imaginación y la esperanza. Escuchaba embobado a mi padre y a sus vaqueros hablar del caballo fantasma que al atraparlo se volvía espuma y aire y nada. Participaba de la obsesión de todos, ambi-

(40) ción de lotería, de algún día ponerle yo mi lazo, de hacerlo mío, y lucirlo los domingos por a la tarde cuando las muchachas salen a paseo por la calle.

Pleno el verano. Los bosques verdes,

(45) frescos y alegres. Las reses lentas, gordas y luminosas en la sombra y en el sol de agosto. Dormitaba yo en un caballo brioso, lánguido[7] y sutil en el sopor[8] del atardecer. Era hora ya de acercarse a la

(50) majada, al buen pan y al rancho del rodeo. Ya los compañeros estarían alrededor de la hoguera agitando la guitarra, contando cuentos del pasado o de hoy o entregándose al cansancio de la tarde. El sol se

(55) ponía ya, detrás de mí, en escándalos de rayo y color. Silencio orgánico y denso.

Sigo insensible a las reses al abra. De pronto el bosque se calla. El silencio enmudece.[9] La tarde se detiene. La brisa

(60) deja de respirar, pero tiembla. El sol se excita. El planeta, la vida y el tiempo se han detenido de una manera inexplicable. Por un instante no sé lo que pasa.

Luego mis ojos aciertan. ¡Allí está! ¡El

(65) caballo mago! Al extremo del abra, en un promontorio,[10] rodeado de verde. Hecho estatua, hecho estampa.[11] Línea y forma y mancha blanca en el fondo verde. Orgullo,

---

1 **resolanas:** lugar donde se toma el sol al resguardo del viento
2 **ensueño:** ilusión, fantasía
3 **arcano:** misterioso, reservado
4 **trampas:** artificio para cazar animales
5 **valedor:** persona que protege o ampara a otra
6 **jáquima:** correaje que ciñe y sujeta la cabeza de un caballo

7 **lánguido:** débil, fatigado
8 **sopor:** sueño profundo, adormecimiento, letargo
9 **enmudece:** hace callar
10 **promontorio:** elevación en el terreno, o monte de poca altura
11 **estampa:** *fig.* como una ilustración

fama y arte en carne animal. Cuadro de

(70) belleza encendida y libertad varonil. Ideal invicto[12] y limpio de la eterna ilusión humana. Hoy palpito[13] todo aún al recordarlo.

Silbido. Reto trascendental que sube y rompe la tela virginal de las nubes rojas.

(75) Orejas lanzas. Ojos rayos. Cola viva y ondulante, desafío movedizo. Pezuña tersa y destructiva. Arrogante majestad de los campos.

El momento es eterno. La eternidad

(80) momentánea. Ya no está, pero siempre estará. Debió de haber yeguas. Yo no las vi. Las reses siguen indiferentes. Mi caballo las sigue y yo vuelvo lentamente del mundo del sueño a la tierra del sudor.

(85) Pero ya la vida no volverá a ser lo que antes fue.

Aquella noche bajo las estrellas no dormí. Soñé. Cuánto soñé despierto y cuánto soñé dormido yo no sé. Sólo sé que un

(90) caballo blanco pobló mis sueños y los llenó de resonancia y de luz y de violencia.

Pasó el verano y entró el invierno. El verde pasto dió lugar a la blanca nieve. Las manadas bajaron de las sierras a los

(95) valles y cañadas. Y en el pueblo se comentaba que el brujo andaba por este o aquel rincón. Yo indagaba[14] por todas partes su paradero. Cada día se me hacía más ideal, más imagen, más misterio.

(100) Domingo. Apenas rayaba el sol[15] de la sierra nevada. Aliento vaporoso. Caballo tembloroso de frío y ansias. Como yo. Salí sin ir a misa. Sin desayunarme siquiera. Sin pan y sardinas en las alforjas. Había dormi-

(105) do mal y velado bien. Iba en busca de la blanca luz que galopaba en mis sueños.

Al salir del pueblo al campo libre desaparecen los caminos. No hay rastro humano o animal. Silencio blanco, hondo y

(110) rutilante.[16] Mi caballo corta el camino con

el pecho y deja estela eterna, grieta abierta, en la mar cana. La mirada diestra[17] y atenta puebla el paisaje hasta cada horizonte buscando el noble perfil del caballo místico.

(115) Sería medio día. No sé. El tiempo había perdido su rigor. Di con él. En una ladera contaminada de sol. Nos vimos al mismo tiempo. Juntos nos hicimos piedra. Inmóvil, absorto y jadeante[18] contemplé

(120) su belleza, su arrogancia, su nobleza. Esculpido en mármol, se dejó admirar.

Silbido violento que rompe el silencio. Guante arrojado a la cara. Desafío y decreto a la vez. Asombro nuevo. El caba-

(125) llo que en verano se coloca entre la amenaza y la manada, oscilando a distancia de diestra a siniestra, ahora se lanza a la nieve. Más fuerte que ellas, abre la vereda a las yeguas. Y ellas lo siguen. Su fuga

(130) es lenta para conservar sus fuerzas.

Sigo. Despacio. Palpitante. Pensando en su inteligencia. Admirando su valentía. Apreciando su cortesía. La tarde se alarga. Mi caballo cebado[19] a sus anchas.

(135) Una a una las yeguas se van cansando. Una a una se van quedando a un lado. ¡Solos! Él y yo. La agitación interna reboza[20] a los labios. Le hablo. Me escucha y calla.

(140) Él abre camino y yo sigo por la vereda que me deja. Detrás de nosotros una larga y honda zanja[21] blanca que cruza la llanura. El caballo que ha comido grano y buen pasto sigue fuerte. A él, mal nutrido, se le

(145) han agotado las fuerzas. Pero sigue porque es él y porque no sabe ceder.[22]

---

12 **invicto:** siempre victorioso, no vencido
13 **palpito:** *fig.* me agito, me emociono
14 **indagaba:** averiguaba, investigaba
15 **rayaba el sol:** amanecía
16 **rutilante:** que brilla como el oro, resplandece

---

17 **diestra:** hábil, experta
18 **jadeante:** respirando con anhelo
19 **cebado:** animal salvaje que resulta más peligroso por haber comido carne humana
20 **reboza:** se disimula o se esconde un sentimiento
21 **zanja:** trinchera, surco o hendidura en la tierra
22 **ceder:** rendirse

Encuentro negro y manchas negras
por el cuerpo. La nieve y el sudor han re-
velado la piel negra bajo el pelo.
(150) Mecheros violentos de vapor[23] rompen el
aire. Espumarajos[24] blancos sobre la blanca nieve. Sudor, espuma y vapor. Ansia.

Me sentí verdugo. Pero ya no había
retorno. La distancia entre nosotros se
(155) acortaba implacablemente. Dios y la naturaleza indiferentes.

Me siento seguro. Desato el cabestro.
Abro el lazo. Las riendas tirantes. Cada
nervio, cada músculo alerta y el alma en la
(160) boca. Espuelas tensas en ijares temblorosos. Arranca el caballo. Remolineo el
cabestro[25] y lanzo el lazo obediente.

Vértigo[26] de furia y rabia. Remolinos
de luz y abanicos de transparente nieve.
(165) Cabestro que silba y quema en la teja de
la silla. Guantes violentos que humean.
Ojos ardientes en sus pozos. Boca seca.
Frente caliente. Y el mundo se sacude y
se estremece. Y se acaba la larga zanja
(170) blanca en un ancho charco blanco.

Sosiego jadeante y denso. El caballo
mago es mío. Temblorosos ambos, nos
miramos de hito en hito[27] por un largo
rato. Inteligente y realista, deja de force-
(175) jear y hasta toma un paso hacia mí. Yo le
hablo. Hablándole me acerco. Primero
recula. Luego me espera. Hasta que los
dos caballos se saludan a la manera suya.
Y por fin llego a alisarle la crin.[28] Le digo
(180) muchas cosas, y parece que me entiende.

Por delante y por las huellas de antes lo
dirigí hacia el pueblo. Triunfante. Exaltado.
Una risa infantil me brotaba. Yo, varonil, la
dominaba. Quería cantar y pronto me olvi-
(185) daba. Quería gritar pero callaba. Era un
manojo[29] de alegría. Era el orgullo del hombre adolescente. Me sentí conquistador.

El Mago ensayaba la libertad una y otra
vez, arrancándome de mis meditaciones
(190) abruptamente. Por unos instantes se arma-
ba la lucha otra vez. Luego seguíamos.

Fue necesario pasar por el pueblo. No
había remedio. Sol poniente. Calles de
hielo y gente en los portales. El Mago
(195) lleno de terror y pánico por la primera
vez. Huía y mi caballo herrado lo detenía.
Se resbalaba[30] y caía de costalazo.[31] Yo
lloré por él. La indignidad. La humillación.
La alteza venida a menos. Le rogaba que
(200) no forcejeara,[32] que se dejara llevar.
¡Cómo me dolió que lo vieran así
los otros!

Por fin llegamos a la casa. «¿Qué hacer
contigo, Mago? Si te meto en el establo o
(205) en el corral, de seguro te haces daño.
Además sería un insulto. No eres esclavo.
No eres criado. Ni siquiera eres animal.»
Decidí soltarlo en el potrero.[33] Allí podría
el Mago irse acostumbrando poco a poco
(210) a mi amistad y compañía. De ese potrero
no se había escapado nunca un animal.

Mi padre me vió llegar y me esperó
sin hablar. En la cara le jugaba una sonrisa
y en los ojos le bailaba una chispa. Me vió
(215) quitarle el cabestro al Mago y los dos lo
vimos alejarse, pensativos.

---

23 mecheros ... vapor: resoplando aire como el
fuego que se desprende de un mechero, res-
piración violenta
24 Espumarajos: Saliva espumosa arrojada en gran
cantidad por la boca
25 Remolineo el cabestro: Hago círculos u ondas
en el aire con la cuerda
26 vértigo: mareo, aturdimiento
27 nos miramos de hito en hito: fijamos la vista
sin distraernos
28 crin: pelo grueso y recio que tienen algunos
animales en el cuello o la cola

29 manojo: *fig.* abundancia de cosas
30 se resbalaba: se deslizaba, se escurría, patinaba
31 de costalazo: caía de espalda
32 forcejeara: se resistiera, hiciera oposición
33 potrero: lugar destinado a la cría y mantenimien-
to de cualquier clase de ganado

Me estrechó[34] la mano un poco más fuerte que de ordinario y me dijo: «Esos (220) son hombres.» Nada más. Ni hacía falta. Nos entendíamos mi padre y yo muy bien. Yo hacía el papel de *muy hombre* pero aquella risa infantil y aquel grito que me andaban por dentro por poco estropean[35] (225) la impresión que yo quería dar.

Aquella noche casi no dormí y cuando dormí no supe que dormía. Pues el soñar es igual, cuando se sueña de veras, dormido o despierto. Al amanecer yo ya estaba (230) en pie. Tenía que ir a ver al Mago. En cuanto aclaró[36] salí al frío a buscarlo.

El potrero era grande. Tenía un bosque y una cañada. No se veía el Mago en ninguna parte pero yo me sentía seguro. (235) Caminaba despacio, la cabeza toda llena de los acontecimientos de ayer y de los proyectos de mañana. De pronto me di cuenta que había andado mucho. Aprieto el paso.[37] Miro aprensivo a todos lados. (240) Empieza a entrarme el miedo. Sin saber voy corriendo. Cada vez más rápido.

No está. El Mago se ha escapado. Recorro cada rincón donde pudiera haberse agazapado.[38] Sigo la huella. Veo (245) que durante toda la noche el Mago anduvo sin cesar buscando, olfateando, una salida. No la encontró. La inventó.

Seguí la huella que se dirigía directamente a la cerca.[39] Y vi como el rastro no (250) se detenía sino continuaba del otro lado. El alambre era de púa. Y había pelos blancos en el alambre. Había sangre en las púas.[40] Había manchas rojas en la nieve y gotitas rojas en las huellas del otro lado de (255) la cerca.

Allí me detuve. No fui más allá. Sol rayante[41] en la cara. Ojos nublados y llenos de luz. Lágrimas infantiles en mejillas varoniles. Grito hecho nudo (260) en la garganta. Sollozos[42] despaciosos y silenciosos.

Allí me quedé y me olvidé de mí y del mundo y del tiempo. No sé cómo estuvo, pero mi tristeza era gusto. Lloraba de ale- (265) gría. Estaba celebrando, por mucho que me dolía, la fuga y la libertad del Mago, la trascendencia de ese espíritu indomable. Ahora seguiría siendo el ideal, la ilusión y la emoción. El Mago era un absoluto. (270) A mí me había enriquecido[43] la vida para siempre.

Allí me halló mi padre. Se acercó sin decir nada y me puso el brazo sobre el hombro. Nos quedamos mirando la zanja (275) blanca con flecos de rojo que se dirigía al sol rayante.

«Mi caballo mago» from *Tierra Amarilla: Stories of New Mexico (Cuentos de Nuevo México)* by **Sabine R. Ulibarrí.**
Copyright © 1971 by Sabine R. Ulibarrí. Reprinted by permission of the author.

---

34 me estrechó: me apretó
35 estropean: echan a perder
36 aclaró: amaneció
37 Aprieto el paso: Me doy prisa
38 agazapado: escondido

---

39 cerca: estacas unidas con alambre y clavadas en el suelo alrededor de un terreno o una finca para su división o resguardo
40 púas: puntas de metal
41 rayante: del amanecer
42 sollozos: gemidos, llanto débil y entrecortado
43 enriquecido: engrandecido

Literatura del Siglo XX

Actividades «Mi caballo mago»

Comprensión del texto

1. Enumera tres razones por las cuales todos admiraban al caballo blanco de «Mi caballo mago».

2. ¿Qué edad tenía el narrador, y por qué le fascinaban tanto las historias del caballo?

3. ¿Qué le pasó al narrador una tarde de verano? ¿Qué soñó esa noche?

4. ¿Qué hizo el narrador un domingo de invierno?

5. Describe el método que usó el narrador al final para doblegar al caballo.

6. ¿Cómo describe el narrador su victoria? ¿Qué sintió?

7. ¿Por qué decide el narrador soltar al caballo en el potrero?

8. ¿Cuál fue la reacción del padre al ver la victoria de su hijo?

9. ¿Qué pasó cuando el narrador salió a ver a su caballo al día siguiente?

10. ¿Cuál fue la reacción final del narrador?

Análisis del texto

1. Considera el significado del título «Mi caballo mago». ¿En qué consiste la «magia» del caballo?

2. Encuentra algunas descripciones del caballo como símbolo de la virilidad. ¿Cómo se relaciona este simbolismo con el tema de la historia?

3. Analiza el significado del sueño del narrador. ¿Con qué se identifica este sueño?

4. ¿En qué momento demuestra nobleza el caballo?

5. ¿Qué implicación sobre los valores del narrador se encuentra en la conclusión?

Más allá del texto

1. El narrador de «Mi caballo mago» admira ciertas características del caballo. ¿Crees que son las mismas características que los vaqueros de hoy apreciarían? Explica.

2. ¿Compartes los mismos valores y emociones del narrador? Explica tu respuesta.

Composición

¿Qué papel desempeña la naturaleza en «Mi caballo mago»? En un ensayo bien organizado, cita dos o tres imágenes sobre la naturaleza presentes en el cuento y explica cómo se relacionan éstas con el tema mismo.

Respuestas

«Romance de la pérdida de Alhama» y «El conde Arnaldos»

Comprensión del texto

1. El rey moro paseaba por la ciudad de Granada.
2. El rey quemó las cartas y mató al mensajero que las trajo.
3. El rey se subió a la Alhambra para incitar a la gente a la guerra.
4. El infante vio venir la galeta sobre el mar la mañana de San Juan.
5. La galeta estaba adornada de seda, oro y plata.
6. El marinero que guiaba la galeta cantaba una canción dulce.
7. El infante le pidió al marinero que le enseñara su canción. El marinero respondió que no la cantaría a menos que el infante fuera con él.

Análisis del texto

1. El rey descabalgó de la mula y cabalgó en el caballo porque quería parecer majestuoso ante sus vasallos.
2. El alfaquí dijo que el rey merecía lo que le había pasado por haber destruido a los que podrían haber defendido a Alhama.
3. La barba es un símbolo tradicional de sabiduría. El alfaquí era un sabio de la ley entre los musulmanes.
4. Se supone que el alfaquí dijo «Bien se te emplea, buen rey; /buen rey, bien se te empleara» con un tono irónico. El paralelismo enfatiza la severidad de su crítica.
5. El conde «cazaba» con la crueldad de su halcón y el marinero lo hacía con la dulzura de su canción.
6. Los romances forman gran parte de la tradición oral y por lo tanto, pueden cambiar cada vez que alguien los canta. Es muy común tener variantes del mismo romance, y puede ser que haya detalles que se confundan. Así que es muy probable que alguien reemplazara «conde» por «infante» en esta versión.
7. Este romance, como cualquier romance tradicional, está compuesto de versos octasílabos con asonancia en los versos pares. La selección de estrofa puede variar.

Lazarillo de Tormes

Práctica de selección múltiple

1. C	3. A	5. A	7. B	9. A
2. D	4. C	6. D	8. A	

Comprensión del texto

1. Encarcelaron al padre de Lazarillo por ser ladrón.
2. Lázaro dejó de temer a su padrastro ya que con la venida de éste había más de comer.
3. Cuando salían de Salamanca, el ciego le enseñó la primera lección a Lazarillo al darle una gran calabazada contra un animal de piedra que estaba en un puente.
4. Cuando Lazarillo dijo «desperté de la simpleza en que, como niño, dormido estaba», quería decir que aprendió con la primera lección que estaba solo y que tendría que valerse por sí mismo.
5. Lazarillo dijo que el ciego le dio vida porque éste le dio conocimiento y lo adiestró en la carrera de vivir.
6. Lazarillo elogió al ciego por hallar mil formas y maneras de obtener dinero. Lo criticó por ser avariento y mezquino.
7. Lazarillo burló al ciego al hacerle un agujero al fondo del jarro de vino, taparlo con cera, y beber del jarro de entre las piernas de su amo. Cuando el ciego supo del truco, no dijo nada, pero burló a Lazarillo cuando más tarde le dejó caer el jarro en la boca, rompiéndole la cara.
8. Lazarillo abandonó al ciego porque se cansó de su mal trato. No le importó dejarlo ni saber después qué se hizo de su viejo amo.

Análisis del texto

1. Un valor simbólico que tiene el agua a través de toda la obra representa la serie de cambios que tuvo que afrontar el protagonista. Lazarillo nació en un río y renacía cada vez que encontraba a un nuevo amo, así que siempre había un tipo de bautizo a un mundo bastante duro y difícil.
2. El ciego le predecía a Lazarillo que su esposa le iba a poner los cuernos, o sea, serle infiel, y así pasó.
3. Lazarillo aceptó las relaciones entre ellos porque en aquel entonces todo le iba bién en la vida y prefería dejar las cosas como estaban sin darse por aludido.
4. El tema del hambre se hace presente en las relaciones que Lazarillo tuvo con cada uno de sus amos. Al ciego y al clérigo les robó comida porque tenía hambre. Con el escudero se vio obligado a conseguir comida para el sustento de los dos. El tema se convierte entonces en una crítica social que demuestra la existencia del hambre en todas las clases sociales.

El burlador de Sevilla

Práctica de selección múltiple

1. B   3. A   5. A   7. C   9. D
2. D   4. C   6. B   8. C   10. B

Comprensión del texto

1. Don Juan es mujeriego, irrespetuoso, desconsiderado y egoísta. No piensa en las consecuencias de sus acciones, abusa de su posición, de su dinero, de su nombre y de su juventud. No respeta nada, ni a nadie. La única razón de su vida es satisfacer sus deseos sin darle importancia a los valores sociales o morales de su época.
2. Don Juan naufragó por causa de un huracán, él y su criado se salvaron nadando, y Tisbea los ayudó.
3. Don Gonzalo de Ulloa era Comendador y Embajador de España en Portugal, y acababa de llegar de Lisboa con su hija doña Ana de Ulloa.
4. Don Diego le sugirió al rey qué casara a doña Ana con el duque Octavio para darle así desagravio y a la vez remediar el error de don Juan.
5. El rey iba a castigar a don Juan desterrándolo a Lebrija.
6. Don Juan recibió una nota de doña Ana para el marqués de la Mota en la que le decía a qué hora podía entrar, y cómo debía estar vestido. Don Juan usó esta información para aprovecharse de la situación.
7. El marqués de la Mota fue acusado de la muerte de don Gonzalo y fue encarcelado porque llevaba la capa que don Juan tenía puesta cuando mató al Comendador. Era la señal que le había dado doña Ana, y que don Juan había usado para entrar en la casa de ella.
8. En el camino a Lebrija don Juan encontró a dos labradores, Batricio y Aminta, en el día de su boda. Reaccionó como canalla al pasar la noche con la novia engañándola con mentiras y jurando que se casaría con ella.
9. Don Pedro le dijo al rey que el duque Octavio había sido quien había engañado a doña Isabela.
10. El rey les permitió a todos que se casaran con sus respectivas parejas: el marqués de la Mota con doña Ana, el duque Octavio con Isabela, Anfriso con Tisbea y Batricio con Aminta.

Análisis del texto

1. El libertinaje mundano de don Juan se observa en su burla de la sociedad, del rey, de sus amigos y de las mujeres, al igual que el hecho de que mató a don Gonzalo y obligó a su criado a apoyarlo en todas sus fechorías. El libertinaje religioso se observa en su falta de respeto por la iglesia, la tumba del Comendador, la estatua, y hasta la misma muerte.
2. Don Juan le pidió a la estatua que le permitiera confesarse, y la estatua, o sea, el Comendador, no se lo permitió. Le dijo que se había acordado demasiado tarde. Éste fue el castigo de don Juan que resultaría en la condena de su alma sin posible perdón.
3. Por medio del personaje de don Juan se critica el abuso de los privilegios por parte de la clase rica y de la nobleza. En una época en que la honra, o la reputación, de la familia y la virginidad de la mujer estaban estrechamente relacionadas, el hombre tenía la libertad de seducir a las mujeres sin comprometer su propio honor personal.

Don Quijote de la Mancha

Práctica de selección múltiple

1. C   3. D   5. A   7. B   9. D
2. C   4. A   6. B   8. C   10. C

Comprensión del texto

1. El nombre verdadero de don Quijote era Alonso Quijana o Quesada. Vivía en La Mancha.
2. Su escudero se llamaba Sancho Panza y era un simple labrador.
3. Era un rocín o caballo de granja, pero don Quijote le dio el nombre pomposo de Rocinante, para referirse a aquel que antes era rocín.
4. Don Quijote decidió buscar una dama de quien enamorarse porque según los libros de caballería, todo caballero andante debía tener una amada. La dama de sus sueños se llamaba Dulcinea del Toboso, pero en realidad era Aldonza Lorenzo, una mujer pueblerina.
5. Su meta como caballero andante era luchar por el bien y contra el mal.
6. El ventero le otorgó el título de «caballero» pero lo hizo con la intención de burlarse de don Quijote y deshacerse pronto de él.
7. Don Quijote volvió a su casa porque estaba malherido después de haber recibido una paliza.

Análisis del texto

1. En estas selecciones se usa primordialmente la narración en tercera persona omnisciente, aunque llama la atención que este narrador se refiere a sí mismo al comenzar la novela diciendo «de cuyo nombre no quiero acordarme». En los capítulos que siguen Cervantes destaca su papel de narrador y a partir del Capítulo 9, hay una clara distinción entre Cervantes y otro autor.
2. Un labrador le jura a don Quijote que no le va a pegar más a su criado y que le va a pagar todo lo que le debe a éste, pero cuando el caballero se va, el labrador hace todo lo contrario.
3. Don Quijote percibe los molinos como gigantes malévolos porque los molinos representan para él un obstáculo en su misión como caballero andante.
4. Otros ejemplos de la perspectiva de don Quijote son el idealizar a Aldonza Lorenzo como la dama Dulcinea, el nombrar al labrador Sancho Panza como su escudero, y el cambiar su propio apellido, Quijana o Quesada, por uno más grandioso, Quijote.

«Hombres necios»

Comprensión del texto

1. Sor Juana califica a los hombres de «necios». Los considera irracionales porque buscan perfección y virtud en la mujer cuando ellos mismos las deshonran.

2. Los hombres quieren que las mujeres sean puras, pero constantemente las empujan a obrar mal, luego se decepcionan y las abandonan.

3. Implica que los hombres son presuntuosos al querer que las mujeres con quienes salen se porten como Thais, pero una vez que sean suyas les sean fieles como Lucrecia.

4. Según sor Juana, los hombres se quejan de algo que ellos mismos han causado, y es una posición contradictoria. Ella critica esta actitud en defensa de la mujer.

5. Los culpa de hacer pecar a la mujer y luego juzgarla y condenarla.

Análisis del texto

1. La redondilla es una estrofa de cuatro versos de arte menor (versos de ocho sílabas o menos) con rima **abba**.

2. Los versos de las dos primeras redondillas de sor Juana son agudos, y por eso se cuenta la última sílaba dos veces. Son octosílabos. Cada verso tiene 7 + 1 = 8 sílabas.

3. Dos ejemplos de antítesis en esta redondilla son «quexándoos, si os tratan mal, /burlándoos, si os quieren bien» y «sino os admite, es ingrata, /y si os admite, es liviana». Sor Juana indica que los hombres hablan contradictoriamente; dicen una cosa pero quieren otra.

4. Simbolizan lo profano, lo malo y lo prohibido. Ésta es la máxima acusación que les hace sor Juana a los hombres en su comportamiento con las mujeres, y alude a lo injusto de esta actitud.

5. Un ejemplo del conceptismo es «quexándoos, si os tratan mal, /burlándoos, si os quieren bien». Un ejemplo del culteranismo es «la que peca por la paga, /o el que paga por pecar...».

de *Los naufragios*

Comprensión del texto

1. El suceso que más afecta su trayectoria es el naufragio del barco, la muerte de los compañeros de Cabeza de Vaca y la pérdida de todo lo que tenían.

2. Los expedicionarios les comunican su desgracia a los indios por medio de señas, y éstos los invitan a sus casas y les ofrecen de comer.

3. Algunos de los expedicionarios temen que los indios los lleven a sus casas porque creen que una vez allí éstos los sacrificarán a sus ídolos. Tienen justificación para sentirse así por sus propias experiencias en la Nueva España.

4. La actitud de los indios con quienes se encuentran los españoles después del escape es amistosa. Estos indios pertenecen al grupo de los Avavares.

5. Los expedicionarios curan las enfermedades de muchos indios y en agradecimiento éstos les brindan hospitalidad. Cabeza de Vaca se separa del grupo en busca de comida y se pierde pero un árbol ardiendo del cual saca un tizón le salva la vida.

6. Se dice que Cabeza de Vaca resucita a un muerto y los indios le cuentan del hombre llamado Mala-Cosa y de lo que les hacía a los indios. Las respuestas pueden variar.

Análisis del texto

1. La intención del autor era la de informar sobre sus experiencias y la de justificar sus acciones. Además de ser un resumen de lo que pasó en los nuevos territorios, esta crónica es un intento por parte de Cabeza de Vaca de legitimizar sus experiencias ante la Corona, la cual le otorgará dinero y tierra al determinar que ha servido bien al rey.

2. Usa un lenguaje claro, directo y sencillo que refleja su intención de informar al lector. Se puede observar este estilo en las primeras oraciones del Capítulo XII: «Otro día ... los indios ... nos trajeron mucho pescado y de unas raíces que ellos comen, y son como nueces, algunas mayores o menores; la mayor parte de ellas se sacan de bajo del agua y con mucho trabajo». Las respuestas pueden variar.

3. La misión de su vida era servir al reino español y ser un buen cristiano, compasivo y humanitario. En su opinión sus virtudes y poderes le fueron otorgados por Dios.

«Vuelva usted mañana»

Comprensión del texto

1. Según el artículo, los extranjeros piensan que los españoles son o espléndidos, francos, generosos y caballerescos o que son ladrones.
2. El extranjero quería resolver asuntos familiares, hacer varias reclamaciones e invertir algún capital.
3. El narrador trató de persuadir al extranjero de que volviera a casa porque sabía que le iba a ser imposible resolver sus asuntos en quince días.
4. Pensaba pasar dos días en cada una de las diligencias que tenía que hacer. Según él, podía hacerlo todo y todavía le quedarían cinco días de sobra.
5. Siempre le decían al extranjero «Vuelva usted mañana» porque por pereza no habían hecho lo acordado. Por ejemplo, el genealogista tardó quince días en hacer lo acordado para mañana, y el sastre tardó veinte días.
6. Al cabo de seis meses, el señor Sans-Délai no había conseguido nada pues en todas partes, a diario le decían «Vuelva usted mañana».

Análisis del texto

1. No existe ninguna razón complicada para el «Vuelva usted mañana». Simplemente el trabajo no se ha hecho.
2. El nombre del extranjero, «Sans-délai», significa en francés «sin retraso», descripción que tipifica la actitud del señor.
3. Al hablar de «las tribus nómadas», Larra se refiere a los bereberes, tribu norteafricana.
4. El último párrafo del artículo es inesperado porque el escritor ha criticado tanto a los perezosos que el lector no se imagina que el propio escritor pudiera ser uno de ellos.
5. El tono del último párrafo es irónico.
6. Se puede decir que el autor es perezoso ya que escribe este artículo tres meses después de haber inventado su título.

«Adiós, Cordera»

Comprensión del texto

1. Llevaban una vida miserable, sin esperanza de mejorar, pero apacible pues vivían en contacto con la naturaleza.
2. La vaca más que un animal era el amor de sus vidas.
3. La Chinta murió diciendo que cuidaran a Cordera porque era su sustento. Murió de hambre y de cansancio.
4. Antón se sintió desolado y bebió para olvidar.
5. Antón era un pobre campesino que comprendía la importancia que Cordera tenía en su vida y sobre todo en la de los niños.

Análisis del texto

1. Los niños reaccionan con respeto y curiosidad y la vaca con terror al principio y luego con indiferencia. Representan el temor a lo desconocido. Las respuestas pueden variar.
2. El tren, que al principio le causó respeto y curiosidad, ahora le causa una gran tristeza, pues en él se marcha Pinín.
3. Quiere decir que el animal representa para ellos el amor, que puede existir en cualquier forma.

«Las medias rojas»

Comprensión del texto

1. Ildara es alegre, vanidosa, llena de ilusión, pero inocente y crédula. Es joven e inexperta. Se sabe bella y trata de mantenerse bonita y estar a la moda llevando medias dentro de aquel ambiente hostil y maloliente.

2. El padre se sorprendió porque esto podía implicar una serie de cosas. La principal era que Ildara estaba recibiendo dinero de alguien que no era él, y esto lo puso furioso. Ildara le mintió porque no quería que él se enterara de quién le había dado el dinero, y mucho menos de sus planes de marcharse pues ella sabía cuál sería su reacción.

3. Ildara protegía su cara porque sabía que era su único tesoro, lo único que la podría sacar del medio en que vivía. Su prima la Mariola había sido víctima de la ira de su propia madre, quien le había desfigurado la cara.

4. Al quedar tuerta y perder un diente, Ildara perdió la oportunidad de que la aceptaran en el barco que la iba a llevar al Nuevo Mundo, donde ella esperaba que su suerte fuera mejor.

Análisis del texto

1. A pesar de su sencillez y pobreza, Ildara tiene sus ilusiones sobre la vida, lo cual se puede ver en su peinado y en su vanidad y coquetería. Piensa que por su belleza tendrá la oportunidad de encontrar una vida mejor en el Nuevo Mundo.

2. El tío Clodio es viejo, egoísta, malicioso, indiferente, injusto e ignorante. Ama la tierra de una forma absurda y no le importa la suerte de su hija. Si Ildara hubiera sido hombre Clodio tal vez hubiera respetado sus deseos; no habría esperado de él lo mismo que de su hija.

3. La relación entre ellos es muy difícil. Está basada en lo más básico de la vida, que es la subsistencia. El tío Clodio esperaba que su hija se quedara a su lado cuidándolo siempre sin preocuparse en lo más mínimo de su futuro o de su suerte.

4. Ildara sueña con salir de su medio ambiente y progresar. Cree que es muy fácil. Su padre no le presta atención porque lo que piensa ella no es importante para él. Él es egoísta y no se esfuerza para que haya ninguna clase de comunicación.

5. Pensaba que la única solución era emigrar para conseguir fortuna y mejorar su vida. No le importaba que su padre quisiera quedarse, o cómo sería su vida sin ella. Al igual que su padre, ella se preocupaba egoístamente por su propio bienestar.

6. Hay violencia familiar en el abuso extremo de su hija por parte del padre. Las respuestas pueden variar.

7. Según el naturalismo Ildara no tendrá nunca la posibilidad de cambiar de vida porque su medio ambiente la tirará siempre hacia abajo. El egoísmo, ignorancia y crueldad de su padre son obstáculos que no la dejarán progresar. La mentalidad de su padre no va a cambiar, y la sociedad no condena las acciones de él. Por eso Ildara no tiene ninguna protección, está totalmente indefensa y vulnerable no sólo ante su padre, sino ante el posible estafador que se la quería llevar engañada, posiblemente para explotar su belleza.

«El alacrán de fray Gómez»

Comprensión del texto

1. Palma llama «alacrancito de fray Gómez» a su hija.

2. El autor describe a fray Gómez como un religioso lleno de una infinita bondad y fe.

3. Se describe a Jeromo como pobre, desesperado, trabajador y honorable.

4. El fraile trabajaba como encargado del refectorio en la enfermería.

5. El fraile nació en 1569 y murió en 1631, fechas que sitúan la tradición.

6. El fraile le hace un gran favor al castellano viejo, porque le da la oportunidad de mejorar su situación desesperada.

7. La joya que el fraile creó era una joya increíble, «de reina morisca».

8. La condición que el fraile estableció para el préstamo de la joya es que debía devolvérsela en seis meses.

9. El usurero quería que Jeromo pidiera más dinero por la joya para que así le fuera imposible devolverla más tarde. El prestamista quería poseer la joya.

10. La historia termina bien, pues Jeromo devuelve el dinero, rescata la joya y se la devuelve a fray Gómez, quien a su vez la vuelve a transformar en un insecto que se pasea por las paredes de la celda.

Análisis del texto

1. La historia está dividida en dos partes. En la primera, el autor describe a fray Gómez y documenta sus «milagros» para así dar veracidad a la segunda parte, que es la historia del milagro del alacrán.

2. El alacrán mismo se usa como metáfora dos veces, primero para enfatizar la calidad de una joya, luego para expresar la belleza de una chica. Los dos ejemplos tienen que ver con la generosidad y bondad de fray Gómez.

3. Entre los hechos se pueden contar la curación del jinete, la curación de San Francisco Solano, la materialización de los pejerreyes, y la creación de la joya «El alacrán». Las respuestas pueden variar.

4. Las respuestas pueden variar.

5. La poesía en esta «tradición» sirve para resumir y enfatizar la moraleja del cuento.

LITERATURA DEL SIGLO XIX

«Canción del pirata»

Comprensión del texto

1. En el poema, un velero bergantín, es decir, de dos mástiles, vuela sobre el mar. El barco está equipado con diez cañones a cada lado.
2. El barco tiene como nombre el *Temido,* ya que es conocido por su bravura.
3. Los elementos de la naturaleza que aparecen en el poema son el mar, la luna, el viento y los truenos.
4. El capitán pirata canta porque está alegre, tiene todo el mundo a su alcance y se siente invencible.
5. El capitán se siente orgulloso porque tiene por suya la inmensidad del mar bravío. Se llama a sí mismo «rey del mar» porque todo el mundo teme su furia.
6. Busca por riqueza la belleza sin rival.
7. Le importa poco la vida porque la dio por perdida cuando se sacudió el yugo del esclavo.
8. Le sirven de música los aquilones o vientos del norte, el estrépito y temblor de los cables sacudidos, los bramidos del mar y el rugir de los cañones.
9. El capitán pirata se duerme sosegado, arrullado por el mar.

Análisis del texto

1. El poema está estructurado como una canción con una serie de versos seguida de un refrán, o estribillo. La rima regular de los versos y del estribillo y las imágenes que atraen al oído—los sonidos del mar, por ejemplo—también contribuyen a la cualidad musical de este himno a la libertad.
2. El tono del poema es ligero y refleja la alegría que experimenta el capitán al sentirse dueño de todo lo que lo rodea.
3. La aliteración de la *r* y de la *s* crea una sensación de movimiento sobre el mar, y por medio de esta sensación, se refleja el tema del poema, que es la libertad.

Rima LIII «Volverán las oscuras golondrinas» y Rima XI «Yo soy ardiente, yo soy morena»

Comprensión del texto

1. Las golondrinas colgaban sus nidos en el balcón de la amada. Llamaban su atención al juguetear con las alas.
2. Las golondrinas que refrenaban el vuelo para contemplar a los enamorados y que aprendieron sus nombres no volverán.
3. Las madreselvas aún más hermosas volverían a escalar las tapias del jardín, aunque no serían aquéllas cubiertas de rocío que los enamorados contemplaban juntos.
4. Las palabras de amor apasionadas del poeta harán despertar el corazón dormido de la amada.
5. El poeta quiso a su amada con adoración, como se quiere a Dios.
6. El poeta sabe con certeza que nadie podrá quererla como él la ha querido.
7. El poeta describe a una mujer morena que representa la pasión y a una mujer rubia que representa la dicha y la ternura.
8. La tercera mujer es un sueño, un fantasma. Ella es incorpórea e intangible y representa lo soñado, lo irreal.
9. La tercera mujer es la que haría feliz al poeta.

Análisis del texto

1. El poeta busca lo desconocido, lo diferente. Se podría pensar que la relación terminaría mal ya que el poeta sufriría mucho. El verso indicado implica que le inspiran las cosas inalcanzables y que todo lo lejano e imposible le fascina.
2. El lenguaje es romántico ya que abundan las emociones y la pasión. Además, en varias ocasiones se hacen referencias a la naturaleza. Los ejemplos pueden variar.
3. El tiempo futuro y el imperfecto predominan en los dos poemas. El primero refleja el anhelo y la desesperación, mientras que el segundo refleja el remordimiento y la nostalgia.
4. Los primeros versos de cada estrofa empiezan con «Volverán» y los últimos empiezan con «pero». Esta estructura contradictoria refleja el tema del poema con la simultánea expresión de la esperanza y la desesperación.
5. Los elementos de la naturaleza presentes en el poema—las madreselvas, las golondrinas, las flores y el rocío—caracterizan lo efímero de las estaciones y del amor.
6. El estado emocional de Bécquer en estos dos poemas es principalmente sentimental, ya que el poeta describe sus ilusiones y desilusiones en cuanto al amor.

«Dos patrias»

Comprensión del texto

1. La aparición se parece a una viuda porque las dos son figuras tristes.
2. Los «largos velos» representan la oscuridad de la noche.
3. El clavel que la viuda lleva en la mano es rojo.
4. Rompe las hojas del clavel.
5. El poeta siente una soledad profunda.

Análisis del texto

1. Cuba y la noche son las dos patrias del poeta. Martí las pone en la misma categoría porque de noche, en la oscuridad, es cuando el poeta piensa más profundamente en Cuba, y las dos están asociadas con su angustia y posible depresión.
2. El poeta piensa en la muerte, está sumergido en la más profunda tristeza, una emoción que rechaza la luz y las palabras.
3. El clavel simboliza la sangre que se estaba derramando en Cuba para que fuera libre e independiente.
4. La luz de la vela representa la bandera que llevan los hombres a la batalla.
5. Todos los versos son endecasílabos, tienen once sílabas. El verso trece resulta ser de once sílabas si se le continúa con el próximo verso. El cambio de ritmo añade al dramatismo de lo que dice el poeta.

«En una tempestad»

Comprensión del texto

1. El huracán rueda velozmente por el espacio.
2. La tierra siente mucho miedo cuando llega el huracán.
3. Las nubes interfieren con la luz del sol y como consecuencia, «no es noche ni día... ¡[Hay] un pavoroso color, velo de muerte !»
4. Se oyen bramidos. Se comparan a los rugidos de un toro.
5. El poeta saluda efusivamente a la tormenta.

Análisis del texto

1. En el poema se encuentran versos heptasílabos, es decir, de 7 sílabas y endecasílabos, de 11 sílabas.
2. El poeta emplea la licencia poética y omite la «a» para mantener las once sílabas del verso. Si lo hubiera escrito de la forma común, el verso habría tenido 12 sílabas, lo cual habría alterado la métrica del poema.
3. Los aspectos clásicos se ven principalmente en la técnica. Hay métrica controlada, y sólo se ven versos heptasílabos y endecasílabos. El lenguaje es culto, no popular: «tu soplo abrasado», «curso veloz», «umbría».
4. Los aspectos del romanticismo que sobresalen en el poema tienen que ver con el espíritu del poeta. Cuando se siente dentro de la tormenta, rechaza al mundo y exclama, «Al fin, mundo fatal, nos separamos». Hay también una preponderancia de lo personal, lo subjetivo, «¡Gigante de los aires, te saludo!».
5. El poeta describe un paisaje exterior que es confuso y fúnebre. De hecho, el poeta lo considera vil. Su paisaje interior se refleja en el frenesí de la tormenta y se nota que el poeta siente un vínculo fuerte con la naturaleza.
6. Lo bombástico o grandilocuente del poema se puede observar en los siguientes ejemplos: «¡Cuál desenvuelve su manto aterrador y majestuoso!»; « ¡Qué nubes! ¡Qué furor!»; «¡Pavoroso color, velo de muerte!»; «¿Es la lluvia? ... Desatada cae a torrentes».

«A Roosevelt» y «Lo fatal»

Comprensión del texto

1. Las palabras de las tres primeras estrofas están dirigidas a Roosevelt, y por consiguiente, Estados Unidos.
2. América Latina se describe como un conglomerado de países antiguos y sabios. Darío describe a este conglomerado como cachorros de un gran león.
3. Estados Unidos se describe como un país guerrero y poderoso. Crea la imagen de un invasor que piensa imponerse sobre América Latina.
4. El poeta admira la vida del árbol y de la piedra porque son duros. No sienten ni sufren.
5. El poeta siente espanto y terror frente a la muerte.
6. El poeta siente temor y desesperación por la vida.
7. No nos es dado saber adónde vamos ni de dónde venimos.

Análisis del texto

1. El «no» al final de la tercera estrofa significa que todo lo dicho en la estrofa previa no es verdad.
2. Los nombres de los dioses indígenas y aspectos de la mitología griega son ejemplos de los elementos exóticos que se encuentran en este poema.
3. Con esas palabras, el poeta se refiere a las mujeres jóvenes que todavía le atraen.
4. El recurso poético usado entre las últimas dos estrofas se llama «encabalgamiento» y consiste en un verso que empieza en una estrofa y continúa en la siguiente.

San Manuel Bueno, mártir

Práctica de selección multiple

1. C	3. A	5. C	7. C	9. A
2. D	4. B	6. A	8. D	10. B

Comprensión del texto

1. Don Manuel predicaba, ayudaba a los desafortunados, rezaba por ellos, y les enseñaba cosas a sus fieles. Sobre todo, fingía creer lo que en realidad no creía.
2. Blasillo era el bobo del pueblo. Don Manuel lo trataba con especial cariño y paciencia, y le había enseñado algunas cosas que la gente no imaginaba que él pudiera aprender.
3. Decía que tenía que vivir y morir por su pueblo. La soledad le mataría el alma.
4. Lázaro le dijo a Ángela que había descubierto la duda de don Manuel, y fue eso lo que le dio fe precisamente, porque creía que don Manuel era un santo que se sacrificaba por su pueblo a la manera de Jesús.
5. Según don Manuel todas las religiones eran verdaderas en cuanto hacían felices a los pueblos que las profesaban.
6. Don Manuel murió predicándole al pueblo en el templo. Pidió que se le llevara en un sillón a la iglesia para despedirse de sus feligreses.
7. Blasillo fue la persona que estuvo más cerca de él, le cogió de la mano, y se fue con él, pues al morir don Manuel, Blasillo también murió.
8. Todo el mundo se fue en seguida a la casa de don Manuel para recoger reliquias. Todos querían tener algún recuerdo de él, se llevaban lo que pudieran conseguir como recuerdo.
9. Lázaro empezó a redactar lo que le había oído a don Manuel, y ésas son las notas que Ángela utilizó para escribir sus memorias.
10. Lázaro le decía al nuevo cura que enseñara poca teología y mucha religión, pues don Manuel le había enseñado que el pueblo no podía comprender los misterios de la fe.
11. Ángela no le contó al obispo el secreto de Lázaro y don Manuel porque temía a las autoridades de la tierra, aunque fueran de la iglesia. Sabía que Lázaro no iba a ser comprendido.
12. Unamuno recibió las memorias de Ángela, pero no explica quién se las dio. Las memorias le dieron la inspiración para vivir como si existiera Dios.

Análisis del texto

1. La villa sumergida en el lago simboliza la duda de don Manuel, la cual, como la villa, está sumergida en el fondo de su alma, y nadie la puede ver. Las campanas de la villa se oyen en medio del Credo, en la misa, cuando don Manuel se calla al llegar a eso de «creo en la vida eterna».
2. Al caer sobre el lago la nieve se derrite y desaparece, pero al caer sobre la montaña se solidifica y se hace más fuerte. La nieve que al caer sobre el lago se derrite y se desaparece representa la duda. La que al caer sobre la montaña se solidifica y se hace más fuerte representa la fe colectiva.
3. La aldea está situada entre el lago (la duda) y la montaña (la creencia), es la lucha entre la razón y la fe. Ángela pensaba que si le confesara al pueblo la duda de don Manuel no lo comprenderían pues ellos se guiaban por las acciones y no por las palabras. Don Manuel había llevado una vida ejemplar cristiana ayudando a todo el mundo, y eso es lo que le hacía un santo, y lo que contaba para ellos. El fondo del alma de don Manuel no lo podían ver.

«Romance de la luna, luna»

Comprensión del texto

1. La luna viene a la fragua y trae con ella su polisón de nardos.
2. El niño la mira fijamente.
3. El aire está conmovido porque es parte de la naturaleza y sabe el motivo de la presencia de la luna.
4. La luna es lúbrica y pura.
5. El niño dice que los gitanos harán de la luna collares y anillos blancos.
6. Encontrarán al niño con los ojitos cerrados.
7. El niño tiene los ojos cerrados porque está muerto.
8. La luna va por el cielo con un niño de la mano.
9. Los gitanos lloran dando gritos por la muerte del niño.

Análisis del texto

1. La luna simboliza la muerte en el poema. Le dice al niño que lo encontrarán sobre el yunque con los ojos cerrados y luego va por el cielo con él.
2. El niño le dice a la luna que se vaya por la superstición de que la luna representa la muerte y por miedo de acercarse a su luz como en «[su] blancor almidonado». El blanco representa la luna, o sea, la muerte.
3. La zumaya canta para anunciar la muerte. Es un símbolo popular de la muerte en muchos pueblos hispanos y también en este poema.
4. Todos los elementos de la naturaleza que se encuentran en el poema—la luna, el aire, el caballo, la zumaya, el árbol—actúan como testigos solemnes de lo inevitable, es decir, de la muerte del niño.
5. Algunos aspectos foclóricos en este poema son los gitanos, el simbolismo popular de la luna y la zumaya y la forma del romance.

La casa de Bernarda Alba

Práctica de selección multiple

1. B
2. A
3. C
4. D
5. A
6. D
7. C
8. C
9. A
10. D
11. D

Comprensión del texto

1. Hay un contraste entre el blanco y el negro.
2. Bernarda tiene interés en que Angustias se case primero porque tradicionalmente la hermana mayor se casa primero. Bernarda considera que Angustias ya está bastante vieja y no tendrá muchas más oportunidades.
3. La Poncia es la única persona que realmente quiere a las hijas de Bernarda. Bernarda las trata como si fueran niñas, pero la Poncia entiende la vida más profundamente que Bernarda y respeta a las hijas y sus deseos de tener una vida normal.
4. Bernarda les exige silencio a sus hijas porque quiere guardar las aparencias.

Análisis del texto

1. Existe una relación tan difícil entre Bernarda y el pueblo porque ella se cree superior a sus vecinos, los desprecia y ellos la odian.
2. Adela reacciona con el comentario sobre el luto porque ella está enamorada de Pepe.
3. María Josefa sirve como un reflejo de lo que sienten las jóvenes y de lo que ellas no pueden manifestar. Representa la universalidad del deseo universal de amar y ser amado.
4. Bernarda quiere controlar a toda costa a las hijas y para ella tal vez enamorarse sea rebajarse de cierto modo. Se preocupa por sí misma, y por las apariencias, en vez de pensar en las necesidades de sus hijas.
5. Cuando Bernarda dice que la hija de la Librada merece la muerte por haber matado a su bebé, da evidencia de su crueldad e indiferencia y de su falta de comprensión de las emociones humanas. Tiene un paralelo con la situación con Adela porque hay indicios que ésta se cree embarazada y se da cuenta en este momento de que Bernarda la va a tratar igual.
6. Martirio sabe que Pepe no está muerto pero quiere vengarse de Adela, así que le hace pensar que se ha muerto. No se imagina que Adela vaya a suicidarse al oír las noticias.

«Las ataduras»

Comprensión del texto

1. Benjamín y Herminia son los padres de Alina. Acaban de llegar de París después de una visita a su hija y a sus dos nietos. Benjamín está enojado porque cree que su hija está pasando dificultades innecesariamente. Herminia está más tranquila. Benjamín se fue al monte donde iba frecuentemente con su hija, tal vez para recordar los tiempos cuando ésta era niña. Siente una terrible amargura y soledad porque sabe que la ha perdido.

2. Alina es la hija de Benjamín y Herminia y Philippe es su marido. Discuten a causa de los padres de Alina. Ella está enojada porque él fue muy desatento con ellos, y ahora ellos creen que ella es infeliz y van a sufrir. Philippe cree que Alina se preocupa demasiado y que está exagerando. Él quiere resolver la discusión, pero ella quiere estar sola y se va.

3. Cuando Alina era niña, su padre siempre le prestaba mucha atención. Le enseñó a leer mapas, reconocer las hierbas e identificar los bichos.

4. El abuelo había viajado mucho, le hablaba de sus viajes a Alina y fomentaba su independencia. El padre sentía celos pues él no quería que su hija se fuera lejos. El abuelo tenía miedo de morir, y Alina conversaba con él, lo escuchaba, y trataba de acompañarlo lo más posible. El abuelo le dijo que las verdaderas ataduras son las que uno mismo escoge.

5. Eloy era el amigo de Alina. Quería irse a América. Alina esperaba que se le declarara, pero ella era demasiado joven cuando él se fue. Después de la muerte de su abuelo y la salida de Eloy, Alina se volvió ensimismada y soñaba con cambiar de vida y escapar de la aldea.

6. Alina conoció a Philippe en su primer curso universitario. No se lo presentó a sus padres al principio porque sabía que él nunca trataría de comprenderlos porque él no creía mucho en la unidad familiar. Lo conocieron cuando ella ya estaba embarazada de su primer hijo. Les escribió a sus padres todo lo que ella creía que querían escuchar. Quería asegurarles que estaba sobreviviendo a pesar de las condiciones difíciles en que vivía.

Análisis del texto

1. Su padre adora a Alina y le da todo lo que puede, pero también la sofoca. La vigila demasiado. El padre compite con el abuelo por el cariño de su hija pero también discuten sobre su futuro. El padre no quiere que el abuelo le fomente la libertad, ni el deseo de viajar porque teme que su hija se vaya sin volver. Los ejemplos pueden variar.

2. Parece que ser madre y esposa le ha quitado la oportunidad de seguir con los estudios. Sin embargo, no se queja de eso, sólo busca momentos en los que puede descansar. Parece que tiene remordimientos, pero no los expresa en voz alta. Cree que Philippe no les presta suficiente atención a los padres de ella, y eso le molesta. Él nunca va a tratar de comprenderlos, y ella quisiera tener armonía en la familia.

3. Con el paso del tiempo, Benjamín empieza a parecerse, en su forma de actuar, al abuelo. Es irónico pues a él le molestaba el miedo a la muerte del abuelo, y él lo siente también.

«El hijo»

Práctica de selección múltiple

1.	B	6.	B
2.	D	7.	C
3.	A	8.	C
4.	B	9.	C
5.	D	10.	A

Comprensión del texto

1. Sabe que su hijo ha sido educado para ser cuidadoso y precavido.

2. El hijo tiene 13 años pero parece ser más joven.

3. El hijo va a cazar aves.

4. El estampido de una escopeta interrumpe su tranquilidad, pero no le presta mucha importancia y vuelve a su tarea.

5. Dijo que volvería antes de las doce. Son las doce y media y no ha vuelto. En las últimas tres horas no se han oído más detonaciones, solamente un silencio aterrador.

6. Experimenta una alucinación ya que la realidad es demasiado dura.

Análisis del texto

1. Se nota un elemento siniestro desde el principio ya que el padre tiene una preocupación obsesiva por la seguridad de su hijo.

2. Es fácil que el niño se enrede en el alambre, y que se le dispare la escopeta accidentalmente. Es una premonición de lo que va a suceder.

3. Más de una vez el narrador menciona la alucinación que el padre había sufrido anteriormente y que después existe la posibilidad de que estuviera experimentando otra al final del cuento.

4. Un presentimiento es la sensación o sospecha de que algo va a suceder o puede haber sucedido como cuando el padre descubre que ha pasado mucho tiempo y su hijo no ha vuelto. En ese momento él tiene el presentimiento de que algo malo ha sucedido. La alucinación es la percepción imaginaria de un hecho. El padre experimenta una alucinación cuando ve al niño rodando en sangre al disparársele la escopeta y al final, cuando cree haberlo encontrado y vuelven juntos a casa.

«No oyes ladrar los perros»

Comprensión del texto

1. Es la sombra del padre que camina tambaleante por el peso de su hijo sobre las espaldas. Van a Tonaya, el pueblo vecino.

2. Hace varias horas que van por el monte. El padre no quiere detenerse porque está muy cansado, y quiere llegar pronto para encontrarle atención médica a su hijo herido. Además no hay quien le ayude a cargarse a su hijo al hombro de nuevo.

3. Alguien ha tratado de matar a Ignacio en una pelea, y el padre lo ha recogido herido.

4. El padre quiere llegar de todas formas al pueblo para poder salvar la vida de su hijo. Lo hace porque piensa que es su deber, y por respeto a la memoria de su esposa, la madre de Ignacio.

5. El padre tiene muy malos recuerdos de su hijo. Ignacio ha sido mal hijo, y es bandido. El padre se avergüenza de su hijo. Deja de tutearlo porque siente rabia y rencor.

6. El hijo no le dice nada al padre. El padre recuerda la ilusión frustrada de la madre, y la esperanza que ella tenía de que este hijo fuera bueno, pero no fue así.

7. El padre oye ladrar los perros, lo que significa que posiblemente Ignacio los oyó ladrar antes, pero no quiso darle a su padre el consuelo de que ya iban a llegar. También es posible que Ignacio no haya escuchado nada por estar desmayado o muerto.

8. Las opiniones pueden variar porque no se sabe en realidad cómo está Ignacio.

Análisis del texto

1. El padre siente responsabilidad y cariño por su hijo, pero siente rabia, pena y frustración de tener un hijo irresponsable y criminal.

2. El hijo y el padre están unidos por la sangre, sin embargo, no se comunican. El hijo es egoísta e irresponsable, y no le importa ni se preocupa por ayudarle al padre en lo más mínimo a pesar de que va montado sobre sus espaldas. El padre es bueno y se preocupa por el bienestar de su hijo.

3. El tiempo es circular. El padre recuerda el pasado y estos recuerdos ayudan al lector a comprender la historia.

4. La historia habla de la realidad exterior del hijo, está herido y va sobre la espalda del padre. También habla de la realidad interior del padre, su sufrimiento y angustia, la responsabilidad hacia su difunta esposa, y al hijo de ambos y sus emociones contradictorias hacia ese hijo.

5. La naturaleza no se describe en detalle, sin embargo se siente el ambiente de desolación que rodea a los dos hombres en camino a Tonaya en medio de la oscuridad y el silencio. Por un sendero pedregoso y seco y a pesar de una luna llena que debía alumbrarles, el viejo se siente caminando a ciegas. Con el hijo a sus espaldas, no ve ni oye nada y no se sabe si el hijo no quiere o no puede ayudarle.

«El sur»

1. Dahlmann es un bibliotecario argentino que vive en Buenos Aires. Su abuelo era un pastor evangélico alemán. Éste eligió una muerte romántica como la de su abuelo materno quien murió luchando con los indios de Catriel.

2. Tiene un accidente por subir distraído por una escalera y se golpea la frente contra el filo de una ventana recién pintada, lo cual le produce una infección. Piensa leer «Las mil y una noches». Tiene que ir al sanatorio porque la infección se ha empeorado.

3. Va a la estancia para reponerse del accidente y descansar. Viaja en tren.

4. El tren se detiene en una estación anterior a la que él quiere. Luego de averiguar dónde conseguir transporte va hacia un almacén.

5. Decide comer en el almacén porque tiene que esperar que el patrón le enganche un coche de caballos para que él pueda ir a su estancia. Tres muchachones borrachos lo empiezan a molestar tirándole bolitas de pan. El patrón le dice a Dahlmann que no les haga caso porque están borrachos.

6. Un viejo gaucho que está sentado en el suelo en un rincón le ofrece una daga para defenderse.

7. Se ve obligado a pelear porque el patrón lo llama por su nombre y él cree que si no pelea, todos los vecinos creerán que es un cobarde.

8. El cuento termina cuando Dahlmann sale a pelear con el compadrito de cara achinada.

Análisis del texto

1. La avenida Rivadavia separa a Buenos Aires en norte y sur, y la calle Ecuador separa la tierra igualmente, así que hay dos hemisferios. El norte representa la civilización y el sur, la barbarie. El norte también simboliza la realidad y el sur la fantasía.

2. Es posible que haya habido un desdoblamiento de identidad o simplemente que el narrador esté soñando.

3. Podría representar el símbolo viviente de «El sur», ese sur que Dahlmann no conoce mucho, pero que ama.

4. Esto podría ser parte de una alucinación.

5. Es ambiguo porque Dahlmann cree que va a morir luchando en la pampa aunque hay indicios de que todavía está en el hospital, sufriendo de alucinaciones.

6. El gato y el gaucho indican los momentos en que Dahlmann empieza a alucinar sobre su propia muerte. Desempeñan el papel de separar la ilusión de la realidad.

«Continuidad de los parques»

Comprensión

1. El hombre del sillón había empezado a leer la novela unos días antes. La había abandonado por cuestiones de negocios.
2. Le había escrito una carta a su apoderado. Comentó con el mayordomo unas cuestiones de aparcerías.
3. Acariciaba el terciopelo porque estaba muy metido en la lectura de la novela. Lo hacía sin pensar.
4. La mujer llegó primero.
5. El amante llegó después, con la cara lastimada por el roce con las ramas. La mujer le secaba la sangre de la cara con besos.
6. Salieron para realizar lo que habían planeado. Ella fue hacia el norte. El se dirigió hacia el sur donde estaba la casa.

Análisis del texto

1. Lo llama así porque están planeando algo horrible.
2. Quiere hacer que el lector piense en la traición de los dos amantes. La respuesta puede variar.
3. Todo había sido arreglado para que no ladraran los perros ni que estuviera el mayordomo. La respuesta puede variar.
4. Indica que la mujer vive en la casa o la ha visitado. La respuesta puede variar.
5. La función cambia de lector a protagonista de la historia. De un papel pasivo pasa a un papel activo. La respuesta puede variar.
6. Obliga a entenderlo, analizarlo y crear una solución al conflicto que se presenta. La respuesta puede variar.
7. El asesino puede ser el mayordomo, si es que el amante y el mayordomo son la misma persona. Puede ser que el dueño haya dejado al mayordomo sin trabajo o puede ser que la mujer, siendo la esposa del dueño, haya sido desheredada. Las respuestas pueden variar.

«Chac Mool»

Práctica de selección múltiple

1.	A	6.	C
2.	C	7.	C
3.	A	8.	D
4.	D	9.	B
5.	A	10.	A

Comprensión del texto

1. Filiberto tenía 40 años y no tenía familia.
2. Le interesaba coleccionar figuras indígenas.
3. Trabajaba en una oficina y vivía en la casa que heredó de sus padres.
4. Pepe era un amigo de Filiberto. Tenía ideas religiosas que hacían pensar que el cristianismo era una extensión lógica de las religiones indígenas mexicanas.
5. Despidieron a Filiberto de su trabajo porque se rumoreaba que estaba loco y que tal vez hubiera robado algo.
6. La piedra se ablanda hasta convertirse en piel, se vuelve real y empieza a actuar como si fuera un ser humano.
7. Filiberto decidió irse de vacaciones con la esperanza de que en su ausencia Chac Mool muriera. Quería huir de él y además necesitaba asolearse, nadar y recuperar sus fuerzas.
8. Filiberto murió ahogado y el Chac Mool terminó convirtiéndose en un ser humano, un indio amarillo y viejo.

Análisis del texto

1. Cuando lo despiden del trabajo, se dice que no ha tenido el éxito que otros compañeros suyos han experimentado. Vive solo, tiene pocos amigos y no se lleva bien con los compañeros del trabajo.
2. Filiberto escribe en su diario en primera persona y por medio de éste nos enteramos de sus actividades y de lo que él está pensando.
3. El lector se da cuenta de que la fantasía se entremezcla con la realidad cuando Filiberto empieza a sentir que la piedra de Chac Mool está adquiriendo características humanas.
4. Quería decir que algunos vínculos entre el cristianismo y las religiones indígenas son tan estrechos que es difícil ver las fronteras entre los dos. Este comentario es significativo porque al final del cuento las identidades de Filiberto y del Chac Mool se hacen borrosas.
5. Pudiera haber sido el amigo que llevaba el cadáver o el Chac Mool que se había convertido en persona.

LITERATURA DEL SIGLO XX

«Un día de éstos»

Comprensión del texto

1. Don Aurelio Escobar era el dentista del pueblo, estaba trabajando laboriosamente en su consultorio. Era rígido, enjuto y algo enigmático.
2. El alcalde llegó al gabinete pues quería que le sacaran una muela. Don Aurelio no quería atenderlo pero el alcalde lo amenazó con pegarle un tiro si no lo hacía.
3. Don Aurelio tenía una pistola en la gaveta y estaba listo para defenderse en caso de que el alcalde lo atacara.
4. El alcalde tenía un aspecto demacrado pues había sufrido bastante por un dolor de muela, y estaba decidido a cualquier cosa para remediarlo. Don Aurelio lo atendió cuando se dio cuenta de que necesitaba ayuda urgente. Su integridad profesional fue más fuerte que su odio político.
5. El dentista le dijo que tenía que sacársela sin anestesia porque tenía un abceso, y el alcalde aceptó con una sonrisa de resignación.
6. Con su sufrimiento el alcalde iba a pagar al menos veinte muertes. Éste fue el consuelo del dentista.

Análisis del texto

1. Era igual que la cuenta le llegara a él o al municipio porque el alcalde tenía control total sobre el pueblo, y lo admitió cínicamente.
2. El alcalde, aprovechándose de su cargo como militar, le exige al dentista que lo atienda. El suspenso es palpante ya que los dos hombres tienen pistolas y están dispuestos a usarlas (tensión política). El dentista, por su parte, decide atender al alcalde por ética profesional, ya que por sus convicciones personales tal vez no lo haría (tensión social o profesional). El alcalde experimenta dolor cuando el dentista le saca la muela sin anestesia (tensión física).
3. El dentista es trabajador y honrado. No está de acuerdo con la política del alcalde, y no quiere ayudarlo al comienzo. El alcalde se impone porque está seguro de su control. También está dispuesto a usar la violencia si el dentista se niega a ayudarlo. Las respuestas pueden variar.
4. Obviamente el alcalde y el dentista son enemigos a causa de su ideología política, y lo que esto implica. El alcalde gobierna a la fuerza. El dentista es disidente, pero no guerrillero.

«Oda a la alcachofa» y «Walking around»

Práctica de selección múltiple

1. C	5. A	9. B
2. B	6. A	10. C
3. A	7. D	11. B
4. D	8. A	

Comprensión del texto

1. Tiene el corazón tierno. Se viste de guerrero y construye una pequeña cúpula. Se mantiene erecta.
2. La zanahoria duerme; la viña reseca los sarmientos; la col se dedica a probarse faldas; el orégano perfuma el mundo.
3. La alcachofa camina por el mercado. Sueña con la milicia.
4. Los hombres son mariscales. María viene al mercado, compra la alcachofa y la pone en su bolsa.
5. El vegetal termina su carrera en paz, sumergido en una olla. Su corazón termina siendo una pasta verde.
6. El olor de las peluquerías hace llorar a gritos al poeta. Sería delicioso asustar a un notario con un lirio cortado o dar muerte a una monja con un golpe de oreja.
7. El poeta no quiere seguir siendo raíz en las tinieblas; no quiere tantas desgracias; no quiere continuar de raíz y de tumba. El lunes arde como el petróleo. Aúlla como una rueda herida.
8. En «esos rincones» hay pájaros de color de azufre y horribles intestinos, dentaduras olvidadas, espejos, paraguas y venenos y ombligos. La ropa llora lentas lágrimas sucias.

Análisis del texto

1. El poeta enfatiza el aspecto fuerte de este vegetal, pero también contrasta el exterior y el interior de la alcachofa. Es tan fuerte por fuera y tan dulce y suave por dentro, al igual que «la granada». A los hombres los llama mariscales.
2. El papel de los otros vegetales es crecer y madurar para servir de alimento. El sueño de la alcachofa, por otro lado, es convertirse en soldado y prepararse para una guerra que no existe. O tal vez la alcachofa querría enfrentarse al hombre y rebelarse contra su destino, pero no puede.
3. El estado de ánimo de este hombre es de desesperación y angustia. La vida le parece algo imposible de enfrentar. Se cansa de su destino y tal vez quisiera hacer algo diferente, chocante, pero no puede.
4. A este hombre le falta el contacto con la naturaleza. Lo urbano aquí es frío e impersonal. La única representación de la naturaleza son los jardines, pero éstos son creados por el hombre, no son naturales. «Piedra» y «lana» son sustantivos que representan elementos naturales.
5. Este poema es como una pesadilla interminable. Representa la vida en un tiempo y ambiente en que la vida normal y las instituciones como la familia han decaído o cambiado hasta tal punto que no son lo que eran antes. Lo urbano e industrializado sustituye lo tradicional y simple. Una vida más simple y sin tantas presiones y cosas materiales haría sentir feliz al hombre, independiente y dueño de su destino.

«Sensemayá»

Comprensión del texto

1. Esta imagen significa que los ojos brillan como si fueran de vidrio.
2. Se debe matar a la culebra con el hacha.
3. Al poeta le llaman la atención los ojos, la lengua y la boca de la culebra.
4. La culebra ya no puede comer, silbar, caminar, correr, mirar, beber, respirar ni morder.
5. Al final la culebra se muere.

Análisis del texto

1. Se presenta así para crear el ritmo de los tambores de los ritos africanos.
2. Los patrones de ritmo se repiten para semejar los ritos y sonidos de los curanderos africanos al tratar de matar la culebra.
3. Ejemplos de la onomatopeya son mayombe, bombe y mayombé. El uso de la onomatopeya hace que el poema tenga movimiento y vida.
4. La culebra ataca y el hombre la mata.

«He andado muchos caminos» y «La primavera besaba»

Comprensión del texto

1. Se describen con mucha tristeza los lugares que el poeta ha visitado. En la segunda y tercera estrofas, Machado se refiere a la gente mala que ha visto y que contagia la tierra con su soberbia y su ignorancia.
2. El poeta habla de otro tipo de gente, gente buena, sencilla y trabajadora.
3. «El verde nuevo brotaba», «las frescas lluvias de abril», «el almendro florido»
4. El poeta se encuentra en la mitad de su vida y medita sobre su juventud, como la vivió y como la volvería a vivir si fuera joven otra vez.

Análisis del texto

1. El poema se podría dividir en tres partes: en la primera se describe lo que vio e hizo Machado; en la segunda se describe a la gente envenenada, que no sabe vivir, y en la tercera se describe a la gente que sabe gozar de la vida y que acepta y se conforma con lo que la vida le ofrece.
2. La versificación es en octosílabos con los pares asonantados.
3. El poeta describe lo que ha hecho mediante la hipérbole o exageración: «cien mares, cien riberas».
4. El tono es de nostalgia al recordar el poeta sus propias experiencias. Siente amargura al recordar a la gente que envenena al mundo y esperanza al ver a la buena gente que ha visto en todas partes.
5. Se usa la prosopopeya o personificación en los dos primeros versos. La naturaleza toma características humanas reflejando así cierta armonía con los sentimientos del poeta.
6. El campo está cubierto de verde, renacido, joven por la presencia del nuevo brote que sigue a la sequedad invernal.
7. En el apóstrofe de los dos últimos versos del poema el poeta se dirige a sí mismo. Se representa el tema de la juventud perdida, sobre todo porque en su caso, fue vivida sin amor; expresa la nostalgia de lo que ya no se tiene y el deseo de rectificar la vida que ya se ha vivido.
8. Los escribió así porque los versos octosilábicos tienen un movimiento rítmico como una canción y siempre han sido del gusto popular.

«A Julia de Burgos»

Comprensión del texto

1. La gente murmura porque ella dice sus verdades en verso y éstas van en contra de las normas de la sociedad.

2. Al decir «mienten Julia de Burgos. Mienten» la poeta quiere aclarar que los versos le pertenecen a su «yo» interior, no a la Julia que todos conocen. Lo repite para hacer énfasis en esa verdad.

3. El «tú» es la identidad aparente de Julia de Burgos. Se describe como una persona superficial, hipócrita y egoísta.

4. El ser del «tú» le pertenece al marido.

5. El «yo» es la identidad verdadera de Julia de Burgos. Ella se considera a sí misma como una persona honesta, sincera, justa y generosa.

6. El «yo» del poema no se rinde ante nadie. En ella sólo mandan sus pensamientos y su corazón.

7. Significa que la verdadera Julia de Burgos siempre estará luchando contra lo injusto y lo inhumano.

Análisis del texto

1. El «yo» y el «tú» son dos facetas de la misma persona, Julia de Burgos. El «yo» expresa los sentimientos de la Julia verdadera, mientras que el «tú» expresa los de la Julia que mantiene las apariencias que exige la sociedad. Esta relación estrecha entre el «yo» y el «tú» hace posible el contraste entre los dos, que es lo que forma la estructura básica del poema.

2. El «yo» muestra su desdén hacia el «tú» cuando lo llama, por ejemplo, «fría muñeca de mentira social», «miel de cortesanas hipocresías», «egoísta» y «grave señora señorona». Esta crítica se debe al desprecio que siente el «yo» por su propia identidad social.

3. Burgos hace alusión a Rocinante, el famoso caballo de *Don Quijote de la Mancha*. Dice que ella misma es un Rocinante porque como él, «va corriendo desbocado» en busca de justicia.

«Dos palabras»

Práctica de selección múltiple

1. B	3. A	5. C	7. D	9. B
2. D	4. C	6. A	8. C	10. A

Comprensión del texto

1. Belisa vivió una niñez de hambre y miseria. Después de enterrar a cuatro de sus hermanos menores durante una sequía, decidió irse huyendo de la muerte.

2. Belisa decidió vender las palabras porque era un negocio más decente que la prostitución.

3. La gente les tenía pavor porque eran muy crueles.

4. El Coronel era un bandido que siempre había hecho la guerra, pero hablaba de una forma muy suave. Su voz era como la de un profesor y esto sorprendió mucho a Belisa.

5. Belisa supo inmediatamente que el Coronel era un hombre solo y se sintió atraída por él.

6. El coronel estaba harto de que todos le tuvieran miedo y huyeran de él. Quería ser un presidente elegido por el pueblo y que todos lo quisieran. No quería ser tirano.

7. Al entregarle el discurso, Belisa descubrió que el Coronel no sabía leer, y tuvo que leérselo tres veces.

8. Belisa le regaló dos palabras secretas al Coronel y, al acercársele ella, los dos sintieron la misma atracción.

9. La campaña política tuvo muy buen resultado pues los discursos del Coronel eran muy buenos, y sus planes le gustaban al pueblo.

10. El Coronel se estaba muriendo de melancolía y el Mulato, para que se mejorara, fue en busca de Belisa. El Coronel y Belisa se miraron largamente y ella le tomó la mano. Todos comprendieron que nunca se separarían. La respuesta puede variar.

Análisis del texto

1. Belisa es una persona fuerte, luchadora y extremadamente popular porque tiene el don de saber usar el lenguaje. Ella hace del arte de contar historias una profesión que utiliza para ayudar, aconsejar y enseñar a las personas. El Coronel es también fuerte y usa su fortaleza para luchar en la guerra civil, pero eso lo convierte en un hombre solitario pues todos le tienen miedo y se alejan de él. Él se da cuenta de esto y trata de cambiar. El Mulato solamente tiene fuerza bruta y una tremenda lealtad al Coronel. Aunque el Coronel y Belisa han tenido vidas diferentes tienen algunas cosas en común.

2. Hay varios ejemplos de realismo mágico en la historia. Por ejemplo, el oficio de Belisa era vender palabras. Regalaba una palabra mágica para espantar la melancolía. Había nacido en una familia tan mísera que ni siquiera poseía nombres para llamar a sus hijos. Un día se enteró que las palabras andan sueltas sin dueño y cualquiera con un poco de maña puede apoderárselas para comerciar con ellas. Los hombres comprendieron que su jefe ya no podía deshacerse del hechizo de esas dos palabras endemoniadas. Estos ejemplos son significativos porque destacan el talento de Belisa y el poder casi mágico que ésta ejerce sobre los otros personajes.

3. De cierto modo el Coronel es un personaje universal en su crueldad y también en su deseo de obtener la aprobación de los demás. Belisa también lo es ya que representa la miseria de la vida de mucha gente y su esfuerzo por alejarse de esa miseria. Este cuento es una anécdota, pero presenta a personajes y situaciones universales que tendrían cabida en cualquier época histórica.

4. La respuesta puede variar.

LITERATURA DEL SIGLO XX

«Mi caballo mago»

Comprensión del texto

1. Lo admiraban porque era libre, tenía un harén, y era muy valiente y astuto. Nadie lo podía capturar.

2. El narrador tenía quince años y las historias del caballo llenaban su imaginación y le daban esperanza de poder hacer lo que nadie hasta entonces había logrado: capturar el caballo mago.

3. Una tarde de verano el muchacho vio al caballo y le pareció todavía más hermoso de lo que le habían dicho. Su emoción fue total. Admiraba su virilidad y esa noche, medio despierto y medio dormido, soñó con el caballo mago.

4. Un domingo salió a buscarlo. Cuando lo encontró, se dedicó a capturarlo sin importarle el paso del tiempo.

5. Se armó de paciencia y de tenacidad. No se dio por vencido hasta que el caballo se cansó y no resistió más.

6. Su victoria le hizo sentirse culpable por haberlo doblegado, pero también se sintió orgulloso de sí mismo.

7. Decidió soltarlo en el potrero porque sentía respeto por el caballo, y no quería humillarlo más.

8. El padre se sintió orgulloso y lo felicitó afirmando así su aprobación.

9. Al día siguiente el muchacho se dio cuenta que el caballo había escapado.

10. El muchacho se sintió triste pero, a la vez, admiró el valor del caballo y lo idealizó aún más.

Análisis del texto

1. La magia del caballo consiste en su facultad de darles ilusión a las personas, y también su gran valor y virilidad, pero sobre todo la capacidad casi increíble que tiene de mantener su libertad.

2. El caballo simboliza la libertad, tiene un harén, es el rey, es un guerrero ilustre.

3. El caballo llena el sueño del muchacho de esperanza y de violencia.

4. Al verse atrapado no ataca al muchacho, es suave y noble.

5. A pesar de su tristeza, valora la valentía del caballo y celebra su fuga y su libertad.